EFEITOS DAS DECISÕES
NO PROCESSO ADMINISTRATIVO
TRIBUTÁRIO

MAYSA DE SÁ PITTONDO DELIGNE

Prefácio
Sergio André Rocha

Apresentação
Valter Lobato
André Mendes Moreira

EFEITOS DAS DECISÕES NO PROCESSO ADMINISTRATIVO TRIBUTÁRIO

1ª reimpressão

Belo Horizonte

FÓRUM
CONHECIMENTO JURÍDICO
2022

© 2021 Editora Fórum Ltda.
2022 1ª Reimpressão

É proibida a reprodução total ou parcial desta obra, por qualquer meio eletrônico, inclusive por processos xerográficos, sem autorização expressa do Editor.

Conselho Editorial

Adilson Abreu Dallari
Alécia Paolucci Nogueira Bicalho
Alexandre Coutinho Pagliarini
André Ramos Tavares
Carlos Ayres Britto
Carlos Mário da Silva Velloso
Cármen Lúcia Antunes Rocha
Cesar Augusto Guimarães Pereira
Clovis Beznos
Cristiana Fortini
Dinorá Adelaide Musetti Grotti
Diogo de Figueiredo Moreira Neto (*in memoriam*)
Egon Bockmann Moreira
Emerson Gabardo
Fabrício Motta
Fernando Rossi
Flávio Henrique Unes Pereira

Floriano de Azevedo Marques Neto
Gustavo Justino de Oliveira
Inês Virgínia Prado Soares
Jorge Ulisses Jacoby Fernandes
Juarez Freitas
Luciano Ferraz
Lúcio Delfino
Marcia Carla Pereira Ribeiro
Márcio Cammarosano
Marcos Ehrhardt Jr.
Maria Sylvia Zanella Di Pietro
Ney José de Freitas
Oswaldo Othon de Pontes Saraiva Filho
Paulo Modesto
Romeu Felipe Bacellar Filho
Sérgio Guerra
Walber de Moura Agra

Luís Cláudio Rodrigues Ferreira
Presidente e Editor

Coordenação editorial: Leonardo Eustáquio Siqueira Araújo
Aline Sobreira de Oliveira

Rua Paulo Ribeiro Bastos, 211 – Jardim Atlântico – CEP 31710-430
Belo Horizonte – Minas Gerais – Tel.: (31) 2121.4900
www.editoraforum.com.br – editoraforum@editoraforum.com.br

Técnica. Empenho. Zelo. Esses foram alguns dos cuidados aplicados na edição desta obra. No entanto, podem ocorrer erros de impressão, digitação ou mesmo restar alguma dúvida conceitual. Caso se constate algo assim, solicitamos a gentileza de nos comunicar através do *e-mail* editorial@editoraforum.com.br para que possamos esclarecer, no que couber. A sua contribuição é muito importante para mantermos a excelência editorial. A Editora Fórum agradece a sua contribuição.

Dados Internacionais de Catalogação na Publicação (CIP) de acordo com a AACR2

D353e	Deligne, Maysa de Sá Pittondo
	Efeitos das decisões no processo administrativo tributário / Maysa de Sá Pittondo Deligne. 1. Reimpressão.– Belo Horizonte : Fórum, 2021.
	247 p.; 14,5x21,5cm
	ISBN: 978-65-5518-203-3
	1. Direito Tributário. 2. Processo Administrativo. 3. Teoria Geral do Processo. I. Título.
	CDD 341.39
	CDU 336.2

Elaborado por Daniela Lopes Duarte - CRB-6/3500

Informação bibliográfica deste livro, conforme a NBR 6023:2018 da Associação Brasileira de Normas Técnicas (ABNT):

DELIGNE, Maysa de Sá Pittondo. *Efeitos das decisões no processo administrativo tributário*. 1. Reimpr. Belo Horizonte: Fórum, 2021. 247 p. ISBN 978-65-5518-203-3.

Ao Lucas e ao Fernando.

AGRADECIMENTOS

Sacrifícios são inerentes à originalidade exigida de uma tese de doutorado, em especial cursado na Faculdade de Direito da Universidade de São Paulo, Largo São Francisco. Incontáveis horas de estudo, regulares viagens de Belo Horizonte/Brasília a São Paulo para participar das disciplinas e das monitorias da Graduação, ausências nos encontros com a família e os amigos. Mas ainda que possa ser um caminho muitas vezes solitário, tive a grande sorte de estar acompanhada de pessoas extraordinárias.

Aos meus mestres e amigos da Associação Brasileira de Direito Tributário (ABRADT), meu mais sincero agradecimento pela paciência em debater minha pesquisa em qualquer oportunidade. Agradeço em especial aos amigos e Professores Dr. Valter Lobato e Dr. André Mendes Moreira, pelo constante apoio e incentivo nas horas mais difíceis. Agradeço ainda ao Professor André, pela confiança para apresentar algumas considerações sobre o processo administrativo tributário na Faculdade de Direito da Universidade Federal de Minas Gerais (UFMG), retornando à minha casa de origem da Graduação.

Agradeço ao Professor Dr. Sergio André Rocha, pela paciência para buscar organizar minhas ideias sobre o processo administrativo tributário no Congresso da ABRADT, bem como pela amizade e os constantes auxílios e debates. Agradeço também ao Professor Maurício Faro, por oportunizar o debate das premissas desta pesquisa no Seminário Processo Administrativo Tributário em Discussão, na OAB/RJ, e ao Professor Ricardo Maitto, pelo convite para expor algumas de minhas reflexões sobre o processo administrativo tributário no tradicional curso de introdução do Instituto Brasileiro de Direito Tributário (IBDT).

Faço um agradecimento especial ao Professor Guillermo Teijeiro, pela amizade e pelo auxílio para conhecer o *Tribunal Fiscal de la Nación Argentina* e propiciar a reunião com o Dr. Pablo Porporatto, juiz desse Tribunal, e sua secretária, Dra. Juliana Paccini, a quem agradeço pela disponibilidade para exporem e esclarecerem o contencioso administrativo tributário daquele país.

Agradeço, ainda, ao Professor Titular Dr. Humberto Ávila, pela oportunidade de ingressar no Programa de doutorado, de acompanhar suas aulas de Graduação e participar das monitorias. Obrigada pelas lições dadas nas aulas da Pós-Graduação e pela orientação.

Cabe aqui, ainda, um agradecimento à banca final junto à qual esta tese foi defendida, no dia 22/04/2020, composta pelos Professores Luís Eduardo Schoueri (FD-USP), Flávio Luiz Yarshell (FD-USP), Antonio do Passo Cabral (UERJ), Hugo de Brito Machado Segundo (UFC) e André Folloni (PUC-PR), pelas críticas, ponderações e considerações feitas.

Sou profundamente grata aos meus amigos do mestrado e do Conselho Administrativo de Recursos Fiscais (CARF) pela paciência e pelas preciosas críticas feitas no curso desta pesquisa, em especial: Thais De Laurentiis, Diego Diniz Ribeiro, Carlos Augusto Daniel Neto, Salvador Cândido Brandão Junior, Rita Eliza Reis da Costa, Júnia Roberta Gouveia Sampaio, Martha Leão e Vanessa Grazziotin Dexheimer. Muito obrigada pelos constantes debates, que fizeram esta pesquisa tomar a forma de tese e, agora, de livro. Agradeço particularmente ao Diego e à Martha, por tirarem um tempo de suas agendas concorridas para fazerem considerações sobre a minuta deste trabalho. Nessa toada, agradeço ainda aos meus amigos feitos ao longo do doutorado, em especial à Clara Moreira, por sua companhia, amizade e por me apresentar autores que foram imprescindíveis.

Agradeço ainda aos funcionários das bibliotecas, que muito me ajudaram na pesquisa, em especial, da Biblioteca do IBDT, da *Biblioteca Nazionale Centrale di Roma*, da *Biblioteca del Senato della Repubblica Italiana* e da Biblioteca do Superior Tribunal de Justiça. Na reta final deste trabalho, agradeço à Lília Finelli, pela criteriosa correção ortográfica e de formatação.

E tudo isso não seria possível sem os meus familiares e amigos. Agradeço muito aos meus pais, Silvio e Rúbia, pela paciência, pelo apoio incondicional e pelas comemorações das pequenas conquistas. À minha irmã Marina e ao meu cunhado Felipe, por me darem um lar em São Paulo durante o doutorado, com a alegria de conviver com meus sobrinhos Luca, que nasceu no dia que descobri que ingressaria no doutorado, e Yuri. A Deborah, François e Nathália, pelo apoio incondicional. Nathália Lisboa e Tatiana Amormino, muito obrigada pela ajuda constante e por estarem sempre presentes. E a todos os meus amigos e familiares que, mesmo à distância, sempre me incentivaram.

Por fim, agradeço à minha família – sempre minha prioridade. Ao Lucas, pelo incentivo, amparo, paciência, apoio, estímulo, torcida e amor. Foi uma aventura viver esse desafio ao seu lado. E ao Fernando, que ainda da barriga já estava comigo me dando apoio quando depositei e defendi a tese que deu origem a este livro. Sem vocês, eu nada seria.

LISTA DE FIGURAS E QUADROS

Quadro 1

Síntese das questões preliminares e de mérito passíveis
de PAT quando formuladas em defesas administrativas
do sujeito passivo..147

Quadro 2

Hipóteses de preclusão processual à luz da doutrina clássica..........184

Figura 1

Espécies de decisões administrativas tributárias..............................194

LISTA DE ABREVIATURAS E SIGLAS

APA — *Administrative Procedure Act*
CARF — Conselho Administrativo de Recursos Fiscais
CF/1988 — Constituição da República Federativa do Brasil de 1988
COFINS — Contribuição para o Financiamento da Seguridade Social
COSIT — Coordenação-Geral de Tributação
CPC/1973 — Código de Processo Civil de 1973
CPC/2015 — Código de Processo Civil de 2015
CSLL — Contribuição Social sobre o Lucro Líquido
CSRF — Câmara Superior de Recursos Fiscais do CARF
CTN — Código Tributário Nacional
IPI — Imposto sobre Produtos Industrializados
IR — Imposto sobre a Renda
IRPF — Imposto sobre a Renda da Pessoa Física
IRS — *Internal Revenue Service*
LEF — Lei de Execução Fiscal
LINDB — Lei de Introdução às Normas do Direito Brasileiro
NJP — Negócio Jurídico Processual
NT — Não Tributado
PAF — Processo Administrativo Fiscal
PAT — Processo Administrativo Tributário
PGFN — Procuradoria-Geral da Fazenda Nacional
PIS — Programa de Integração Social
RE — Recurso Extraordinário
REsp — Recurso Especial
RICARF — Regimento Interno do Conselho Administrativo de Recursos Fiscais
SRF — Secretaria da Receita Federal do Brasil
STF — Supremo Tribunal Federal
STJ — Superior Tribunal de Justiça
TIPI — Tabela de Incidência do IPI
TIT — Tribunal de Impostos e Taxas

SUMÁRIO

PREFÁCIO
Sergio André Rocha 19

APRESENTAÇÃO
Valter de Souza Lobato 23

APRESENTAÇÃO
André Mendes Moreira 29

INTRODUÇÃO 31

CAPÍTULO 1
COMPETÊNCIA E FUNÇÃO DOS JULGADORES NO PROCESSO
ADMINISTRATIVO TRIBUTÁRIO 41

1.1   A atividade de revisão dos julgadores administrativos tributários...41

1.1.1   Desconstruindo as premissas da autotutela: crítica ao monopólio
da jurisdição no Brasil 43

1.1.1.1 Jurisdição e a imparcialidade: a necessária distinção entre
"poder" e função jurisdicional 46

1.1.1.2 Perspectiva histórica e de direito comparado: a evolução
normativa do contencioso administrativo tributário no Brasil 55

1.1.2   As garantias processuais do contraditório, da ampla defesa e do
devido processo legal: o contencioso administrativo tributário
e a precisa utilização do signo processo administrativo 73

1.1.3   Natureza jurisdicional da atividade de revisão: a função do
julgador de resolver o litígio administrativo 87

1.2   Competência no processo administrativo tributário: legislativa
e jurisdicional 95

1.3   Conclusão parcial: competência e função dos julgadores no
processo administrativo tributário 100

CAPÍTULO 2
CONTEÚDO E ESTRUTURA DA DECISÃO ADMINISTRATIVA TRIBUTÁRIA 103

2.1   Natureza jurídica da decisão administrativa tributária 103

2.2   Os elementos essenciais das decisões administrativas tributárias 112

2.2.1   Relatório, fundamentos e conclusão 112

2.2.2   Motivo, motivação e fundamento: conceitos, diferenças e aproximações 114

2.3   Delimitação do objeto do processo administrativo tributário: as tutelas jurisdicionais 123

2.3.1   As questões de fato e de direito no processo administrativo tributário: questões preliminares, questões prejudiciais, questões principais e questões de ordem pública 136

2.3.2   Limites para a revisão do ato administrativo tributário: distinção entre a tutela jurisdicional administrativa e a autotutela da Administração 150

2.3.3   Ônus da prova e atribuições instrutórias do julgador administrativo: princípio da verdade material 153

2.4   Conclusão parcial: conteúdo e estrutura da decisão proferida no processo administrativo tributário 156

CAPÍTULO 3
EFICÁCIA DA DECISÃO ADMINISTRATIVA TRIBUTÁRIA 159

3.1   Estabilidades processuais no processo administrativo tributário ...159

3.1.1   Efeitos das decisões administrativas na doutrina e na jurisprudência: críticas à abordagem da preclusão administrativa e da coisa julgada administrativa 165

3.1.2   Hipóteses de estabilidade processual no processo administrativo tributário reconhecidas pela doutrina clássica 177

3.2   Espécies de decisão administrativa tributária e seu grau de estabilidade extraprocessual 187

3.2.1   Decisões administrativas tributárias definitivas contrárias aos sujeitos passivos de conteúdo material (favoráveis ao fisco): estabilidade extraprocessual relativa 195

3.2.2   Decisões administrativas tributárias definitivas favoráveis aos sujeitos passivos de conteúdo material: estabilidade extraprocessual plena 197

3.3   Efeitos extraprocessuais das decisões administrativas tributárias definitivas favoráveis aos sujeitos passivos de conteúdo material 199

3.3.1 Efeitos em outros processos administrativos em curso referentes às mesmas partes...........199

3.3.2 Efeitos nas relações jurídicas tributárias............205

3.3.3 Conteúdos estabilizados das decisões administrativas tributárias............208

3.3.4 Como operar mudanças na estabilidade das decisões administrativas tributárias............213

CONCLUSÕES............219

REFERÊNCIAS............227

PREFÁCIO

Em um livro publicado em 2017,[1] chamei a atenção para o fato de que a segurança jurídica dos contribuintes requer órgãos de aplicação com conhecimento técnico, capazes de dar solução tempestiva aos conflitos tributários. Neste contexto, e considerando o desenho institucional dos órgãos com competência decisória tributária no ordenamento jurídico brasileiro, é inquestionável a importância do processo administrativo fiscal (PAF).

Nada obstante, por mais que o PAF tenha se tornado um instrumento fundamental de construção do Sistema Tributário Nacional, são poucas as pesquisas dedicadas ao seu estudo de forma estrutural, proliferando-se trabalhos descritivos que, no mais das vezes, não contribuem para a evolução dos mecanismos de controle da legalidade do lançamento tributário.

Nesse contexto, foi uma tripla felicidade receber o convite da agora Doutora Maysa de Sá Pittondo Deligne para escrever este prefácio.

Em primeiro lugar, Maysa já encontrou lugar de destaque em uma nova geração de tributaristas que cresce de forma consistente no Brasil. Em razão de sua atividade como professora e palestrante, assim como de sua competente atuação como Conselheira do Conselho Administrativo de Recursos Fiscais (CARF), aprendemos a admirar o entusiasmo e a seriedade com que desempenha suas funções. Portanto, é motivo de orgulho nos associarmos a este trabalho, que marca a sua maturidade acadêmica, a qual chega com o título de Doutora em Direito por uma das principais Escolas do país, a Universidade de São Paulo.

Em segundo lugar, ficamos felizes pela pessoa por trás da autora. Com seu temperamento amável e alegre, Maysa torna as discussões tributárias – mesmo as divergências, naturais nos debates acadêmicos – leves e proveitosas. Desde a primeira vez que conversei com Maysa sobre este trabalho, que agora vejo pronto, impressionou-me a humildade ao debater e o genuíno interesse em contribuir para os debates a respeito do PAF.

---

[1] ROCHA, Sergio André. *Da lei à decisão*: A segurança jurídica tributária possível na pós-modernidade. Rio de Janeiro: Lumen Juris, 2017.

Por fim, em terceiro lugar, é uma alegria escrever este prefácio pelo tema em si. Há quase vinte anos estudo o PAF, com intensidades que variaram ao longo deste período. É certamente renovador de meu próprio entusiasmo quanto à matéria ver o tema sendo debatido, de forma provocativa e original, como se espera das pesquisas acadêmicas sérias.

Desde que conversamos pela primeira vez sobre o tema desta tese, em um dos grandiosos congressos organizados pela Associação Brasileira de Direito Tributário (ABRADT), em Belo Horizonte, uma questão ficou clara: não íamos concordar em tudo.

De fato, como se percebe na conclusão do primeiro capítulo deste livro, Maysa sustenta que "a Administração Pública, assim como o Poder Legislativo, exerce a função jurisdicional quando a lei lhe atribui competência para resolver conflitos suscitados por seus subordinados, com a interpretação das normas aplicáveis ao caso concreto e dentro do devido processo legal". Por outro lado, sempre sustentei que não há lide no PAF, rejeitando que o mesmo tenha natureza jurisdicional.[2]

É provável que eu seja o minoritário em relação a este tema, já que boa parte dos autores fala na existência de um "contencioso administrativo". Contudo, para além de quem tem a razão, o mais importante é debatermos esse tema, como nos propõe a autora. Afinal, há diversas questões relacionadas ao PAF que somente podem ser resolvidas tendo em conta a sua natureza jurídica, desde a preclusão do direito de apresentação de provas até os efeitos da decisão administrativa, assunto deste livro.

Mas este não é o objeto central da tese de Maysa. A questão – a motivação por trás de sua pesquisa – está relacionada a uma questão de enorme relevância da perspectiva de materialização do princípio da segurança jurídica: a coerência das decisões administrativas.

Com efeito, ao delimitar a hipótese de sua tese, a autora sustentou que "a decisão administrativa tributária definitiva favorável ao sujeito passivo é a espécie de decisão dotada de estabilidade extraprocessual quanto às questões nela decididas, com eficácia material e futura para as partes envolvidas na lide administrativa (sujeito passivo e Fazenda)". Partindo dessa premissa, Maysa buscou enfrentar "o problema quanto à *extensão material ou objetiva da decisão administrativa tributária* para além das balizas do processo em que foi formada, demarcando

---

[2] ROCHA, Sergio André. *Processo administrativo fiscal*. São Paulo: Almedina, 2018. p. 195-198.

PREFÁCIO | 21

quais as decisões e quais as questões decididas pela autoridade julgadora administrativa que são dotadas de 'força de lei' para as partes do processo administrativo tributário". (Destaque no original)

A análise quanto à "extensão material ou objetiva da decisão administrativa tributária" vincula-se à questão posta no primeiro capítulo, referente à natureza jurisdicional do PAF. Afinal, como Maysa destaca na conclusão do segundo capítulo, "a decisão administrativa tributária como ato jurídico jurisdicional, envolvendo o sujeito passivo, de acordo com os princípios processuais, composta de relatório, fundamentos e conclusão, com ônus da prova divergente a depender do processo, abre-se a possibilidade de questionar sua eficácia". Logo, percebe-se que as conclusões da autora a respeito da extensão material da decisão no PAF decorrem da premissa desenvolvida no primeiro capítulo a respeito da sua natureza.

Das conclusões apresentadas por Maysa, talvez a primeira seja a que melhor representa o resultado de sua pesquisa. Sustenta a autora que "as razões utilizadas como fundamento para resolver o litígio serão aplicáveis, igualmente, aos outros atos administrativos tributários fundados na mesma causa de pedir (motivação do ato administrativo tributário cancelado). As mesmas razões de julgamento adotadas para a resolução de um litígio devem ser aplicadas, de ofício, para outros processos com litígios idênticos entre as mesmas partes, em cumprimento de dever legal do art. 45 do Decreto nº 70.235/1972, não se tratando de mera faculdade. A aplicação de ofício da decisão será realizada pela autoridade fiscal de origem (autoridade preparadora), com fulcro na função de autotutela do art. 149, I, do CTN".

É uma tese original e provocativa que, como mencionamos, joga luz sobre a questão da coerência das decisões administrativas proferidas para um mesmo contribuinte em um mesmo contexto fático. Afinal, é razoável esperar que o critério jurídico de uma decisão paute futuras manifestações do órgão administrativo de julgamento.

Maysa ancora sua argumentação no artigo 45 do Decreto nº 70.235/1972, segundo o qual "no caso de decisão definitiva favorável ao sujeito passivo, cumpre à autoridade preparadora exonerá-lo, de ofício, dos gravames decorrentes do litígio". Seguindo a linha de raciocínio desenvolvida em sua tese, sustenta a autora que uma vez proferida uma decisão favorável ao contribuinte, em qualquer instância administrativa, esta deveria resolver a controvérsia definitivamente em todos os processos equivalentes em aberto.

Não é uma tese óbvia, nem que se sustente sem o desenvolvimento de uma argumentação robusta. Entretanto, é provocativa e certamente gerará novas questões, impulsionando um mais do que necessário debate a respeito do dever de coerência das decisões proferidas em processos administrativos fiscais.

Depois de seu importante trabalho sobre a competência tributária residual para a instituição de contribuições sociais,[3] fruto de sua dissertação de mestrado, Maysa de Sá Pittondo Deligne brinda os estudiosos do Direito Tributário com mais um trabalho provocativo, fruto de profunda reflexão acadêmica. Resta-nos torcer para que este seja apenas mais um passo na evolução de seus estudos, na expectativa pelos seus próximos trabalhos.

Rio de Janeiro, fevereiro de 2021.

Sergio André Rocha

Professor de Direito Financeiro e Tributário da
Universidade do Estado do Rio de Janeiro (UERJ).

---

[3] DELIGNE, Maysa de Sá Pittondo. *Competência tributária residual e as contribuições destinadas à seguridade social*. Belo Horizonte: D'Plácido, 2015.

APRESENTAÇÃO

A tributação é fenômeno inerente à vida em sociedade. Reunidos em grupo, os homens sacrificam parte de sua riqueza – manifestada ao largo da História sob diversas formas e materialidades – ou de suas atividades – quando um dos modos de se realizar o tributo se dava por meio de prestação de trabalho – em prol da possibilidade da convivência humana a partir de um centro determinado de poder.

Com o passar dos tempos, o centro de poder personificou-se juridicamente, sob a forma de Estado. E esse mesmo Estado passou a se submeter às regras jurídicas por ele próprio emanadas. É de conhecimento geral a história do princípio da legalidade no mundo ocidental e sua intrínseca relação com os tributos. Do mesmo modo, é lição propedêutica o principal efeito do princípio da legalidade tributária: a transformação do tributo de relação de poder para uma relação jurídica.

Nesse sentido, e feitas estas brevíssimas considerações, impõe-se considerar que entre nós a exigência tributária pode ser plenamente discutida pelos contribuintes, seja perante o Poder Judiciário, seja perante a própria Administração Pública.

Interessa-nos sobremaneira este último. Há um sem número de estudos versando sobre o tema do contencioso administrativo tributário, apontando-lhe os fundamentos, características, virtudes e vicissitudes. É constante o debate sobre a necessidade de sua reforma. Seja como for, não se pode negar ao contencioso administrativo tributário a importância para o desenvolvimento do Direito Tributário nacional.

É nesse contexto que recebemos o honroso convite para apresentar a presente obra. Trata-se da tese de doutoramento da autora, intitulada *"Efeitos das decisões no processo administrativo tributário"*, perante as Arcadas do Largo de São Francisco e sob a orientação do festejado Professor Titular Humberto Ávila.

Antes de tudo, o convite me honra não somente pelo grande sentimento de amizade que nutro pela autora, mas porque sou testemunha do árduo trabalho que ela desenvolveu – e o fez com um brilhantismo ímpar. Sinto-me absolutamente homenageado e lisonjeado por participar deste momento tão importante.

Pois bem, a autora parte da premissa segundo a qual as decisões proferidas em sede de contencioso administrativo tributário estão inseridas na função jurisdicional da Administração Pública. Nesse sentido, não corresponderiam ao conceito de autotutela – no exercício da função administrativa – dos atos administrativos. Com efeito, tratar-se-ia de aplicação do direito (e, por via de consequência, de sua interpretação) diante de determinado caso concreto. Saliente-se que a adoção de uma ou de outra premissa é de suma importância para uma série de questões a respeito deste intrincado tema.

Asseverar que o contencioso administrativo tributário evidencia uma autotutela da Administração Tributária, como o faz a doutrina majoritária e que, com o brilhantismo já anunciado, a autora desafia à reflexão, equivale a dizer que aquela atividade representa um controle sobre a legalidade do ato administrativo – mormente o auto de infração – cujos efeitos se restringem àquela contenda.

A autora então passa a tecer críticas a essa corrente, com firmes âncoras na Teoria Geral do Processo. Salienta que não se deve confundir Poder com função – consistindo a função jurisdicional exatamente na solução de conflitos oriundos de pretensões resistidas. E o que há, no contencioso administrativo tributário, é processo, na medida em que o Fisco dirige ao contribuinte uma pretensão – a cobrança do tributo –, e o contribuinte, resistindo à pretensão estatal, apresenta a sua defesa, também evidenciadora de sua respectiva pretensão. Tem-se com isso instaurado o litígio, a ser solucionado pelos órgãos administrativos competentes para o julgamento da causa, sob a presença dos princípios constitucionais da ampla defesa e do contraditório, o que faz com que a natureza processual do fenômeno se mostre ainda mais nítida.

Em seguida, a autora passa a versar sobre a decisão administrativa tributária, cuja natureza jurídica seria de ato jurídico jurisdicional, dotada dos seguintes elementos essenciais: relatório, fundamentos (despontando com enorme vigor a motivação) e conclusão. O objeto das decisões do contencioso administrativo tributário seria justamente a obtenção de uma tutela jurisdicional, não se podendo perder de vista as pretensões resistidas sobre as quais elas têm de versar e decidir, colocar termo ao litígio instaurado.

Quanto a este ponto, a autora adiciona um argumento a mais para sustentar sua premissa: nas atividades de autotutela, a Administração pode rever o lançamento tributário, modificando-o, desde que respeitados os limites insculpidos sobretudo nos arts. 145, 146 e 149 do Código Tributário Nacional. Já nas decisões proferidas no contencioso administrativo, esse poder falece à Administração. Deve decidir, prestando a tutela jurisdicional que lhe é cabida, em atenção às alegações deduzidas pelo Fisco e pelo contribuinte na lide.

Por fim, a autora desenvolve a hipótese de seu trabalho, versando sobre a eficácia da decisão administrativa tributária. Parte do estudo das estabilidades processuais, gênero do qual as preclusões e a coisa julgada são espécies. A partir de uma crítica ao atual estágio da doutrina a respeito da coisa julgada administrativa, a autora observa que não se pode deixar de proceder a correta diferenciação entre as atividades administrativa e jurisdicional.

Antes de sustentar a sua hipótese, a autora analisa as hipóteses de estabilidade processual, no âmbito do contencioso administrativo, já reconhecidas pela doutrina, tais como as relativas aos prazos processuais (preclusão temporal), a quitação de parte do débito no curso do processo, o que impede que a discussão sobre a parcela paga seja discutida no contencioso administrativo (preclusão lógica), a impossibilidade de alegação de novas matérias de fato e de direito após a primeira defesa do contribuinte no processo administrativo, salvo as hipóteses elencadas no art. 16, §4º do Decreto nº 70.235/72 (preclusão consumativa) e a própria extinção do crédito tributário por força de decisão administrativa irreformável, por força do art. 156, IX, do CTN (preclusão substantiva ou material).

Mas era necessário ir além. E o trabalho desenvolveu tal caminho.

A autora chega ao desiderato de sua tese buscando esmiuçar as hipóteses nas quais as decisões administrativas possuiriam estabilidade extraprocessual e não apenas no bojo do processo administrativo. Para tanto, diferencia as espécies de decisões administrativas a partir de dois critérios: um subjetivo, relativo à parte vencedora no feito, e outro material, tanto versando sobre o mérito da demanda (decisões materiais) quanto sobre questões de ordem processual (decisões formais).

Quatro seriam, portanto, as espécies de decisões administrativas tributárias dotadas de definitividade: (i) as decisões favoráveis ao contribuinte de conteúdo material; (ii) as decisões favoráveis ao contribuinte de conteúdo formal; (iii) as decisões favoráveis ao Fisco de conteúdo material e (iv) as decisões favoráveis ao Fisco de conteúdo formal.

E então a autora passa a versar sobre o grau de estabilidade extraprocessual das decisões meritórias. Na hipótese em que tais decisões são favoráveis ao Fisco, a estabilidade processual é relativa, dada a ausência de vinculação tanto ao Fisco como ao contribuinte. Nessa hipótese, o Fisco poderá tanto promover a competente execução fiscal, porque definitivamente constituído o crédito tributário, quanto rever seu próprio posicionamento. Da mesma forma, o contribuinte poderá bater às portas do Judiciário, caso entenda que a decisão está a lesar um direito seu.

Lado outro, na hipótese em que a decisão meritória definitiva é favorável ao contribuinte, a estabilidade processual é plena. O contribuinte não poderia ir ao Judiciário discutir a causa, porque direito fundamental algum seu restaria violado. O Fisco também não poderia fazê-lo, ante a ausência de *"interesse processual da Administração para modificar suas próprias decisões perante o Poder Judiciário"*.

E por que dizer-se efeitos extraprocessuais plenos? A autora responde no sentido de que eles se estenderiam a outros processos administrativos em que as partes sejam as mesmas do feito onde a decisão administrativa definitiva foi proferida, bem como desde que idênticos os motivos neles deduzidos. Ademais, os efeitos da decisão alcançariam as próprias relações jurídicas tributárias, porque serviriam como verdadeira orientação de comportamento dos contribuintes. Eis o coração da tese.

Esta brevíssima apresentação tem por intuito apenas aguçar o leitor, que tem em mãos verdadeira obra-prima. Todo este elegante raciocínio empreendido pela autora encontra fundamento em forte domínio nas melhores doutrinas de Direito Tributário, Direito Administrativo, Teoria Geral do Processo e Direito Processual Civil. Por isso mesmo, a obra ultrapassa os limites do Direito Tributário e, com razão, lembrando o Mestre Ataliba, posiciona o Direito onde ele deve estar, enquanto sistema e por sua função precípua de estabilizar as relações sociais.

E não apenas no plano teórico a obra se destaca. A intimidade da autora com o Direito Positivo impressiona, concatenando dispositivos constitucionais com o CTN, com o CPC, com o Decreto nº 70.235/72. Também a jurisprudência, tanto administrativa como judicial, é amplamente abordada, selecionada com o cuidado próprio dos grandes estudiosos.

Por todas essas razões é que a presente obra é de leitura obrigatória para todos aqueles que operam no contencioso administrativo tributário: advogados, procuradores, auditores fiscais e, sobretudo, julgadores. Sua tese de doutoramento é um verdadeiro testemunho de maturidade acadêmica e profissional.

As Arcadas do Largo de São Francisco devem se orgulhar de sua Doutora. Minas Gerais está de parabéns por dar ao Brasil mais uma grande publicista, como sói ocorrer. Ganha com esta publicação a comunidade jurídica, a quem, desde já, desejo uma boa leitura.

Belo Horizonte, fevereiro de 2021.

Valter de Souza Lobato

Professor de Direito Financeiro e Tributário da UFMG. Mestre e Doutor em Direito pela UFMG. Presidente da Associação Brasileira de Direito Tributário (ABRADT).

APRESENTAÇÃO

A obra que ora se apresenta é uma incursão por terreno ainda inóspito na doutrina – o que, *per se*, já seria suficiente para recomendá-la. No entanto, são razões de mérito – atinentes tanto ao texto como à sua autora – que estão a sugerir a pronta leitura do trabalho pelos que pretendem incrementar seu domínio das questões fundamentais do Direito Tributário.

Escritora e obra, neste caso, confundem-se – para a satisfação do leitor. Maysa de Sá Pittondo Deligne é experimentada julgadora do Conselho Administrativo de Recursos Fiscais, seara em que pontificam grandes conhecedores da tributarística nacional. De sua função como Conselheira, Maysa extraiu o objeto do livro: até que ponto os fundamentos de uma decisão no processo administrativo tributário podem ser aplicados a outro caso, análogo, de modo vinculante? Pergunta de difícil resposta – à qual obra e autora não fogem, ao revés.

Iniciando o percurso com minudenciado excurso histórico das funções atribuíveis ao julgador administrativo, o escrito prossegue com a dissecção dos elementos integrantes da decisão tributária em âmbito administrativo. A partir dessa analítica abordagem – e pavimentado, assim, o caminho para voos maiores – o livro apresenta inovadora tese: a de que, a bem da segurança jurídica e da estabilidade das relações tributárias, as decisões administrativas definitivas operam efeitos extraprocessuais, iluminando o agir do contribuinte e da Administração Tributária em outras situações idênticas, embora relacionadas a períodos temporais diversos.

O respeito ao Judiciário, a quem competirá a revisão dos atos administrativos definitivos que redundarem em cobrança de tributo, é também pedra angular no raciocínio da autora. Maysa consegue, valendo-se da destreza argumentativa que somente a profunda reflexão permite, concatenar o necessário acesso ao Poder Judiciário à função "jurisdicional" que também atribui aos órgãos administrativos de solução de lides tributárias. Desse delicado equilíbrio de premissas, nasce a conclusão: como não são passíveis de modificação judicial, as decisões administrativas definitivas que extinguem o crédito tributário produzem efeitos tanto para o caso em si considerado como para outros análogos, ainda não julgados.

A busca por coerência e segurança, dessarte, é a marca do trabalho. Pode-se dizer, também, que é a marca da autora. Trafegando por duas abalizadas escolas de Direito Tributário em sua vida acadêmica – a mineira e a paulista – e abeberando-se dos influxos intelectuais de todas as regiões do Brasil, ao exercer sua atividade judicante no CARF, a autora consegue fazer um trabalho singular, que dialoga com quaisquer correntes de pensamento jurídico.

Por tais razões é que se me afigura uma elevada honra apresentar obra e autora à comunidade tributária. Acadêmicos, julgadores, advogados públicos e privados, todos, enfim, que lidam com o tema, encontrarão nas páginas a seguir um caminho certeiro para o alcance do fim último do Direito: a estabilidade das relações sociais.

Belo Horizonte, fevereiro de 2021.

André Mendes Moreira

Professor Adjunto de Direito Tributário da UFMG.
Doutor em Direito Tributário pela USP, onde fez
residência Pós-Doutoral.

INTRODUÇÃO

Todo modelo é uma ferramenta de trabalho
que ganha corpo com a prática doutrinária
e, especialmente, jurisprudencial. Esperar
mais do que isso é ingenuidade.[1]

Em uma época em que se buscam meios alternativos de resolução de conflitos junto à Administração Pública, um modo clássico de solução já se encontra devidamente estruturado e formatado no ordenamento jurídico pátrio em relação aos litígios tributários, embora não seja devidamente valorizado pela doutrina: o processo administrativo tributário.[2] Neste livro, pretende-se enaltecer a atividade jurisdicional administrativa tributária, identificando os efeitos de que as decisões tomadas pelos julgadores administrativos tributários se revestem.

A hipótese delimitada, singular, falseável, controversa e original desta pesquisa pode ser sintetizada da seguinte forma: a decisão administrativa tributária definitiva favorável ao sujeito passivo é a espécie de decisão dotada de estabilidade extraprocessual quanto às questões nela decididas, com eficácia material e futura para as partes

---

[1] SILVA, Virgílio Afonso da. *A constitucionalização do direito*: os direitos fundamentais nas relações entre particulares. São Paulo: Malheiros, 2005. p. 176.

[2] Quanto à busca de meios alternativos de resolução de conflitos, ver: MEDAUAR, Odete. Meios consensuais de solução de litígios relativos à administração pública. *In:* SCHIRATO, Vitor Rhein (coord.). *Estudos atuais sobre ato e processo administrativo*. Rio de Janeiro: Lumen Juris, 2017. p. 5.

envolvidas na lide administrativa (sujeito passivo e Fazenda). Busca-se enfrentar, portanto, o problema quanto à *extensão material ou objetiva da decisão administrativa tributária* para além das balizas do processo em que foi formada, demarcando quais as decisões e quais as questões decididas pela autoridade julgadora administrativa são dotadas de "força de lei" para as partes do processo administrativo tributário.

A hipótese é delimitada por se referir especificamente aos efeitos da decisão administrativa tributária definitiva favorável ao sujeito passivo a que se refere o art. 45 do Decreto nº 70.235/1972. Trata-se de uma espécie de decisão definitiva com efeitos distintos da decisão administrativa tributária contrária ao sujeito passivo do art. 43 do mesmo decreto.

A hipótese é não trivial, porquanto a estabilidade extraprocessual das decisões administrativas tributárias, leia-se, para além do processo no qual foram proferidas, não é admitida de forma clara pelos expoentes da doutrina brasileira. Majoritariamente, restringem-se os efeitos da decisão administrativa favorável ao sujeito passivo em uma perspectiva intraprocessual tão somente para extinguir o crédito tributário objeto da decisão, com fulcro no art. 156, IX, da Lei nº 5.172/1966, Código Tributário Nacional (CTN).[3] O regime jurídico das decisões administrativas tributárias é equiparado ao dos atos administrativos tributários, afastando qualquer exercício de função jurisdicional pela Administração Pública Tributária. Com respaldo nas concepções da jurisdição una brasileira, monopolizada pelo Poder Judiciário, e da parcialidade do julgador administrativo, entende-se que o processo administrativo tributário seria tão somente exercício de função de autotutela da Administração sobre seus atos.[4] Mesmo aqueles

---

[3] XAVIER, Alberto. *Do lançamento*: teoria geral do ato, do procedimento e do processo tributário. Rio de Janeiro: Forense, 1997. p. 268; ROCHA, Sérgio André. *Processo administrativo fiscal*: controle administrativo do lançamento tributário. São Paulo: Almedina, 2018. p. 263; SANTI, Eurico Marcos Diniz de; ZUGMAN, Daniel Leib. Decisões administrativas definitivas não podem ser rediscutidas no poder judiciário. *In*: X Congresso Nacional de Estudos Tributários: Sistema tributário brasileiro e as relações internacionais. São Paulo: Noeses, 2013. p. 313-314; CARVALHO, Paulo de Barros. As decisões do Carf e a extinção do crédito tributário. *Revista Dialética de Direito Tributário*, São Paulo, nº 212, p. 97-98, maio 2013 e *Curso de direito tributário*. 29. ed. São Paulo: Saraiva, 2018. p. 472; SCHOUERI, Luís Eduardo. *Direito tributário*. 8. ed. São Paulo: Saraiva, 2018. p. 697.

[4] GUIMARÃES, Carlos da Rocha. O Processo Fiscal. *In*: GUIMARÃES, Carlos da Rocha. *Problemas de direito tributário*. Rio de Janeiro: Edições Financeiras, 1962. p. 113; CANTO, Gilberto Ulhôa. *O processo tributário*: anteprojeto de lei orgânica, elaborado por Gilberto Ulhôa Canto. Rio de Janeiro: FGV, 1964. p. 66-71; COSTA, Alcides Jorge. Algumas considerações a propósito do anteprojeto de lei sobre contencioso administrativo fiscal. Com comentários de Maria Teresa Martínez de Oliveira. *In*: OLIVEIRA, Ricardo Mariz de;

INTRODUÇÃO | 33

autores que buscam reconhecer a existência de uma "coisa julgada administrativa", ou aproximar as decisões administrativas tributárias da figura da coisa julgada judicial, limitam-se a lhes atribuir efeitos meramente intraprocessuais.[5]

Por sua vez, autores que admitem a existência de um contencioso administrativo tributário equiparam as decisões administrativas aos atos administrativos, atraindo todo o regime jurídico desses atos para sua edição e modificação, com a aproximação de noções de processo por exigência constitucional do art. 5º, LV, da Constituição Federal de 1988 (CF/1988).[6] Por conseguinte, deixa-se de diferenciar os efeitos e formas de modificação da decisão administrativa tributária proferida no bojo do processo administrativo tributário daquelas decisões tomadas em procedimentos administrativos, de forma unilateral, pela Administração Pública e sem exigência de contraditório e ampla defesa, como as soluções de consulta.[7]

Esses aspectos singulares da hipótese evidenciam, ainda, sua falseabilidade e controvérsia. A hipótese é falseável porque, não sendo possível confirmar a existência de um contencioso administrativo efetivo no Brasil, somente o Poder Judiciário seria competente para resolver litígios de forma definitiva. Nesse raciocínio, cabem ser reconhecidos às decisões administrativas tributárias tão somente efeitos intraprocessuais, não suscetíveis a atingir a relação jurídica tributária

---

COSTA, Sérgio de Freitas (coord.). *Diálogos póstumos com Alcides Jorge Costa*. São Paulo: IBDT, 2017. p. 381; FALCÃO, Amílcar de Araújo. *Introdução ao direito administrativo*. São Paulo: Resenha Tributária, 1977. p. 69; THEODORO JÚNIOR, Humberto. *Curso de direito processual civil*. 60. ed. Rio de Janeiro: Forense, 2019. p. 1141; DI PIETRO, Maria Sylvia Zanella. *Direito administrativo*. 20. ed. São Paulo: Atlas, 2007. p. 682; JUSTEN FILHO, Marçal. *Curso de direito administrativo*. 10. ed. São Paulo: Revista dos Tribunais, 2014. p. 379; MACHADO SEGUNDO, Hugo de Brito. *Processo tributário*. Série Leitura Jurídicas, Vol. 37. São Paulo: Atlas, 2010. p. 36.

5   Pela coisa julgada administrativa, ver: MELLO, Celso Antônio Bandeira de. *Curso de direito administrativo*. 34. ed. São Paulo: Malheiros, 2019. p. 471-473. Equiparando aos efeitos da coisa julgada judicial formal: XAVIER, Alberto. *Do lançamento*: teoria geral do ato, do procedimento e do processo tributário. Rio de Janeiro: Forense, 1997. p. 268; BOTTALLO, Eduardo Domingos. *Curso de processo administrativo tributário*. 2. ed. São Paulo: Malheiros, 2009. p. 188. JUSTEN FILHO, Marçal. *Curso de direito administrativo*. 10. ed. São Paulo: Revista dos Tribunais, 2014. p. 378-379.

6   MINATEL, José Antonio. Procedimento e processo administrativo tributário: dupla função administrativa, com diferentes regimes jurídicos. *In:* ROCHA, Sérgio André (coord.). *Processo administrativo tributário*: estudos em homenagem ao Professor Aurélio Pitanga Seixas Filho. São Paulo: Quartier Latin, 2007. p. 344.

7   BORGES, José Souto Maior. Sobre a preclusão da faculdade de rever resposta pró-contribuinte em consulta fiscal e descabimento de recurso pela Administração Fiscal. *Revista Dialética de Direito Tributário*, São Paulo, nº 154, p. 83, jul. 2008.

objeto do processo ou outros processos das mesmas partes. Com isso, a Administração Pública Tributária pode modificar, à luz do poder de revisão dos atos administrativos, a interpretação veiculada nas decisões definitivas favoráveis ao sujeito passivo proferidas no processo administrativo tributário. Cada processo administrativo tributário é considerado como autônomo, revisando-se individualmente os atos administrativos tributários neles lavrados (auto de infração ou despacho decisório), delimitados pelo tributo envolvido e período de apuração.

Por conseguinte, igualmente se confirma a controvérsia da hipótese, uma vez que este é o entendimento que atualmente orienta a doutrina e a jurisprudência pátrias, sem identificar e problematizar os efeitos específicos produzidos pela decisão administrativa tributária definitiva favorável ao sujeito passivo.

A originalidade, por fim, reside em reconhecer estabilidade extraprocessual à decisão administrativa tributária favorável ao sujeito passivo e às questões nela enfrentadas, como ato jurisdicional dotado de estabilidade plena por não ser passível de revisão pelo Poder Judiciário. Além disso, consideram-se as particularidades dos efeitos dessa decisão, passíveis de serem produzidos inclusive para o futuro, identificando as distinções e aproximações com a noção da coisa julgada material formada na seara judicial.

Propõe-se, portanto, que as questões decididas pela decisão administrativa definitiva favorável ao sujeito passivo produzam efeitos não apenas no processo em que foi proferida (efeito intraprocessual, reconhecido pela doutrina), mas na própria relação jurídica tributária, orientando as condutas das partes, inclusive futuras (efeitos extraprocessuais, materiais e futuros).

Neste ponto, cumpre mencionar que distintos expoentes da doutrina pátria reconhecem a produção de efeitos futuros das decisões administrativas tributárias quando atingem a relação jurídica tributária.[8] Contudo esse seria um efeito passível de ser produzido por

---

[8] TORRES, Ricardo Lobo. *Curso de direito financeiro e tributário*. 8. ed. Rio de Janeiro, Renovar, 2001. p. 249; BALEEIRO, Aliomar. *Direito tributário brasileiro*. Atualizada por Misabel de Abreu Machado Derzi. 12. ed. Rio de Janeiro: Forense, 2013. p. 1216; AMARO, Luciano. *Direito tributário brasileiro*. 15. ed. São Paulo: Saraiva, 2009. p. 341; TROIANELLI, Gabriel Lacerda. Interpretação da lei tributária: lei interpretativa, observância de normas complementares e mudança de critério jurídico. *Revista Dialética de Direito Tributário*, São Paulo, nº 176, p. 81, maio 2010; SOUSA, Rubens Gomes de. *Compêndio de Legislação Tributária*. São Paulo: Resenha Tributária, 1975. p. 193-194; ÁVILA, Humberto. *Teoria da segurança jurídica*. 4. ed. São Paulo: Malheiros, 2016. p. 472-478; SCHOUERI, Luís Eduardo. *Direito tributário*. 8. ed. São Paulo: Saraiva, 2018. p. 697; FLÁVIO NETO, Luís. Segurança jurídica, proteção

todos os atos administrativos decisórios individuais proferidos na seara administrativa, inclusive pelas decisões proferidas de forma unilateral, sem exigência de contraditório e ampla defesa, como nos procedimentos de consulta. Não se reconhecem, portanto, efeitos distintos às decisões administrativas tributárias proferidas no exercício de função jurisdicional. Por conseguinte, a doutrina admite a alteração das razões adotadas nas decisões administrativas tributárias com base, tão somente, na função de autotutela ou revisão dos atos administrativos, inclusive à luz dos critérios de oportunidade e conveniência.

Entretanto o regime jurídico de edição e modificação das decisões administrativas tributárias é distinto dos atos administrativos tributários por consistirem em atos jurídicos proferidos no exercício de função jurisdicional do Estado. Diferencia-se, também, dos atos administrativos decisórios proferidos de forma unilateral pela Administração Pública Tributária em procedimentos de revisão de ofício (autotutela) ou de consulta, em resposta ao direito de petição em sentido estrito, sem as garantias do contraditório e da ampla defesa.

Busca-se, portanto, enfrentar na pesquisa os questionamentos em torno do problema da extensão material ou objetiva da decisão administrativa tributária definitiva favorável ao sujeito passivo, identificados a seguir, de forma sintética:

(i) **Reflexos da decisão administrativa tributária definitiva favorável ao sujeito passivo na relação jurídica processual:** (i.1) Quais são seus efeitos sobre os processos administrativos tributários em curso do mesmo sujeito passivo? Como e em quais hipóteses essa decisão deve ser aplicada nos processos em curso, e como a legislação federal disciplina sua aplicação? (i.2) São distintos os efeitos a depender da instância de julgamento que proferiu a decisão (primeira ordinária, segunda ordinária ou especial)?

(ii) **Extensão material da decisão administrativa tributária definitiva favorável ao sujeito passivo na relação jurídica tributária material:** (ii.1) Quais questões ou matérias são dotadas de estabilidade extraprocessual? (ii.2) Quais são os reflexos da decisão administrativa irreformável nas condutas passadas do sujeito passivo por ela amparado que não foram objeto de lançamento de ofício? (ii.3) Tratando-se de uma relação jurídica de trato sucessivo e continuado, até quando o sujeito

---

da confiança, boa-fé e proibição de comportamentos contraditórios no Direito Tributário: *nemo potest venire contra factum proprium. In:* ZILVETI, Fernando Aurélio. *Revista Direito Tributário Atual,* São Paulo, nº 36, p. 232, 2016.

passivo pode orientar suas condutas futuras com base na decisão? Em quais hipóteses e de que maneira a interpretação adotada na decisão irreformável pode ser modificada para o futuro? (ii.4) Quando será cabível, e qual o procedimento a ser seguido para a modificação das decisões administrativas tributárias favoráveis ao sujeito passivo?

Para ilustrar esses questionamentos relacionados à hipótese desta pesquisa, descreve-se uma situação hipotética, enfrentada de forma corriqueira pelos sujeitos passivos que instauram litígios administrativos no Brasil.

Após anos de discussão administrativa, o sujeito (*S1*) obtém um provimento final, proferido por uma turma ordinária da segunda instância administrativa, entendendo que um auto de infração (*A1*) lavrado para o período de apuração (*P1*) deve ser cancelado. A decisão foi definitiva, pois não foi interposto recurso especial, pela Fazenda, previsto na lei administrativa. O fundamento trazido na decisão administrativa tributária definitiva favorável ao sujeito passivo para o cancelamento da autuação é que estava correta a interpretação da lei (*L1*) adotada por *S1* para o cálculo do tributo devido no exercício de suas atividades durante o período *P1*. Ou seja, quando do julgamento do pedido formulado pelo sujeito passivo *S1* no processo administrativo, como pressuposto lógico para o julgamento da questão principal (cancelamento, ou não, do ato administrativo tributário sob revisão), o julgador administrativo precisou enfrentar, de forma expressa na motivação da decisão, como o dispositivo da lei *L1* deveria ser interpretado.

Com fulcro no art. 156, IX, do CTN, o auto de infração *A1* é cancelado (como efeito tradicionalmente reconhecido pela doutrina pátria). Contudo a lei *L1* disciplina uma relação jurídica tributária continuada e sucessiva, tratando de um tributo cujos fatos geradores se esgotam imediatamente em determinado momento, mas se repetem no tempo de maneira uniforme e continuada.[9] Por essa razão, além de *A1*, o mesmo sujeito *S1* instaurou discussão jurídica idêntica, relacionada à interpretação da *L1*, em outros dois processos administrativos: no auto de infração *A2*, lavrado para o período de apuração *P2*, e no auto

---

[9]   ZAVASCKI, Teori Albino. Coisa julgada em matéria constitucional: eficácia das sentenças nas relações jurídicas de trato continuado. *In:* ZAVASCKI, Teori Albino. *Eficácia das sentenças na jurisdição Constitucional.* São Paulo: RT, 2001. p. 4 Disponível em: http://www.abdpc.org.br/abdpc/artigos/Teori%20Zavascki%20-%20formatado.pdf. Acesso em: 1º out. 2018.

INTRODUÇÃO | 37

de infração *A3*, lavrado para o período de apuração *P3*. Na análise das autuações *A2* e *A3*, confirma-se que se trata de fundamento jurídico idêntico ao utilizado em *A1*. Além disso, *L1* não sofreu alterações legislativas (leia-se, pelo Poder Legislativo) em *P2* e *P3*.

As primeiras perguntas que são formuladas diante dessa situação hipotética se referem à extensão dos efeitos da decisão administrativa tributária definitiva, proferida para *S1* no processo administrativo referente ao *A1*, para *outros processos administrativos tributários* em curso, nos quais *S1* figure como parte. A decisão irreformável se aplica automaticamente para os autos de infração *A2* e *A3*? Caso *A2* e *A3* continuem tramitando administrativamente de forma autônoma, pode a Administração resolver esses casos com base em uma interpretação da lei *L1* diferente daquela alcançada em *A1*? O fato de a decisão não ser de autoria da última instância administrativa (instância especial) afeta os efeitos passíveis de serem produzidos pela decisão proferida em *A1*?

Além dos questionamentos de ordem processual, outros podem, ainda, ser formulados, avaliando os reflexos da decisão proferida em *A1* na relação jurídica tributária material entre *S1* e a Administração Pública Tributária: a interpretação da lei *L1* é um elemento dotado de estabilidade extraprocessual, orientando as condutas das partes da relação jurídica tributária? Quais os reflexos da decisão administrativa irreformável nas condutas passadas de *S1*, a ela anteriores e que não foram objeto de lançamento de ofício? Até quando o sujeito *S1* pode orientar suas condutas futuras com base na interpretação veiculada na decisão?

Com a presente pesquisa, pretende-se contribuir para o reconhecimento da relevância das decisões tomadas pelos julgadores administrativos no exercício de função jurisdicional, destacando o papel por eles desempenhado para a construção de um ordenamento dotado de segurança jurídica.[10]

Sem considerar os pronunciamentos definitivos proferidos em processos anteriores, as mesmas matérias jurídicas são reiteradamente revisitadas pelos julgadores administrativos para os mesmos sujeitos passivos, o que pode resultar em conclusões opostas. A alteração da posição irreformável do órgão jurisdicional pode ocorrer pelo simples motivo, discricionário, de alteração da composição do órgão julgador. Ou mesmo porque o julgador mudou seu entendimento sobre a matéria.

---

[10] ÁVILA, Humberto. *Teoria da segurança jurídica*. 4. ed. São Paulo: Malheiros, 2016. p. 143-706.

Com isso, os sujeitos passivos não possuem segurança para saber qual o posicionamento da Administração Pública Tributária, recebendo, sobre a mesma questão jurídica controvertida, decisões em sentidos diametralmente opostos, em razão de terem sido proferidas na revisão de atos administrativos tributários distintos. A falta de preocupação com os pronunciamentos proferidos pela Administração Pública Tributária no exercício de função jurisdicional gera incongruências na aplicação, dificultando a identificação das normas jurídicas que orientam as condutas dos sujeitos.

Cumpre mencionar que no processo administrativo tributário federal há mecanismos previstos na organização interna do Conselho Administrativo de Recursos Fiscais (CARF) que buscam afastar julgamentos de mérito conflitantes. Contudo esses instrumentos, isolados e sem a noção da estabilidade das decisões administrativas, não são suficientes para resolver os problemas identificados, na extensão proposta neste livro.

Com efeito, o art. 6º, §1º, do Regimento Interno do CARF, aprovado pela Portaria nº 343/2015 (RICARF), determina o julgamento conjunto de processos conexos, decorrentes ou reflexos. Todavia, para ser admitido como conexo ou decorrente ou reflexo, é necessário que os processos se refiram a fatos e períodos de apuração idênticos. Não resolvem, portanto, o problema aqui exposto: a possibilidade de processos administrativos, lavrados com motivação idêntica, em uma mesma relação jurídica tributária processual, serem julgados de forma distinta, exclusivamente por se referirem a outro período de apuração. Sem qualquer diferença significativa nos fatos analisados, a autonomia dos processos administrativos tributários poderá implicar a veiculação de interpretação jurídica distinta em processos que envolvam controvérsias idênticas, instaurado pelo mesmo sujeito passivo, independentemente da existência de decisão administrativa definitiva favorável ao sujeito passivo.

Por sua vez, o art. 47, §1º, do RICARF, indica que, "quando houver multiplicidade de recursos com fundamento em idêntica questão de direito, será formado lote de recursos repetitivos", que serão julgados de forma idêntica. Trata-se de dispositivo relevante, por reconhecer a importância do julgamento uniforme das questões jurídicas pelas decisões administrativas. No entanto essa previsão não considera eventuais peculiaridades entre os contribuintes, inclusive a existência de uma decisão administrativa tributária definitiva anterior que possa ter sido proferida em sentido favorável a um sujeito passivo.

INTRODUÇÃO | 39

Além disso, esses instrumentos de julgamento não são suficientes para garantir a eficácia extraprocessual da decisão administrativa tributária, uma vez que, ainda que todos os processos idênticos em trâmite no CARF sejam agrupados para julgamento conjunto (para a aplicação das mesmas razões da decisão administrativa tributária definitiva), é possível que continuem em trâmite outros processos administrativos tributários nos órgãos de primeira instância administrativa (Delegacias de Julgamento), com a mesma lide. Com isso, é possível que a mesma matéria, já julgada de forma definitiva e com estabilidade plena, seja novamente apreciada pelas instâncias de julgamento, de forma distinta.

Nesse sentido, igualmente se contribui com a redução de litígios administrativos, por meio da estabilização substancial e não meramente formal das relações jurídicas tributárias na forma já garantida pelo ordenamento jurídico pátrio, evitando a repetição de discussões administrativas já definitivamente encerradas para o mesmo sujeito passivo. Garante-se, inclusive, a duração razoável do processo e a celeridade processual, almejadas pelo art. 5º, LXXVIII, da CF/1988.

Este livro está dividido em três capítulos, além desta introdução. No primeiro são firmados os alicerces da competência e a função dos julgadores no processo administrativo tributário. Após desconstruir as premissas de que parte a doutrina pátria para admitir a atividade de revisão dos atos administrativos tributários como mero exercício de autotutela pela Administração Pública Tributária, assevera-se o exercício de função jurisdicional no processo administrativo tributário. Em seguida, passa-se à análise das competências relacionadas ao processo administrativo tributário, tanto para legislar sobre essa matéria, como quanto aos órgãos competentes para desempenhar a função jurisdicional na seara da Administração Pública Tributária.

No segundo capítulo são identificados os elementos e o conteúdo da decisão administrativa tributária, diferenciando-os do regime jurídico dos atos administrativos tributários. Busca-se sedimentar os conceitos, diferenças e aproximações dos signos *motivo*, *motivação* e *fundamentos* nos atos administrativos tributários e nas decisões administrativas tributárias para, em seguida, delimitar o objeto do processo administrativo tributário. Essa última análise perpassa a análise do pedido e da causa de pedir no processo administrativo tributário, juntamente com a verificação das questões passíveis de serem invocadas pelas partes, entre as quais estão as questões preliminares e as questões de mérito (questões principais e questões prejudiciais). São analisadas, ainda, peculiaridades na atividade de julgamento administrativo, como os limites para a revisão dos atos administrativos tributários e a postura ativa do julgador administrativo no impulso e instrução do processo.

Por fim, o terceiro capítulo se dedica à análise dos efeitos das decisões administrativas tributárias, buscando enfrentar os problemas apontados acima. Nesse capítulo busca-se afastar a ideia de que a coisa julgada seria a forma de estabilidade processual por excelência, para reconhecê-la como uma das diferentes espécies de estabilidade processual, cuja forma mais geral é a *preclusão*, gênero conceituado de forma distinta da doutrina tradicional, como a estabilidade interna ou externa ao processo (intraprocessual ou extraprocessual), com ou sem efeitos materiais (para a relação jurídica material controvertida). Além da identificação das diferentes espécies de estabilidades processuais existentes no processo administrativo tributário, são identificadas as diferentes espécies de decisões administrativas tributárias, bem como suas diferentes formas de estabilidade.

CAPÍTULO 1

COMPETÊNCIA E FUNÇÃO DOS JULGADORES NO PROCESSO ADMINISTRATIVO TRIBUTÁRIO

Para embasar a hipótese que se coloca nesta pesquisa, primeiro é necessário firmar os alicerces da competência e função dos julgadores no processo administrativo tributário. A doutrina pátria, ao admitir a atividade de revisão dos atos administrativos tributários como mero exercício de autotutela, baseia-se em premissas que serão, neste capítulo, revistas, de forma a confirmar o exercício de função jurisdicional no processo administrativo tributário.

Ademais, será feita análise das competências relacionadas ao processo administrativo tributário no tocante à parte legiferante e à competência de desempenho de função jurisdicional. Para isso, inicia-se com o exame da atividade de revisão desses julgadores.

1.1 A atividade de revisão dos julgadores administrativos tributários

Segundo a aproximação uníssona da doutrina brasileira ao tratar do processo administrativo tributário, a função dos julgadores administrativos tributários é revisar atos exarados de ofício pelos agentes que integram o órgão administrativo de fiscalização e cobrança, de acordo com o procedimento e a forma prevista pela lei de cada ente federado.[11] A atividade de revisão atinge o ato de lançamento de ofício,

---

[11] Ver: CAIS, Cleide Previtalli. *O processo tributário*. 2. ed. São Paulo: Revista dos Tribunais, 1996. p. 180-181; SEIXAS FILHO, Aurélio Pitanga. *Estudos de procedimento administrativo fiscal*. Rio de Janeiro: Freitas Bastos, 2000. p. 245; NEDER, Marcos Vinicius; LÓPEZ,

disciplinado pelo art. 142 do CTN, por meio do qual é formalizada a relação jurídica tributária e constituído o crédito tributário resultante do procedimento de fiscalização quanto ao adimplemento das obrigações tributárias.[12] Refere-se, ainda, aos atos administrativos em resposta aos pedidos de repetição de indébito formulados pelo sujeito passivo, entre os quais os pedidos de restituição (art. 165, CTN) e, quando autorizados pela lei do ente federado, os pedidos de compensação (art. 170, CTN).[13]

Contudo a doutrina não é concorde quanto à natureza jurídica e à extensão desta atividade revisional, em debate que repercute diretamente na qualificação jurídica e nos efeitos das decisões proferidas no julgamento administrativo tributário.

Para uma vertente teórica, que pode ser considerada atualmente como dominante, a atividade de julgamento administrativo é uma forma de autocontrole dos atos da Administração, cujos efeitos se limitam ao ato administrativo tributário revisado.[14] Essa atividade se restringe ao exame de legalidade dos atos administrativos, não sendo admitida como uma atividade jurisdicional, de composição de conflitos na aplicação do Direito.

Por outro lado, outra diretriz teórica admite que a Administração Pública exerça função jurisdicional quando da solução de litígios, a ela

---

Maria Teresa Martínez. *Processo administrativo fiscal federal comentado*. São Paulo: Dialética, 2002. p. 21-29; BOTTALLO, Eduardo Domingos. Processo Administrativo Tributário. *In:* BARRETO, Aires F.; BOTTALLO, Eduardo Domingos (coord.). *Curso de iniciação em direito tributário*. São Paulo: Dialética, 2004. p. 242-244; MACHADO SEGUNDO, Hugo de Brito. *Processo tributário*. 6. ed. São Paulo: Atlas, 2012. p. 35-36; JUSTEN FILHO, Marçal. *Curso de direito administrativo*. 10. ed. São Paulo: Revista dos Tribunais, 2014. p. 379-380; ROCHA, Sérgio André. *Processo administrativo fiscal*: controle administrativo do lançamento tributário. São Paulo: Almedina, 2018. p. 167, 168, 389.

[12] Conforme: BORGES, José Souto Maior. *Lançamento tributário*: tratado de direito tributário. Rio de Janeiro: Forense, 1981. v. 4. p. 106-107; SCHOUERI, Luís Eduardo. *Direito tributário*. 8. ed. São Paulo: Saraiva, 2018. p. 637; XAVIER, Alberto. *Do lançamento*: teoria geral do ato, do procedimento e do processo tributário. Rio de Janeiro: Forense, 1997. p. 44.

[13] MACHADO SEGUNDO, Hugo de Brito. *Processo tributário*. 6. ed. São Paulo: Atlas, 2012. p. 35-60.

[14] A título de exemplo, especificamente quanto ao processo administrativo tributário: GUIMARÃES, Carlos da Rocha. O Processo Fiscal. *In:* GUIMARÃES, Carlos da Rocha. *Problemas de direito tributário*. Rio de Janeiro: Edições Financeiras, 1962. p. 113; CANTO, Gilberto Ulhôa. *O processo tributário*: anteprojeto de lei orgânica, elaborado por Gilberto Ulhôa Canto. Rio de Janeiro: FGV, 1964. p. 66-71; SEIXAS FILHO, Aurélio Pitanga. *Estudos de procedimento administrativo fiscal*. Rio de Janeiro: Freitas Bastos, 2000. p. 103-108, 245. RIBAS, Lídia Maria Lopes Rodrigues. *Processo administrativo tributário*. 3. ed. São Paulo: Malheiros, 2008. p. 169-172; MACHADO SEGUNDO, Hugo de Brito. *Processo tributário*. 6. ed. São Paulo: Atlas, 2012. p. 36; MARINS, James. *Direito processual tributário brasileiro*: administrativo e judicial. 10. ed. São Paulo: Revista dos Tribunais, 2017. p. 93-101; ROCHA, Sérgio André. *Processo administrativo fiscal*: controle administrativo do lançamento tributário. São Paulo: Almedina, 2018. p. 195-198.

apresentados, relacionados à revisão do ato administrativo tributário, dizendo o direito aplicável ao caso concreto.[15] Na seara tributária, a atividade jurisdicional administrativa é instaurada pela insurgência do sujeito passivo (impugnação, manifestação de inconformidade), que apresenta uma pretensão resistida em face da pretensão jurídica declarada pelo fisco no ato sob revisão. Com isso, o julgador administrativo diz o direito aplicável ao caso concreto diante de lide formada em torno de um ato administrativo tributário, resolvendo o litígio posto e pacificando o conflito de interesse qualificado por pretensões resistidas.[16]

Este livro se enquadra na segunda corrente doutrinária identificada: reconhece-se que os julgadores administrativos tributários exercem função jurisdicional, tendo competência para dizer o direito aplicável ao caso concreto, com a interpretação estatal dos textos normativos diante de uma lide. Portanto, os julgadores administrativos podem resolver litígios instaurados a partir de um ato administrativo tributário. Para partir dessa premissa, é relevante enfrentar, de forma crítica, os fundamentos da primeira corrente doutrinária identificada, o que será feito a seguir.

1.1.1 Desconstruindo as premissas da autotutela: crítica ao monopólio da jurisdição no Brasil

Quando do exercício de função de autotutela, a Administração Pública pode revisar, de forma unilateral e de ofício, seus próprios atos,

---

[15] SOUSA, Rubens Gomes de. Idéias gerais para uma concepção unitária e orgânica do processo fiscal. *Revista de Direito Administrativo*, Rio de Janeiro, v. 34. p. 22, out. 1953; CARVALHO, A. A. Contreiras de. *Processo administrativo tributário*. 2. ed. São Paulo: Resenha Tributária, 1978. p. 47; CONRADO, Paulo Cesar. *Processo tributário*. São Paulo: Quartier Latin, 2004. p. 98-99; GRUPENMACHER, Betina Treiger. Controle da constitucionalidade pelo Poder Executivo. In: DERZI, Misabel de Abreu Machado (coord.). *Separação de poderes e efetividade do sistema tributário*. Belo Horizonte: Del Rey, 2010. p. 232; BOTTALLO, Eduardo Domingos. *Curso de processo administrativo tributário*. 2. ed. São Paulo: Malheiros, 2009. p. 49-57. Ver ainda: BOTTALLO, Eduardo Domingos. Processo Administrativo Tributário. In: BARRETO, Aires F.; BOTTALLO, Eduardo Domingos (coord.). *Curso de iniciação em direito tributário*. São Paulo: Dialética, 2004. p. 244; CONRADO, Paulo César; PRIA, Rodrigo Dalla. A aplicação do Código de Processo Civil ao Processo Administrativo Tributário. In: CONRADO, Paulo César; ARAÚJO, Juliana Furtado Costa. *O novo CPC e seu impacto no direito tributário*. São Paulo: Fiscosoft, 2015. p. 249-255.

[16] CARNELUTTI, Francesco. *Diritto e processo*. Napoli: Morano Editore, 1958. p. 53. Litígio como resolução de conflitos, conforme BEDAQUE, José Roberto dos Santos. Breves notas sobre jurisdição e ação. In: ZUFELATO, Camilo; YARSHELL, Flávio Luiz (org.). *40 anos da teoria geral do processo no Brasil*: passado, presente e futuro. São Paulo: Malheiros, 2013. p. 539.

para controle da legalidade e das funções que lhe foram garantidas pela legislação pátria.[17] A autotutela poderá ser realizada de ofício ou provocada pelo indivíduo contra o qual o ato foi direcionado no exercício do direito de petição garantido pelo art. 5º, XXXIV, da CF/1988. Trata-se de pleito de revisão para uma instância superior, dentro do gênero direito de petição ("recursos administrativos" como reclamação administrativa, pedido de reconsideração ou recurso hierárquico).[18] A autotutela independe de uma efetiva participação do administrado, dirigindo-se às autoridades hierarquicamente superiores.[19]

Os autores que reconhecem a revisão administrativa tributária como um autocontrole da Administração afastam a natureza jurisdicional dessa atividade a partir da ideia, ainda que implícita, da jurisdição una ou única no Brasil, que teria assegurado, no texto constitucional, o *monopólio da jurisdição ao Poder Judiciário*.[20] A unidade de jurisdição brasileira encontraria amparo no *princípio da separação de poderes*, uma vez que ao Poder Judiciário foi reservada, com exclusividade, a competência para dizer o direito no caso concreto e para revisar todos os atos administrativos. Esse entendimento encontraria respaldo no art. 5º, XXXV, da CF/1988, segundo o qual "a lei não excluirá da apreciação do Poder Judiciário lesão ou ameaça a direito". Esse dispositivo denotaria que a função jurisdicional não poderia ser realizada pelos demais poderes, sendo concentrada, de forma exclusiva, no Poder Judiciário.

Outro fundamento autonomamente desenvolvido pelos adeptos dessa acepção é no sentido de que a jurisdição deve ser realizada de forma imparcial. Contudo, a *imparcialidade inexistiria na seara*

---

[17] Como função e não poder de autotutela, ver voto da Ministra Cármen Lúcia proferido no julgamento do RE 594296 (BRASIL. Supremo Tribunal Federal (STF). *RE 594296*, Relator Ministro Dias Toffoli, Tribunal Pleno, julgado em 21/09/2011, Repercussão Geral. DJe-030 Divulgado em 10/02/2012. Publicado em 13/02/2012.).

[18] ARAÚJO, Florivaldo Dutra de. *Motivação e controle do ato administrativo*. 2. ed. Belo Horizonte: Del Rey, 2005. p. 139.

[19] DI PIETRO, Maria Sylvia Zanella. *Direito administrativo*. 20. ed. São Paulo: Atlas, 2007. p. 673-674.

[20] Entre os quais, CANTO, Gilberto Ulhôa. *O processo tributário*: anteprojeto de lei orgânica, elaborado por Gilberto Ulhôa Canto. Rio de Janeiro: FGV, 1964. p. 66-71; SEIXAS FILHO, Aurélio Pitanga. *Estudos de procedimento administrativo fiscal*. Rio de Janeiro: Freitas Bastos, 2000. p. 103-108, 245. RIBAS, Lídia Maria Lopes Rodrigues. *Processo administrativo tributário*. 3. ed. São Paulo: Malheiros, 2008. p. 169-172; MARINS, James. *Direito processual tributário brasileiro*: administrativo e judicial. 10. ed. São Paulo: Revista dos Tribunais, 2017. p. 93-101; ROCHA, Sérgio André. *Processo administrativo fiscal*: controle administrativo do lançamento tributário. São Paulo: Almedina, 2018. p. 195-198.

CAPÍTULO 1
COMPETÊNCIA E FUNÇÃO DOS JULGADORES NO PROCESSO ADMINISTRATIVO TRIBUTÁRIO | 45

administrativa, considerando que a Administração analisa as defesas apresentadas pelos administrados na condição de parte. Para fazer essa afirmação, alguns autores não se preocupam em firmar qual o conceito de jurisdição do qual partem, identificando o referido termo como sinônimo de função ou atividade exercida pelo Poder Judiciário com fulcro no ideal do monopólio da jurisdição.[21]

Essa ideia é igualmente desenvolvida a partir de uma perspectiva histórica brasileira e de (suposto) Direito comparado.[22] Foi construído o entendimento de que, desde a Constituição de 1891, o Brasil teria adotado o modelo norte-americano de *una lex una iurisdictio*, sem a possibilidade de se admitir a efetiva existência de um contencioso administrativo, por meio de uma jurisdição administrativa, como existente na França. O Brasil teria adotado o modelo do contencioso administrativo francês no Império, posteriormente modificado para o modelo norte-americano, com a ampla revisão judicial dos atos e decisões administrativas. A partir da descrição das características das jurisdições estrangeiras, busca-se enquadrar o Brasil em um dos dois modelos: o norte-americano ou o francês. Com isso, uma vez que o Brasil não logrou êxito no desempenho de um contencioso administrativo francês no Império, o modelo do Direito norte-americano da jurisdição una foi *importado* e aqui aplicado desde a Primeira República.[23]

Sob esse raciocínio, entende-se que os únicos órgãos competentes para dizer o direito aplicável ao caso concreto no Brasil, de forma final, definitiva, e proceder com a interpretação estatal dos textos normativos diante de uma lide, seriam os órgãos integrantes do Poder Judiciário, sendo vedada a atribuição de função jurisdicional a outros poderes.

Identificados os principais argumentos que sustentam a ideia da autotutela e do monopólio da jurisdição no Brasil, passa-se ao enfrentamento crítico de cada um deles.

---

[21] A título de exemplo: LAMY, Marcelo. As funções jurisdicionais e a criação de direitos. *Revista Brasileira de Direito Constitucional – RBDC*, nº 15, p. 211-244, jan./jun. 2010.

[22] Conforme RUSSOMANO, Rosah. Controle jurisdicional dos atos administrativos e a Constituição vigente. *Revista da Faculdade de Direito da Universidade Federal de Minas Gerais*, Belo Horizonte, nº 22, 1979. p. 115-121; PINTO, Bilac. Separação de poderes. *Revista de Direito Administrativo*, Rio de Janeiro, v. 6, p. 248-253, out. 1946; BARBI, Celso Agrícola. Unidade de jurisdição e justiça administrativa no Brasil. *Revista da Faculcade de Direito da Universidade Federal de Minas Gerais*, Belo Horizonte, nº 13, p. 33, 1973; BACELLAR FILHO, Romeu Felipe. Breves reflexões sobre a jurisdição administrativa: uma perspectiva de direito comparado. *Revista de Direito Administrativo*, Rio de Janeiro, v. 211, p. 66, jan. 1998.

[23] Por todos, ver: NEDER, Marcos Vinicius; LÓPEZ, Maria Teresa Martínez. *Processo administrativo fiscal federal comentado*. São Paulo: Dialética, 2002. p. 22.

1.1.1.1 Jurisdição e a imparcialidade: a necessária distinção entre "poder" e função jurisdicional

Em uma aproximação textual da Constituição Federal de 1988, observa-se que o signo *jurisdição* não foi utilizado com exclusividade para designar a atribuição do Poder Judiciário. Com efeito, ao tratar especificamente das atribuições dos agentes das administrações fazendárias, o art. 37, XVIII, da CF/1988 indica que "a administração fazendária e seus servidores fiscais terão, dentro de suas áreas de competência e *jurisdição*, precedência sobre os demais setores administrativos, na forma da lei".

Isso, porque, como já alertava Francesco Carnelutti, o signo *jurisdição* possui duplo significado, podendo representar tanto a *função jurisdicional do Estado* como o *"Poder" jurisdicional do Estado*, este último exercido pelo Poder Judiciário.[24] E essa distinção entre seus significados não é reconhecida, de forma clara, pelos autores que defendem o monopólio da jurisdição.[25]

Nas palavras de Carnelutti, "legislação, jurisdição e administração, mais do que três funções ou três poderes do Estado, são três formas de atividade jurídica ou, mais precisamente, três formas ou três métodos de produção do direito" (tradução livre).[26] Esses métodos se articulam de modos distintos, tratando-se do "mesmo direito que se manifesta de maneiras diferentes", seja por meio da produção de um comando geral (legislação), de um comando particular (jurisdição) ou do direito entre as partes (administração).[27]

Em um Estado Democrático de Direito, o Poder do Estado é exercido segundo o âmbito e modo de atuação própria disciplinados

---

[24] CARNELUTTI, Francesco. *Diritto e processo*. Napoli: Morano Editore, 1958. p. 82. Em tradução livre de "la parola giurisdizione acquista, così, un duplice significato in quato serve a indicare tanto la *funzione* quanto il *potere giudiziario*" (destaques do autor)

[25] Por todos, ver: MACHADO, Hugo de Brito. *Os direitos fundamentais do contribuinte e a efetividade da jurisdição*. 2009. Tese (Doutorado em Direito). Programa de Pós-Graduação em Direito, Centro de Ciências Jurídicas / FDR, Universidade Federal de Pernambuco, Recife, 2009. p. 48-49.

[26] Em tradução livre de: "legislazione, giurisdizione e amministrazione, piú che tre funzioni o, rispettivamente, tre poteri dello Stato sono tre forme di attivit'a giuridica o, piu precisamente, tre forme o tre metodi di produzione del diritto". (CARNELUTTI, Francesco. *Diritto e processo*. Napoli: Morano Editore, 1958. p. 30).

[27] No original: "un metodo, il quale se articola o si specifica in varie forme: legislazione, giurisdizione o amministrazione sono il diritto medesimo che in diversi modi si manifesti" (CARNELUTTI, Francesco. *Diritto e processo*. Napoli: Morano Editore, 1958. p. 32). Quanto aos meios de produção, *Ibid*. p. 25-32.

pela Constituição.[28] O Poder Público é único e indivisível, não sendo passível de ramificação em Poderes diversos, como tradicionalmente se admite com a separação de Poderes, mas apenas em formas distintas de sua expressão por meio das funções.[29] A designação dos "Poderes" Legislativo, Executivo e Judiciário se refere à estrutura organizacional do Estado, com os "órgãos que exercem o Poder Estatal, tendo em vista as funções típicas (mas não exclusivas) que lhes são atribuídas e das quais tomam sua denominação".[30] Como afirma Miguel Reale, é um grande equívoco pensar que os três momentos ideais de criação do direito correspondem, subjetivamente, aos três Poderes supremos do Estado, que somente expedem atos do Legislativo, do Judiciário ou do Executivo.[31] O Poder do Estado é exercido pelos órgãos públicos, aos quais são distribuídas diferentes funções públicas para a produção do direito, não apenas aquela função principal ou típica, que denomina o Poder do Estado que o órgão integra.[32]

Nesse sentido, é impróprio falar em uma absoluta ou radical separação de Poderes do Estado no Brasil.[33] No lugar de uma separação, "o que há é a positivação de uma divisão funcional do poder estatal a diferentes órgãos".[34] Cada órgão possui um "núcleo funcional" que caracteriza a ação principal ou típica, mas que não lhe é privativa,

---

[28] ARAÚJO, Florivaldo Dutra de. *Motivação e controle do ato administrativo*. 2. ed. Belo Horizonte: Del Rey, 2005. p. 5.

[29] DINAMARCO, Cândido Rangel; LOPES, Bruno Vasconcelos Carrilho. *Teoria geral do novo processo civil*. 4. ed. São Paulo: Malheiros, 2019. p. 77.

[30] BOTTALLO, Eduardo Domingos. *Curso de processo administrativo tributário*. 2. ed. São Paulo: Malheiros, 2009. p. 52. Como estrutura organizacional: JUSTEN FILHO, Marçal. *Curso de direito administrativo*. 10. ed. São Paulo: Revista dos Tribunais, 2014. p. 116. Quanto à identificação do poder da administração como função da administração voltada ao alcance de finalidade social, ver: SCHIRATO, Vitor Rhein. Revisitando os poderes do administrador público. *In*: WALD, Aroldo *et al*. (org.). *O direito administrativo na atualidade*: estudos em homenagem ao centenário de Hely Lopes Meirelles. São Paulo: Malheiros, 2017. p. 1191.

[31] REALE, Miguel. *Revogação e anulamento do ato administrativo*. 2. ed. Rio de Janeiro, Forense, 1980. p. 10.

[32] DÓRIA, Sampaio. *O | direito constitucional*. São Paulo: Max Limonad, 1962. p. 275-278. No mesmo sentido: PRIA, Rodrigo Dalla. *Direito processual tributário*. São Paulo: Noeses, 2020. p. 627-628.

[33] SILVA, José Afonso da. *Curso de direito constitucional positivo*. 26. ed. São Paulo: Malheiros, 2006. p. 108; SOUSA, Rubens Gomes de. *A distribuição da justiça em matéria fiscal*. São Paulo: Livraria Martins, 1943. p. 43-44.

[34] ÁVILA, Humberto. A separação dos poderes e as leis interpretativas modificativas de jurisprudência consolidada. *In*: DERZI, Misabel de Abreu Machado (coord.). *Separação de poderes e efetividade do sistema tributário*. Belo Horizonte: Del Rey, 2010. p. 54.

desempenhando acessoriamente outras funções.[35] É o raciocínio traçado por Eros Roberto Grau, para quem o Poder Executivo pode exercer a função legislativa, expedindo atos materialmente normativos, dotados de generalidade e abstração.[36] Proposição que pode ser estendida para a função jurisdicional, sendo autorizado ao Poder Executivo expedir atos concretos com a interpretação da lei para o caso concreto quando da resolução de um litígio.[37]

E é nesse contexto que deve ser interpretado o princípio da separação dos Poderes. Ora, desde a proclamação da República os textos constitucionais brasileiros não ditatoriais estabelecem que "os poderes legislativo, executivo e judiciário serão independentes e harmônicos entre si", mas não autônomos e dotados de atribuições *supremas*.[38] É o que expressa o art. 2º da CF/1988. A harmonia ou equilíbrio entre os três Poderes (Legislativo, Executivo e Judiciário) envolve a distinção entre Poder (órgão) e função, exigindo o exercício de parcelas de funções pelos órgãos que integram os Poderes, ainda que não lhes sejam próprias ou características. Portanto, cada órgão estatal deve buscar agir dentro da sua competência com a finalidade de alcançar a segurança jurídica do ordenamento e dos integrantes da comunidade jurídica.[39]

Com isso, o signo *jurisdição*, locução latina *iurisdictio*, traduzido como mostrar ou dizer o Direito, significa não apenas o *Poder* jurisdicional, garantido aos órgãos do Poder Judiciário, mas também o exercício de *função* jurisdicional, passível de ser exercida por quaisquer dos órgãos do Estado mediante processo litigioso, inclusive na seara dos Poderes Legislativo e Executivo/Administração, almejando uma

---

[35] ÁVILA, Humberto. A separação dos poderes e as leis interpretativas modificativas de jurisprudência consolidada. *In*: DERZI, Misabel de Abreu Machado (coord.). *Separação de poderes e efetividade do sistema tributário*. Belo Horizonte: Del Rey, 2010. p. 54.

[36] GRAU, Eros Roberto. *O Direito posto e o direito pressuposto*. 6. ed. São Paulo: Malheiros, 2005. p. 233.

[37] Nesse sentido: CUNHA JÚNIOR, Dirley da. A separação das funções estatais ante uma nova dogmática constitucional: a necessidade de uma revisão da teoria clássica da separação de poderes. *In*: TAVARES, André Ramos *et al.* (org.). *Estado constitucional e organização do poder*. São Paulo: Saraiva, 2010. p. 278-279. Em sentido contrário: JUSTEN FILHO, Marçal. *Curso de direito administrativo*. 10. ed. São Paulo: Revista dos Tribunais, 2014. p. 119-120, excluindo tão somente a função jurisdicional do Poder Executivo.

[38] Art. 15 da Constituição de 1891; art. 3º da Constituição de 1934; art. 7º, VII, 'b' da Constituição de 1946 e art. 2º da Constituição de 1988. Previsão igualmente encontrada no art. 6º da Constituição de 1967, inclusive com a redação dada pela Emenda Constitucional nº 1/1969. Sem previsão específica nesse sentido da Constituição de 1937.

[39] GUASTINI, Riccardo. *Filosofia del diritto positivo*. Torino: Giappichelli, 2017. p. 191-192 e DI PIETRO, Maria Sylvia Zanella. *Direito administrativo*. 20. ed. São Paulo: Atlas, 2007. p. 27-29.

COMPETÊNCIA E FUNÇÃO DOS JULGADORES NO PROCESSO ADMINISTRATIVO TRIBUTÁRIO

coordenação no exercício das atividades estatais e na própria separação de Poderes indicada no art. 2º da CF/1988. Nesse sentido, o que qualifica o contencioso administrativo é a função jurisdicional exercida pela Administração e seu conteúdo, e não o órgão ou sua localização dentro dos Poderes do Estado.[40]

A *função* jurisdicional se refere à atribuição de sanar conflitos na aplicação do direito ao caso concreto, resolvendo litígios e dizendo o direito aplicável ao caso concreto.[41] Por sua vez, o exercício do *Poder* jurisdicional se refere ao órgão para o qual foi atribuída a atividade de resolução de conflito na posição de terceiro perante as partes conflitantes, no exercício do ofício de dizer o direito aplicável como terceiro não interessado.[42] A superioridade do julgador, na posição de terceiro em relação às partes (ordinariamente admitido pela doutrina pelo signo *imparcialidade*), é crucial para o exercício do "poder" jurisdicional, atribuído no âmbito do Estado aos órgãos do Poder Judiciário, não se referindo, contudo, à função jurisdicional exercida pelo Estado.

Quando é possível identificar uma preocupação da doutrina com o conceito de jurisdição, observa-se que os autores indicam que a função jurisdicional seria garantida com exclusividade ao Poder Judiciário, no Brasil. É o que se depreende, primeiramente, das lições de José Roberto dos Santos Bedaque, que conceitua a jurisdição como uma atividade fundamental do Estado de "impor coercitivamente as regras criadas pelo legislador, fazendo com que elas sejam observadas", a partir da eliminação das lides verificadas no plano do direito material, assim entendidos os "conflitos de interesses qualificados por pretensões resistidas".[43] Trata-se de função que seria exercida, apenas, pelo Poder Judiciário, a quem compete "dizer qual a norma aplicável e atuá-la", considerando que a imposição coercitiva de normas não pode ser

---

[40] Conforme BERÇAITZ, Miguel Angel. Jurisdiccion Contencioso-Administrativa. *In:* *Enciclopedia Juridica OMEBA*. Tomo XVII. Buenos Aires, Libreros, 1963. p. 562. No mesmo sentido, diferenciando a tutela jurisdicional da tutela judicial em Portugal, ver: MIRANDA, Jorge. A tutela jurisdicional dos direitos fundamentais em Portugal. *In:* GRAU, Eros Roberto; GUERRA FILHO, Willis Santiago (org.). *Direito constitucional*: estudos em homenagem a Paulo Bonavides. São Paulo: Malheiros, 2001. p. 291.

[41] Nesse sentido: SILVA, José Afonso da. *Curso de direito constitucional positivo*. 26. ed. São Paulo: Malheiros, 2006. p. 108 e 553-554.

[42] CARNELUTTI, Francesco. *Diritto e processo*. Napoli: Morano Editore, 1958. p. 82-86.

[43] BEDAQUE, José Roberto dos Santos. Breves notas sobre jurisdição e ação. *In:* ZUFELATO, Camilo; YARSHELL, Flávio Luiz (org.). *40 anos da teoria geral do processo no Brasil*: passado, presente e futuro. São Paulo: Malheiros, 2013. p. 539.

imposta pelos próprios destinatários das normas.[44] No mesmo sentido é a afirmação de Humberto Ávila, que indica que a "interpretação da legislação, no Brasil, está reservada ao Poder Judiciário", com fulcro na chamada regra da reserva de jurisdição.[45]

Contudo, quando a Administração elabora atos relacionados à esfera de direito dos administrados, ela igualmente interpreta e impõe coercitivamente as regras criadas pelo legislador. Inclusive, a imposição coercitiva de normas é característica do Direito Tributário, por envolver prestações pecuniárias compulsórias previstas em lei. Sob esse raciocínio, o conceito de jurisdição que poderia ser atribuído de forma privativa ao Poder Judiciário seria o de eliminar as lides verificadas no direito material, quando houvesse conflitos de interesses qualificados por pretensões resistidas.

Essa é a aproximação feita por Humberto Theodoro Júnior ao conceituar jurisdição como a "função estatal de compor os conflitos jurídicos (litígios), declarando e fazendo atuar a vontade concreta da lei (*jus dicere*)".[46] O processo é o instrumento de atuação para o exercício dessa função. Todavia essa função seria desempenhada apenas pelo Poder Judiciário, à luz do princípio da separação dos Poderes, distinta das funções administrativas e legislativas exercidas pelos demais órgãos de Poder do Estado. Ainda que reconheça a existência de zonas cinzentas na separação dos Poderes, afirma o autor que "é pela completa separação de tais funções que se confere ao Judiciário a função jurisdicional, por meio da qual se controla e assegura o império da lei".[47]

No entanto, como dito, inexiste no Brasil uma completa ou absoluta separação de Poderes, que devem atuar de forma harmoniosa e independente, mas não suprema. E o próprio autor reconhece que a Administração Pública é igualmente competente para aplicar a lei ao caso concreto, razão pela qual busca distinguir a atividade jurisdicional atribuída ao Poder Judiciário da atividade administrativa. O único traço distintivo por ele identificado é o fato de os órgãos do Poder Judiciário

---

[44] BEDAQUE, José Roberto dos Santos. Breves notas sobre jurisdição e ação. In: ZUFELATO, Camilo; YARSHELL, Flávio Luiz (org.). *40 anos da teoria geral do processo no Brasil*: passado, presente e futuro. São Paulo: Malheiros, 2013. p. 538.

[45] ÁVILA, Humberto. A separação dos poderes e as leis interpretativas modificativas de jurisprudência consolidada. In: DERZI, Misabel de Abreu Machado (coord.). *Separação de poderes e efetividade do sistema tributário*. Belo Horizonte: Del Rey, 2010. p. 59.

[46] THEODORO JÚNIOR, Humberto. Jurisdição e competência. *Revista da Faculdade de Direito da Universidade Federal de Minas Gerais*, Belo Horizonte, nº 38, p. 145, 2000.

[47] THEODORO JÚNIOR, Humberto. Jurisdição e competência. *Revista da Faculdade de Direito da Universidade Federal de Minas Gerais*, Belo Horizonte, nº 38, p. 146-147, 2000.

CAPÍTULO 1
COMPETÊNCIA E FUNÇÃO DOS JULGADORES NO PROCESSO ADMINISTRATIVO TRIBUTÁRIO | 51

analisarem os conflitos de interesses na condição de terceiros, e não como partes:

A mais atual doutrina processual aponta para a "terceiridade" (*"terzietà"*) do juiz, frente ao conflito jurídico ou à pretensão sobre a qual o provimento jurisdicional irá operar, como a característica que mais irá influir na distinção do ato jurisdicional frente ao ato administrativo. Enquanto, na administração os atos de autoridade são *inter partes*, na jurisdição eles são frutos de um *imperium super partes*.[48]

Assim, reconhece-se a existência de lides administrativas, com pretensões resistidas, levadas à Administração Pública para serem solucionadas. A resolução de conflitos pela Administração, ainda que como integrante da relação jurídica, é reconhecida por Elival da Silva Ramos, mesmo quando insiste na existência do monopólio da jurisdição. Para o autor, o processo administrativo é o "instrumento para a resolução de controvérsias no plano da própria Administração-partícipe da relação jurídica conflituosa", devendo ser valorizado de forma a racionalizar e garantir eficiência das ações do Poder Público.[49] Não obstante não identifique a atividade administrativa como exercício de função jurisdicional, Ramos reconhece que o processo é exercido de forma contenciosa, conceituando-o como o "desenvolvimento de uma relação jurídica tendente a um ato de aplicação contenciosa do direito positivo".[50] Da mesma forma, Floriano de Azevedo Marques Neto afirma que "o processo administrativo é o campo do direito administrativo dedicado à composição jurídica dos interesses enredados em um provimento estatal", mesmo não garantindo função jurisdicional à Administração, por ser "atividade própria da jurisdição".[51]

---

[48] THEODORO JÚNIOR, Humberto. Jurisdição e competência. *Revista da Faculdade de Direito da Universidade Federal de Minas Gerais*, Belo Horizonte, nº 38, 146-147, 2000. No mesmo sentido: RICCI, Gian Franco. *Principi di diritto processuale generale*. 6. ed. Torino: Giappichelli, 2015. p. 7.

[49] RAMOS, Elival da Silva. A valorização do processo administrativo. o poder regulamentar e a invalidação dos atos administrativos. *In*: SUNDFELD, Carlos Ari; MUÑOZ, Guillermo Andrés (org.). *As leis de processo administrativo* (Lei Federal 9.784/99 e Lei Paulista 10.177/98). São Paulo: Malheiros, 2000. p. 79.

[50] RAMOS, Elival da Silva. A valorização do processo administrativo. o poder regulamentar e a invalidação dos atos administrativos. *In*: SUNDFELD, Carlos Ari; MUÑOZ, Guillermo Andrés (org.). *As leis de processo administrativo* (Lei Federal 9.784/99 e Lei Paulista 10.177/98). São Paulo: Malheiros, 2000. p. 79, nota 10.

[51] MARQUES NETO, Floriano Peixoto de Azevedo. A bipolaridade do Direito Administrativo e sua superação. *In*: ARAGÃO, Alexandre Santos de; MARQUES NETO, Floriano de Azevedo (coord.). *Direito administrativo e seus novos paradigmas*. 2. ed. Belo Horizonte: Fórum, 2016. p. 123.

No entanto, esses litígios seriam apaziguados pela Administração como uma parte integrante do conflito, enquanto o Poder Judiciário analisaria qualquer conflito na condição de terceiro não interessado. Esse é o sentido, inclusive, que Carnelutti emprega quando se refere à imparcialidade, como uma condição de superioridade do juiz em relação à parte, para caracterizar o Poder jurisdicional, exercido pelos órgãos do Poder Judiciário.[52]

Não se nega, portanto, que a Administração Pública resolve conflitos a ela apresentados e toma decisões interpretativas. A diferença estaria, tão somente, na forma da realização da função estatal de compor os litígios, declarando e fazendo atuar a vontade concreta da lei – enquanto o Judiciário atua como terceiro, como um Poder/órgão jurisdicional, a Administração resolve o conflito como parte, no exercício de função jurisdicional.

Nesse aspecto, cumpre adentrar de forma pormenorizada no argumento da imparcialidade invocado para sustentar a ausência de um contencioso administrativo efetivo no Brasil. A necessidade da imparcialidade no exercício da jurisdição é traçada sem uma preocupação com o conceito de jurisdição e os dois significados que esse signo denota (função e Poder/órgão).

Com efeito, para alguns autores, a ausência de imparcialidade na Administração Pública é suficiente para afirmar que inexiste jurisdição na Administração. Para fundamentar o monopólio da jurisdição detido pelo Poder Judiciário, a imparcialidade é identificada como requisito essencial para o exercício da jurisdição, assim entendida como a necessidade de analisar a questão jurídica sob discussão na condição de terceiro. Sem imparcialidade na seara administrativa, visto que a Administração sempre atua como parte interessada, o julgamento administrativo melhor se enquadra como um autocontrole ou autotutela.[53] A impessoalidade como exigida por todos os agentes públicos, por sua vez, refere-se a "exigência de agir tendo em vista não o interesse próprio (pessoal), mas o interesse público".[54]

---

[52] CARNELUTTI, Francesco. *Diritto e processo*. Napoli: Morano Editore, 1958. p. 82.

[53] SCHOUERI, Luís Eduardo; SOUZA, Gustavo Emílio Contrucci A. de. Verdade material no 'processo' administrativo tributário. *In*: ROCHA, Valdir de Oliveira (coord.). *Processo administrativo fiscal*. São Paulo: Dialética, 1998. v. 3. p. 144-146; ATALIBA, Geraldo. Princípios constitucionais do processo e procedimento em matéria tributária. *Revista de Direito Tributário*, São Paulo, nº 46. p. 118-132, out-dez. 1988.

[54] MARTINS, Ricardo Marcondes. O conceito científico de processo administrativo. *Revista de Direito Administrativo*, Rio de Janeiro, v. 235, jan. 2004. p. 369.

Entretanto o texto constitucional não utiliza o signo *imparcialidade* para definir a atividade do Poder Judiciário. Como bem evidenciando por Humberto Theodoro Júnior, a imparcialidade e a impessoalidade são exigências constitucionais insculpidas no *caput* do art. 37 da CF/1988 para todos os agentes públicos, não se confundindo com a qualidade de terceiro, atribuída apenas ao Poder Judiciário.[55] Como bem pondera o autor, "a imparcialidade da pessoa (agente) é requisito indispensável em qualquer função pública, *pois não se deve legislar em causa própria, administrar em causa própria e, naturalmente, também não se admite julgar em causa própria*".[56] A "terceiridade", por sua vez, refere-se ao "órgão que encarna o Estado-Juiz, o que diretamente se enfoca não é a pessoa física do agente que momentaneamente o representa, mas a *instituição* mesma".[57]

Ora, a qualidade de terceiro é essencial para que o Poder Judiciário seja qualificado pela Constituição como a última instância competente para resolver conflitos que impliquem *lesão ou ameaça de lesão* aos direitos dos sujeitos, na forma do art. 5º, XXXV, da CF/1988, decorrendo da independência dos magistrados. Entretanto, quando a Administração Pública resolve o conflito administrativo a ela apresentado em processo administrativo, ela deverá atuar com impessoalidade e imparcialidade, ainda que não analise aquele litígio na qualidade de terceiro. Caberá ao julgador administrativo emitir juízo de forma imparcial e impessoal, seguindo a forma prevista em lei, com respaldo no princípio da moralidade administrativa e do dever de lealdade a ele relacionado.[58]

Além da imparcialidade, a noção de justiça é igualmente invocada para afastar o exercício de função jurisdicional pela Administração Pública. Ada Pellegrini Grinover considera o acesso à justiça elemento

---

[55] THEODORO JÚNIOR, Humberto. Jurisdição e competência. *Revista da Faculdade de Direito da Universidade Federal de Minas Gerais*, Belo Horizonte, nº 38, p. 157-158, 2000. Nesse sentido: RICCI, Gian Franco. *Principi di diritto processuale generale*. 6. ed. Torino: Giappichelli, 2015. p. 7-8.

[56] THEODORO JÚNIOR, Humberto. Jurisdição e competência. *Revista da Faculdade de Direito da Universidade Federal de Minas Gerais*, Belo Horizonte, nº 38, p. 157-158, 2000. Sem destaques no original.

[57] THEODORO JÚNIOR, Humberto. Jurisdição e competência. *Revista da Faculdade de Direito da Universidade Federal de Minas Gerais*, Belo Horizonte, nº 38, p. 157-158, 2000.

[58] BATISTA JÚNIOR, Onofre Alves; COSTA, João Leonardo Silva. O princípio da moralidade no Direito Administrativo Tributário. *Revista ABRADT Fórum de Direito Tributário*, Belo Horizonte, ano 1, nº 1, p. 93, jan./jun. 2017; ÁVILA, Humberto. Moralidade, razoabilidade e eficiência na atividade administrativa. *Revista Brasileira de Direito Público*, Belo Horizonte, v. 1, nº 1, p. 105-134, 2003.

essencial da jurisdição, mas igualmente reconhece que a solução de conflitos não é monopolizada pelo Poder Judiciário, tratando-se de um elemento intrínseco ao fenômeno da processualidade, gênero no qual a jurisdição se enquadra como espécie. A autora conceitua jurisdição como "garantia de acesso à justiça para a solução de conflitos, utilizando seus instrumentos – processo e procedimento – na busca da tutela jurisdicional justa e adequada e da pacificação social".[59] Assim, a processualidade seria um gênero, que envolveria qualquer processo em contraditório, com um litígio a ser resolvido. Dentro desse gênero haveria a espécie jurisdição, cujo traço distintivo seria o fato de consistir em uma garantia de acesso à Justiça, como competência exclusiva do Poder Judiciário.[60] Haveria, ainda, a espécie processo administrativo, com a solução de conflitos administrativos por meio do processo. Como uma espécie distinta de processualidade, o processo administrativo não seria jurisdicional, seguindo as limitações trazidas pelos princípios da democracia para quaisquer processos contenciosos, como o devido processo legal, o contraditório e a ampla defesa.

Todavia, ao tratar especificamente do processo administrativo, Grinover não deixa clara a razão pela qual não considera essa atividade como um exercício de função jurisdicional. Isso, porque a necessidade de justiça no próprio processo administrativo é por ela evidenciada quando trata do contraditório como base da regularidade de qualquer processo. Como afirma a autora, o contraditório representa as garantias de imparcialidade, legitimidade e correção da prestação estatal para se garantir a "justiça das decisões".[61] Ora, se o trâmite administrativo do processo igualmente exige contraditório, como exigido pelo próprio texto constitucional no art. 5º, XXXV, CF/1988, qual a razão para não se enquadrar essas decisões como jurisdicionais, também com a busca da justa aplicação da lei ao caso concreto, como meio de pacificação social? Acresce-se que a justiça, em uma concepção axiológica, como exposto pela autora, apresenta-se como um ideal a orientar todos os Poderes do Estado, indicado no preâmbulo da CF/1988, juntamente com o ideal da segurança jurídica.[62]

---

[59] GRINOVER, Ada Pellegrini. *Ensaio sobre processualidade*: fundamentos para uma nova teoria geral do processo. Brasília: Gazeta Jurídica, 2016. p. 7.

[60] GRINOVER, Ada Pellegrini. *Ensaio sobre processualidade*: fundamentos para uma nova teoria geral do processo. Brasília: Gazeta Jurídica, 2016. p. 20-23.

[61] GRINOVER, Ada Pellegrini. *Ensaio sobre processualidade*: fundamentos para uma nova teoria geral do processo. Brasília: Gazeta Jurídica, 2016. p. 23.

[62] ÁVILA, Humberto. *Teoria da segurança jurídica*. 4. ed. São Paulo: Malheiros, 2016. p. 127.

Ademais, caso reconheça os direitos do sujeito que instaurou o conflito, a decisão não estará sujeita a revisão judicial, servindo, portanto, de um meio de pacificação social. Como será mais bem pormenorizado adiante, quando o Estado, por meio de um órgão competente, reconhece o direito em favor do sujeito passivo da relação jurídico-tributária, esse pronunciamento será definitivo, final, sem suscetibilidade de revisão pelo Poder Judiciário.[63]

Diante de todo o exposto, confirma-se que o processo administrativo é o instrumento para a resolução de controvérsias no plano da própria Administração – partícipe da relação jurídica conflituosa.[64] O julgador administrativo exerce função jurisdicional, assim entendida como a "função estatal de compor os conflitos jurídicos (litígios), declarando e fazendo atuar a vontade concreta da lei (*jus dicere*)".[65] Ainda que não atue na condição de terceiro na análise da lide administrativa, o julgador administrativo declara o direito aplicável ao caso concreto por meio da interpretação e aplicação da lei quando da resolução do conflito. Esse julgamento administrativo deve ser realizado de forma impessoal, à luz do art. 37 da CF/1988, sem considerar interesses pessoais ou particulares do julgador, com respaldo no princípio da moralidade administrativa e do correspondente dever de lealdade. A análise pelo julgador administrativo deve ser feita à luz das garantias processuais do contraditório, da ampla defesa e do devido processo legal, abordadas com maior detalhe adiante, após o exame da perspectiva histórica da evolução normativa do contencioso administrativo tributário pátrio.

1.1.1.2 Perspectiva histórica e de direito comparado: a evolução normativa do contencioso administrativo tributário no Brasil

Antes de adentrar especificamente nas qualidades do processo administrativo tributário, é importante identificar a evolução normativa do contencioso administrativo tributário no Brasil para evidenciar a

---

[63] Em conformidade com SOUSA, Rosalina Freitas Martins de. *A função jurisdicional adequada e a releitura do princípio da inafastabilidade do controle jurisdicional (CRFB/88, Art. 5º, XXXV).* 2017. Tese (Doutorado em Direito) – Universidade Federal de Pernambuco, Recife, 2017.

[64] RAMOS, Elival da Silva. A valorização do processo administrativo. o poder regulamentar e a invalidação dos atos administrativos. *In*: SUNDFELD, Carlos Ari; MUÑOZ, Guillermo Andrés (org.). *As leis de processo administrativo* (Lei Federal 9.784/99 e Lei Paulista 10.177/98). São Paulo: Malheiros, 2000. p. 79.

[65] THEODORO JÚNIOR, Humberto. Jurisdição e competência. *Revista da Faculdade de Direito da Universidade Federal de Minas Gerais*, Belo Horizonte, nº 38, p. 145, 2000.

impropriedade da afirmação no sentido de que, desde 1891, o único Poder autorizado a exercer a função jurisdicional no Brasil, de forma exclusiva, seria o Judiciário.[66]

De pronto, aponta-se uma deficiência na aproximação metodológica dos autores que afirmam que o Brasil Império teria importado o modelo "dual" francês, para adotar o modelo norte-americano de jurisdição una a partir de 1891. Isso, porque buscam os autores enquadrar o Brasil em um dos referidos modelos a partir de sua descrição geral, sem se atentar para as peculiaridades existentes nos ordenamentos estrangeiros em relação ao ordenamento nacional.[67]

O modelo do contencioso administrativo francês, por exemplo, foi desenvolvido a partir da concepção da separação absoluta de Poderes consagrada na Constituição Francesa de 1791, não se admitindo que o Poder Executivo se subordinasse ao Poder Judiciário.[68] O artigo 1 do Capítulo IV daquela Constituição, intitulado "Do exercício do Poder Executivo" (tradução livre de *De l'exercice du pouvoir exécutif*), indica que o Poder Executivo é *supremo*. Exige-se, com isso, a criação de uma jurisdição administrativa, fora do Poder Judiciário, para solucionar os conflitos que envolvam a Administração, cuja última instância é o Conselho de Estado.[69] Como indicado no histórico do Conselho de Estado francês:

> Em 1790, a Assembleia Constituinte colocou em prática a teoria da separação dos poderes de forma que a Administração não irá mais se submeter à autoridade judiciária. Por outro lado, manteve a ideia de que o poder público deveria ser julgado por uma jurisdição particular. Esta jurisdição foi instituída pelo Consulado em 1799: era o Conselho de Estado (tradução livre).[70]

---

[66] Ver, por todos: BACELLAR FILHO, Romeu Felipe. Breves reflexões sobre a jurisdição administrativa: uma perspectiva de direito comparado. *Revista de Direito Administrativo*, Rio de Janeiro, v. 211, p. 66, jan. 1998.

[67] Em especial: RUSSOMANO, Rosah. Controle jurisdicional dos atos administrativos e a Constituição vigente. *Revista da Faculdade de Direito da Universidade Federal de Minas Gerais*, Belo Horizonte, nº 22, 1979. p. 115-121; BACELLAR FILHO, Romeu Felipe. Breves reflexões sobre a jurisdição administrativa: uma perspectiva de direito comparado. *Revista de Direito Administrativo*, Rio de Janeiro, v. 211. p. 66, jan. 1998.

[68] PINTO, Bilac. Separação de poderes. *Revista de Direito Administrativo*, Rio de Janeiro, v. 6. p. 249, out. 1946; CARVALHO, A. A. Contreiras de. *Processo administrativo tributário*. 2. ed. São Paulo: Resenha Tributária, 1978. p. 51-57.

[69] GAUDEMET, Yves. *Droit administratif*. 18. ed. Paris: LGDJ, 2005. p. 41-44.

[70] No original: "En 1790, l'Assemblée constituante mit en pratique la théorie de la séparation des pouvoirs et fit en sorte que l'administration ne soit plus soumise à l'autorité judiciaire. Elle gardait par contre de l'Ancien Régime l'idée que la puissance publique devait être

As decisões tomadas pelo Conselho são dotadas de força obrigatória, como menciona Maria Sylvia Zanella Di Pietro, afirmando que, "no direito francês, falar em princípio da legalidade significa falar na força obrigatória das decisões do Conselho de Estado, órgão de cúpula da jurisdição administrativa".[71]

Contudo, no Brasil, como visto, a absoluta separação dos Poderes, com a supremacia de um Poder no exercício de sua função, não foi uma premissa adotada nos textos constitucionais. Inclusive, no Império, como se depreende do histórico traçado por Celso Agrícola Barbi, o Conselho de Estado, criado com suposta influência francesa, não possuía independência do Poder Moderador do Imperador, sendo que qualquer opinião emitida pelo Conselho estava sujeita a revisão imperial.[72] A Constituição de 1824 indicava que a função do Conselho de Estado seria de aconselhamento do Imperador, sendo que este órgão não se dedicou ao julgamento de questões contenciosas.[73] Inclusive, durante sua posse, os Conselheiros de Estado deveriam prestar juramento ao Imperador de observar a Constituição, as leis e "ser fieis ao Imperador; aconselhal-o segundo suas consciencias" (art. 141, Constituição de 1824).[74]

Inclusive, poderiam ser revisadas pelo Imperador, por meio do Conselho de Estado, as decisões do Tribunal do Tesouro Nacional, Tribunal Administrativo criado pelo Decreto n⁰ 2.343/1859 para julgamento e consulta de questões fiscais. Ainda que fosse reconhecido que suas decisões, e outras decisões administrativas fiscais, tivessem "a autoridade e a força de sentença dos Tribunaes de Justiça" (art. 25), as decisões poderiam ser anuladas pelo Conselho de Estado "nos casos de incompentencia, excesso de poder e violação da Lei, ou de

---

jugée par une juridiction particulière. Celle-ci fut instituée par le Consulat en 1799: ce fut le Conseil d'État". (FRANÇA. Conseil d'État. *Les origines du Conseil d'État*. Disponível em: https://www.conseil-etat.fr/le-conseil-d-etat/histoire-patrimoine/les-origines-du-conseil-d-etat. Acesso em: 13 jun. 2019).

[71] DI PIETRO, Maria Sylvia Zanella. *Direito administrativo*. 20. ed. São Paulo: Atlas, 2007. p. 24.

[72] BARBI, Celso Agrícola. Unidade de jurisdição e justiça administrativa no Brasil. *Revista da Faculcade de Direito da Universidade Federal de Minas Gerais*, Belo Horizonte, n⁰ 13, 1973. p. 28.

[73] PINTO, Bilac. Separação de poderes. *Revista de Direito Administrativo*, Rio de Janeiro, v. 6, p. 251, out. 1946.

[74] BRASIL. [Constituição (1824)]. Constituição Política do Império do Brasil (de 25 de março de 1824). *Coleção de leis do Império do Brasil*, 1824, p. 7, v. 1. Disponível em: http://www.planalto.gov.br/ccivil_03/constituicao/constituicao24.htm. Acesso em: 6 dez. 2019.

formulas essenciaes", por meio de Resolução Imperial (art. 29).[75] Acresce-se a esse cenário a imprecisão a respeito dos limites entre as jurisdições dos tribunais administrativos e as jurisdições dos tribunais judiciais, em razão da "deficiência da legislação, feita em parte por decretos autorizados por leis, que não fixavam bem a matéria a ser regulamentada".[76]

Nesse sentido, é impróprio afirmar que o Brasil adotou o modelo francês de jurisdição administrativa no Brasil Império. Ainda que aquele modelo tenha servido de inspiração para a criação de tribunais administrativos, inclusive na seara tributária, inexistia à época, seja na Constituição ou na legislação infraconstitucional, garantia de autonomia jurisdicional à Administração Pública Tributária, como Poder/órgão jurisdicional, com uma absoluta separação dos Poderes.

Por outro lado, a viabilidade do exercício de função jurisdicional fora do Poder Judiciário constava de forma expressa no art. 33 da primeira Constituição Republicana de 1891, que previa a competência privativa do Senado (órgão do Poder Legislativo) de realizar *função de julgamento* em relação ao cargo do Presidente da República e aos funcionários federais designados pela Constituição, como verdadeiro "Tribunal de Justiça", sem possibilidade de revisão pelo Poder Judiciário.[77] Previsão atualmente constante do art. 52, I, da CF/1988, estendida aos cargos identificados nos incisos I e II desse dispositivo.[78]

---

[75] BRASIL. Decreto nº 2.343, de 29 de janeiro de 1859. Faz diversas alterações nos Decretos nsº 736 de 20 de Novembro de 1850 e 870 de 22 de Novembro de 1851. *Coleção de leis do Império do Brasil - 1859*, Página 20 Vol. 1 pt II (Publicação Original) Disponível em: https://www2.camara.leg.br/legin/fed/decret/1824-1899/decreto-2343-29-janeiro-1859-557253-publicacaooriginal-77596-pe.html. Acesso em: 6 dez. 2019.

[76] BARBI, Celso Agrícola. Unidade de jurisdição e justiça administrativa no Brasil. *Revista da Faculcade de Direito da Universidade Federal de Minas Gerais*, Belo Horizonte, nº 13, 1973. p. 32.

[77] "Art. 33 Compete, privativamente ao Senado julgar o Presidente da República e os demais funcionários federais designados pela Constituição, nos termos e pela forma que ela prescreve. §1º O Senado, quando deliberar como Tribunal de Justiça, será presidido pelo Presidente do Supremo Tribunal Federal. §2º Não proferirá sentença condenatória senão por dois terços dos membros presentes. §3º Não poderá impor outras penas mais que a perda do cargo e a incapacidade de exercer qualquer outro sem prejuízo da ação da Justiça ordinária contra o condenado." (BRASIL. [Constituição (1891)]. Constituição da República dos Estados Unidos do Brasil (de 24 de fevereiro de 1891). *Diário Oficial da União*, 24 fev. 1981. Disponível em: http://www.planalto.gov.br/ccivil_03/constituicao/constituicao91.htm. Acesso em: 6 dez. 2019).

[78] "Art. 52 Compete privativamente ao Senado Federal:
I. processar e julgar o Presidente e o Vice-Presidente da República nos crimes de responsabilidade, bem como os Ministros de Estado e os Comandantes da Marinha, do Exército e da Aeronáutica nos crimes da mesma natureza conexos com aqueles;

Pela ordem constitucional de 1891, foram criados os primeiros tribunais administrativos de composição paritária para a revisão de atos administrativos tributários, incialmente restrito a determinados tributos.[79] O Decreto nº 16.580/1924 previu a possibilidade de instituição de Conselho de Contribuintes para julgamento de recursos de Imposto sobre a Renda (IR), previstos nos artigos 117 a 119 do Regulamento desse imposto (aprovado pelo Decreto nº 16.581/1924).[80] Por sua vez, por meio do Decreto nº 5.157/1927, foi instituído o Conselho para julgamento dos recursos dos contribuintes quanto ao Imposto de Consumo. Esse decreto indicava que todas as decisões do Conselho poderiam ser revistas pelo Ministro da Fazenda, expressando que "deliberações do conselho não poderão obrigar as decisões finaes do ministro da Fazenda, sempre que este não se conformar com aquellas deliberações" (art. 1º, parágrafo único). Com sua atividade regulamentada pelo Decreto nº 20.350/1931, este último Conselho passou a julgar questões antes direcionadas diretamente ao Ministro da Fazenda, como classificação e valor de mercadorias pelas alfândegas e multas aplicadas por infração a leis e regulamentos fiscais.

O objeto das reclamações e recursos não é claro nesses diplomas normativos, não ficando evidente a possibilidade de a autoridade administrativa declarar, em suas decisões, o direito aplicável ao caso concreto, ou tão somente revisar formalmente os atos. Nesse aspecto,

---

[II.] processar e julgar os Ministros do Supremo Tribunal Federal, os membros do Conselho Nacional de Justiça e do Conselho Nacional do Ministério Público, o Procurador-Geral da República e o Advogado-Geral da União nos crimes de responsabilidade;" (BRASIL, [Constituição (1988)]. Constituição da República Federativa do Brasil de 1988. *Diário Oficial da União*, 5 out. 1988. Disponível em: http://www.planalto.gov.br/ccivil_03/constituicao/constituicao.htm. Acesso em: 6 dez. 2019.)

[79] Ver perspectiva histórica dos Conselhos de Contribuintes em: BRASIL. Ministério da Economia. Conselho Administrativo de Recursos Fiscais (CARF). *Institucional/Histórico dos Conselhos*. Disponível em: http://carf.fazenda.gov.br/sincon/public/pages/Consultar Institucional/Historico/HistoricoPopup.jsf. Acesso: em 15 jul. 2019.

[80] "CAPITULO XIX Das reclamações e recursos Art. 117. Dentro de 10 dias, a partir da data da publicação das listas, as estações fiscais receberão dos contribuintes. Art. 118. Logo que taes reclamações forem despachadas, os exactores darão immediato conhecimento aos interessados. Art. 119. Dos lançamentos e dos despachos acima haverá recurso para instancia administrativa superior. §1º. O prazo para o recurso do lançamento termina em 15 de julho. §2º. O contribuinte pode recorrer das decisões de suas reclamações dentro de 15 dias depois de notificado." (BRASIL. Decreto nº 16.581, de 4 de Setembro de 1924. Approva o regulamento do imposto sobre a renda. *Coleção de Leis do Brasil* - 1924, Página 119 Vol. 3 (Publicação Original). Disponível em: https://www2.camara.leg.br/legin/fed/decret/1920-1929/decreto-16581-4-setembro-1924-512544-publicacaooriginal-1-pe.html. Acesso em: 6 dez. 2019).

cumpre apontar que as decisões proferidas pelo Conselho contra a Fazenda Pública eram dotadas de ampla revisão, como indicado no art. 1º, parágrafo único, do Decreto nº 20.848/1931, segundo o qual "a decisão proferida contra a Fazenda Pública pode ser *reformada por ato espontâneo da administração*".[81]

Nesse sentido, na configuração infraconstitucional prevista com fulcro na Constituição de 1891, os órgãos de revisão dos atos administrativos tributários não detinham uma função jurisdicional clara e bem definida, *fornecendo em suas decisões uma opinião decisória, passível de ser alterada pelo Ministro da Fazenda e pela Administração Pública, de forma espontânea*. Essas decisões eram, ainda, suscetíveis de reforma pelo Poder Judiciário, prevendo o art. 60, *b*, da Constituição de 1891, o julgamento pelos juízes e tribunais federais de *todas* as causas propostas contra a "Fazenda Nacional, fundadas em disposições da Constituição, leis e regulamentos do Poder Executivo".[82]

A partir de 1934, a disciplina infraconstitucional da revisão dos atos administrativos tributários foi modificada com a criação de instâncias de julgamento administrativas competentes para exarar *interpretações da lei* e, por conseguinte, *declarar o direito aplicável ao caso concreto*. Essas decisões poderiam ser proferidas de forma a reconhecer a interpretação da lei adotada pelo contribuinte e com caráter definitivo e irrevogável pela Administração. Em março de 1934 (antes da promulgação da Constituição Republicana), foi publicado o Decreto nº 24.036/1934, que extinguiu os Conselhos até então existentes e disciplinou a revisão dos atos administrativos tributários federais em duas instâncias: uma singular e outra coletiva (art. 150 a 187).[83]

---

[81] BRASIL. Decreto nº 20.848, de 23 de dezembro de 1931. Limita o número de pedidos de reconsideração nas instâncias administrativas. *Diário Oficial da União* - Seção 1 - 4/1/1932, Página 98 (Publicação Original). Disponível em: https://www2.camara.leg.br/legin/fed/decret/1930-1939/decreto-20848-23-dezembro-1931-515931-norma-pe.html. Acesso em: 12 jan. 2019.

[82] "Art. 60. Aos juizes e Tribunaes Federaes: processar e julgar: (...) b) todas as causas propostas contra o Governo da União ou Fazenda Nacional, fundadas em disposições da Constituição, leis e regulamentos do Poder Executivo, ou em contractos celebrados com o mesmo Governo; (Redação dada pela Emenda Constitucional de 3 de setembro de 1926)" (BRASIL. [Constituição (1891)]. Constituição da República dos Estados Unidos do Brasil (de 24 de fevereiro de 1891). Diário Oficial da União, 24 fev. 1981. Disponível em: http://www.planalto.gov.br/ccivil_03/constituicao/constituicao91.htm. Acesso em: 6 dez. 2019).

[83] BRASIL. Decreto nº 24.036, de 26 de março de 1934. Reorganiza os serviços da administração geral da Fazenda Nacional e dá outras providências. *Diário Oficial da União*, 28 mar. 1934. Disponível em: http://www.planalto.gov.br/ccivil_03/decreto/1930-1949/D24036.htm. Acesso em: 3 dez. 2019.

A instância singular foi atribuída aos delegados fiscais, inspetores de alfândegas, diretores de recebedorias, diretor e chefes de secção; e as instâncias coletivas foram incumbidas aos Conselhos de Contribuintes, que julgavam casos envolvendo tributos. Como órgãos paritários, compostos por representantes do fisco e dos contribuintes (art. 172), o 1º e o 2º Conselhos de Contribuintes tinham suas atribuições divididas por matéria (art. 160).

O art. 150 desse decreto evidenciava que a revisão dos atos administrativos seria ampla não apenas em aspectos formais, mas em aspectos materiais ou substanciais relacionados à aplicação e interpretação da lei no caso concreto. Expressava o dispositivo: "são *resolvidas* em duas instâncias, uma singular e outra coletiva, *as questões entre a Fazenda e os contribuintes, originadas de interpretação de lei*, de cobrança de impostos, taxas e emolumentos, de infração ou de dívida fiscal".[84]

As decisões proferidas pelos Conselhos de Contribuintes contrárias à Fazenda Pública da União poderiam ser objeto de recurso para o Ministro da Fazenda, por meio de apelo formulado pelos representantes da Fazenda, "sempre que a decisão, não tendo sido unânime, parecer contrária à prova dos autos ou à lei que reger o caso" (art. 162, Decreto nº 24.036/1934). O art. 165 desse decreto expressava que a decisão ministerial proferida nessa hipótese era admitida como "definitiva e irrevogável".[85] Com isso, ao contrário do que se admitia anteriormente, as decisões poderiam ser dotadas de caráter de definitividade e irrevogabilidade dentro da Administração Pública.

Esse mesmo modelo de composição paritária e de revisão substantiva dos atos administrativos, envolvendo a própria interpretação e aplicação da lei no caso concreto, foi adotado pelo Estado de São Paulo com a criação do Tribunal de Impostos e Taxas (TIT) por meio do Decreto nº 7.184/1935. O referido decreto identificava uma atuação jurisdicional efetiva da Administração Pública Estadual por meio do Tribunal, expressando no art. 2º que, na esfera administrativa, "o Tribunal será *o supremo interprete das leis tributarias do Estado*", sendo suas decisões de *observância obrigatória* "por parte de todos

---

[84] Sem destaques no original.

[85] BRASIL. Decreto nº 24.036, de 26 de março de 1934. Reorganiza os serviços da administração geral da Fazenda Nacional e dá outras providências. *Diário Oficial da União*, 28 mar. 1934. Disponível em: http://www.planalto.gov.br/ccivil_03/decreto/1930-1949/D24036.htm. Acesso em: 3 dez. 2019.

os funccionarios da Secretaria da Fazenda e repartições subordinadas, desde que, a juizo do Secretario da Fazenda, não contrarie a jurisprudencia do Poder Judiciario".[86]

Com isso, atribui-se efetiva função jurisdicional na seara administrativa tributária, para resolver os conflitos relacionados à aplicação do Direito Tributário, com órgãos de julgamento dotados de competência para declarar o direito aplicável ao caso concreto por meio da interpretação das leis tributárias.

No texto da Constituição Republicana de 1934, foi introduzida uma tentativa de criação de um "órgão de recurso judicial direto das decisões *jurisdicionais* da administração em matéria fiscal", mas que não chegou a ser concretizada na legislação infraconstitucional.[87] A previsão do art. 79, parágrafo único, 1º, criaria um tribunal judicial revisional de todas as decisões finais proferidas pelo Poder Executivo, afastando a necessidade de a questão ser submetida aos juízes de primeira instância judicial, reforçando a natureza jurisdicional das decisões administrativas tributárias.[88]

Outros Estados seguiram a disciplina trazida pelas legislações da União e do Estado de São Paulo. Por exemplo, por meio do Decreto-Lei nº 1.618/1946, o Estado de Minas Gerais criou o Conselho de Contribuintes. O julgamento administrativo tributário é realizado, desde então, em duas instâncias, uma singular e a segunda coletiva no Conselho, para resolver conflitos relacionados a "questões entre a

---

[86] SÃO PAULO (Estado). Decreto nº 7.184, de 5 de junho de 1935. Cria o Tribunal de Impostos e Taxas e dá outras providências. *Diário Oficial*, 6 jun. 1935. Disponível em: https://www. al.sp.gov.br/repositorio/legislacao/decreto/1935/decreto-7184-05.06.1935.html.   Acesso em: 6 dez. 2019. Sem destaques no original.

[87] SOUSA, Rubens Gomes de. Idéias gerais para uma concepção unitária e orgânica do processo fiscal. *Revista de Direito Administrativo*, Rio de Janeiro, v. 34. p. 29, out. 1953. No mesmo sentido: BARBI, Celso Agrícola. Unidade de jurisdição e justiça administrativa no Brasil. *Revista da Faculdade de Direito da Universidade Federal de Minas Gerais*, Belo Horizonte, nº 13, p. 32, 1973.

[88] "Art. 79 – É criado um Tribunal, cuja denominação e organização a lei estabelecerá, composto de Juízes, nomeados pelo Presidente da República, na forma e com os requisitos determinados no art. 74. Parágrafo único – Competirá a esse Tribunal, nos termos que a lei estabelecer *julgar privativa e definitivamente*, salvo recurso voluntário para a Corte Suprema nas espécies que envolverem matéria constitucional: 1º) *os recursos de atos e decisões definitivos do Poder Executivo, e das sentenças dos Juízes federais nos litígios em que a União for parte*, contanto que uns e outros digam respeito ao funcionamento de serviços públicos, ou se rejam, no todo ou em parte, pelo Direito Administrativo; 2º) os litígios entre a União e os seus credores, derivados de contratos públicos." (BRASIL. [Constituição (1934)]. Constituição da República dos Estados Unidos do Brasil (de 16 de julho de 1934). *Diário Oficial da União*, 16 jul. 1934. Disponível em: http://www.planalto.gov.br/ccivil_03/constituicao/constituicao34.htm. Acesso em: 6 dez. 2019).

Fazenda Pública Estadual e os contribuintes *originados de interpretação de lei"* (art. 1º).[89]

Mesmo com a promulgação de novas ordens constitucionais na seara infraconstitucional, a disciplina do contencioso administrativo tributário não sofreu modificações nas orientações basilares aqui delineadas, sendo mantida a competência dos órgãos administrativos de julgamento de proceder com a revisão da própria aplicação ou interpretação da lei ao caso concreto. É o que se denota da leitura do Decreto nº 70.235/1972, que reconhece a competência do julgador administrativo de solucionar *litígios* instaurados pela apresentação da impugnação do sujeito passivo (art. 14). As disposições desse decreto, com as posteriores alterações legislativas, são aplicadas até a atualidade e serão pormenorizadas ao longo deste livro. Desde sua publicação, o Decreto nº 70.235/72 já identificava quando as decisões administrativas proferidas seriam definitivas (art. 42) e, especificamente no caso de decisão definitiva favorável ao sujeito passivo, o dever de a "autoridade preparadora exonerá-lo, de ofício, dos gravames decorrentes do *litígio"* (art. 45).[90]

A Constituição de 1946 passa a indicar que "a lei não poderá excluir da apreciação do Poder Judiciário *qualquer lesão de direito individual"* (art. 141, §4º). Essa expressão foi replicada na Constituição de 1967 (art. 150, §4º), na Emenda Constitucional nº 1/1969 (art. 153, §4º) e posteriormente na CF/1988, no dispositivo concernente aos direitos dos indivíduos (art. 5º, XXXV). Com isso, a revisão, pelo Poder Judiciário, das decisões tomadas pelo Poder Executivo, atinge tão somente aquelas decisões que impliquem lesão ao direito individual, que sejam desfavoráveis ao sujeito.[91] Nas palavras de Celso Antônio Bandeira de Mello, "todo e qualquer comportamento da Administração Pública

---

[89] "Art. 1º – Serão resolvidas, ordinariamente, em duas instâncias administrativas, uma singular e outra coletiva, as *questões entre a Fazenda Pública Estadual e os contribuintes originados de interpretação de lei,* de lançamentos ou cobrança de impostos, taxas, multas e contribuições, de infração ou de dívida fiscal." (MINAS GERAIS. Decreto-Lei nº 1.618, de 8 de janeiro de 1946. Dispõe sobre o julgamento administrativo das questões fiscais e dá outras providências. Diário Oficial, 8 jan. 1946. Disponível em: http://www.fazenda. mg.gov.br/secretaria/conselho_contribuintes/amparo_legal/decreto_lei_%201618.pdf. Acesso em: 6 dez. 2019, sem destaques no original).

[90] BRASIL. Decreto nº 70.235, de 6 de março de 1972. Dispõe sobre o processo administrativo fiscal, e dá outras providências. *Diário Oficial da União*, 7 mar. 1972. Disponível em: http:// www.planalto.gov.br/ccivil_03/decreto/D70235cons.htm. Acesso em: 6 dez. 2019.

[91] Nesse sentido: BOTTALLO, Eduardo Domingos. Processo administrativo tributário. *In:* BARRETO, Aires F.; BOTTALLO, Eduardo Domingos (coord.). *Curso de iniciação em direito tributário.* São Paulo: Dialética, 2004. p. 247.

que se faça gravoso a direito pode ser fulminado pelo Poder Judiciário".[92] Pelo signo "direito individual", a função do Poder Judiciário passa a se restringir ao resguardo e proteção do indivíduo diante de um Poder Estatal, sendo essencial ao próprio regime de proteção das liberdades e direitos fundamentais.[93] A *contrario sensu*, decisões definitivas para a Administração Pública que reconhecem o direito individual do sujeito passivo não mais poderiam ser objeto de discussão no Poder Judiciário.

Contudo, identifica-se na Emenda Constitucional nº 7/1977 uma tentativa concreta de afastar qualquer função jurisdicional da Administração Pública Tributária e consagrar a ideia doutrinária do monopólio da jurisdição no Poder Judiciário. Por meio dessa emenda, focada especificamente no contencioso administrativo em matéria tributária, foi incluído o art. 203, na Constituição de 1967/1969, para indicar que o contencioso administrativo federal e estadual para decisão de questões fiscais *não seria dotado de "poder jurisdicional"*.[94] Para reforçar a ausência de qualquer atribuição jurisdicional desses órgãos administrativos, o art. 204, incluído pela mesma emenda, disciplinava que qualquer decisão administrativa poderia ser objeto de revisão pelo Poder Judiciário. No exato teor do dispositivo: "a lei poderá permitir que *a parte vencida na instância administrativa* (...) requeira diretamente ao Tribunal competente a revisão da decisão nela proferida".[95] Essas previsões, portanto, buscavam afastar o exercício de função jurisdicional nos julgamentos administrativos tributários, bem como garantiam sua ampla revisão pelo Poder Judiciário, dos pronunciamentos favoráveis aos sujeitos passivos ou aos interesses fazendários.[96]

---

[92] MELLO, Celso Antônio Bandeira de. *Curso de direito administrativo*. 34. ed. São Paulo: Malheiros, 2019. p. 89. Sem destaques no original.

[93] FERREIRA FILHO, Manuel Gonçalves. *Curso de direito constitucional*. 40. ed. São Paulo: Saraiva, 2015. p. 315.

[94] "Art. 203. Poderão ser criados contenciosos administrativos, federais e estaduais, *sem poder jurisdicional*, para a decisão de questões fiscais e previdenciárias, inclusive relativas a acidentes do trabalho (Art. 153, §4º)." (BRASIL. [Constituição (1967)]. Emenda Constitucional nº 7, de 13 de abril de 1977. Incorpora ao texto da Constituição Federal disposições relativas ao Poder Judiciário. *Diário Oficial da União*, 13 abr. 1977. Disponível em: http://www.planalto.gov.br/ccivil_03/constituicao/Emendas/Emc_anterior1988/emc07-77.htm. Acesso em: 6 dez. 2019, sem destaques no original).

[95] BRASIL. [Constituição (1967)]. Emenda Constitucional nº 7, de 13 de abril de 1977. Incorpora ao texto da Constituição Federal disposições relativas ao Poder Judiciário. *Diário Oficial da União*, 13 abr. 1977. Disponível em: http://www.planalto.gov.br/ccivil_03/constituicao/Emendas/Emc_anterior1988/emc07-77.htm. Acesso em: 6 dez. 2019. Sem destaques no original.

[96] Com fulcro nessa previsão constitucional: COSTA, Alcides Jorge. Algumas considerações a propósito do anteprojeto de lei sobre contencioso administrativo fiscal. Com comentários

Entretanto, a disciplina proposta pela Emenda nº 7/1977 foi revogada pela CF/1988. Como já mencionado alhures, o art. 5º, XXXV, da CF/1988, retomou a disciplina constitucional anterior a 1977, prevendo que "a lei não excluirá da apreciação do Poder Judiciário *lesão ou ameaça a direito*". Trata-se de garantia de direito individual atribuída "aos brasileiros e aos estrangeiros residentes no País", como uma forma de concretizar os direitos fundamentais de "inviolabilidade do direito à vida, à liberdade, à igualdade, à segurança e à propriedade" (*caput* do art. 5º, CF/1988).[97]

Assim, tal como identificado pelos textos constitucionais de 1946, 1967 e 1969, a CF/1988 indica que as decisões definitivas para a Administração Pública Tributária que reconheçam o direito individual do sujeito passivo não podem ser objeto de discussão no Poder Judiciário.

Nesse ponto, cumpre mencionar que a possibilidade de revisão, pelo Judiciário, de decisões administrativas tributárias já foi sustentada pela doutrina, em especial para aquelas decisões proferidas pelos órgãos paritários identificados pela lei para solução de conflitos administrativos (Conselhos de Contribuintes).[98] Uma vez que esses órgãos não representariam a vontade da Administração, especialmente

---

de Maria Teresa Martínez de Oliveira. *In*: OLIVEIRA, Ricardo Mariz de; COSTA, Sérgio de Freitas (coord.). *Diálogos póstumos com Alcides Jorge Costa*. São Paulo: IBDT, 2017. p. 381; FALCÃO, Amílcar de Araújo. *Introdução ao direito administrativo*. São Paulo: Resenha Tributária, 1977. p. 69.

[97] BRASIL. [Constituição (1988)].Constituição da República Federativa do Brasil de 1988. *Diário Oficial da União*, 5 out. 1988. Disponível em: http://www.planalto.gov.br/ccivil_03/constituicao/constituicao.htm. Acesso em: 6 dez. 2019.

[98] RIBAS, Lídia Maria Lopes Rodrigues. *Processo administrativo tributário*. 3. ed. São Paulo: Malheiros, 2008. p. 169-173; ICHIHARA, Yoshiaki. Processo Administrativo Tributário. *In*: MARTINS, Ives Gandra da Silva (coord.). *Processo administrativo tributário*. *São Paulo*: Revista dos Tribunais, 2002. p. 358-359; SEIXAS FILHO, Aurélio Pitanga. Revisão da legalidade do lançamento tributário e a coisa julgada administrativa em matéria fiscal. *In*: ROCHA, Valdir de Oliveira (coord.). *Grandes questões atuais do direito tributário*. São Paulo: Dialética, 2005. p. 37-39; BORGES, José Alfredo. Possibilidade de a Fazenda Pública questionar em juízo as decisões definitivas do conselho de contribuintes. *Revista Internacional de Direito Tributário*, Belo Horizonte, v. 8, jul./dez. 2007. p. 368; LEITÃO, Maria Beatriz Mello. A possibilidade de revisão pelo Poder Judiciário das decisões do Conselho de Contribuintes contrárias à Fazenda Pública. *In*: ROCHA, Sérgio André (coord.). *Processo Administrativo Tributário*: estudos em homenagem ao Professor Aurélio Pitanga Seixas Filho. São Paulo: Quartier Latin, 2007. p. 519-520; SARAIVA FILHO, Oswaldo Othon Pontes. Efeitos das decisões no Processo Administrativo Fiscal e o Acesso ao Poder Judiciário. *In*: ROCHA, Sérgio André (coord.). *Processo Administrativo Tributário*: estudos em homenagem ao Professor Aurélio Pitanga Seixas Filho. São Paulo: Quartier Latin, 2007. p. 541. MELO, José Eduardo Soares de. *Curso de direito tributário*. 3. ed. São Paulo: Dialética, 2002, p. 271.

quando as decisões por ele proferidas não estão sujeitas ao recurso hierárquico para o então Ministro da Fazenda, elas poderiam ser objeto de reforma pelo Poder Judiciário. Este entendimento ganhou maior repercussão após a edição da Portaria nº 820/2004 da Procuradoria-Geral da Fazenda Nacional (PGFN), que disciplinou a revisão judicial de acórdãos do então Conselho de Contribuintes e da Câmara Superior de Recursos Fiscais, de acordo com os requisitos nela previstos.[99]

Entretanto, essa Portaria e a premissa doutrinária na qual se respaldava sofreram duras críticas de doutrinadores à luz do próprio art. 5º, XXXV, da CF/1988, que entenderam não possuir a Administração Pública legitimidade processual para a revisão judicial de ato próprio contrário à sua pretensão original.[100] Como dito, trata-se de garantia individual do sujeito, não voltada à Administração Pública. Sem qualificar a atividade administrativa como jurisdicional, os autores acrescem outros argumentos, como a insegurança gerada na relação jurídica, a instabilidade do processo administrativo, que perde sua credibilidade, e a inobservância da expressão dos arts. 42 e 45 do Decreto nº 70.235/72. Além disso, admitir que o Poder Público recorra

---

[99] "Art. 2º As decisões dos Conselhos de Contribuintes e da Câmara Superior de Recursos Fiscais podem ser submetidas à apreciação do Poder Judiciário desde que expressa ou implicitamente afastem a aplicabilidade de leis ou decretos e, cumulativa ou alternativamente: I - versem sobre valores superiores a R$ 50.000.000,00 (cinqüenta milhões de reais); II - cuidem de matéria cuja relevância temática recomende a sua apreciação na esfera judicial; e III - possam causar grave lesão ao patrimônio público. Parágrafo único. O disposto neste artigo aplica-se somente a decisões proferidas dentro do prazo de cinco anos, contados da data da respectiva publicação no Diário Oficial da União" (BRASIL. Procuradoria-Geral da Fazenda Nacional (PGFN). Portaria nº 820 de 25 de outubro de 2004. *Diário Oficial da União*, 29 out. 2004. Disponível em: https://www.migalhas.com.br/dePeso/16,MI8528,81042-Portaria+n+820+da+PGFN. Acesso em: 7 dez. 2019).

[100] BORGES, José Souto Maior. Sobre a preclusão da faculdade de rever resposta pró-contribuinte em consulta fiscal e descabimento de recurso pela Administração Fiscal. *Revista Dialética de Direito Tributário*, São Paulo, nº 154, p. 83, jul. 2008; CARVALHO, Paulo de Barros. As decisões do Carf e a extinção do crédito tributário. *Revista Dialética de Direito Tributário*, São Paulo, nº 212. p. 97-98, maio 2013; CARVALHO, Paulo de Barros. *Curso de direito tributário*. 23. ed. São Paulo: Saraiva, 2011. p. 472; COÊLHO, Sacha Calmon Navarro. *Curso de direito tributário brasileiro*. 10. ed. Rio de Janeiro: Forense, 2009. p. 785; GODOI, Marciano Seabra de. Sobre a possibilidade de a Fazenda Pública reverter, em juízo, decisões definitivas dos conselhos de contribuintes. *In*: ROCHA, Valdir de Oliveira (coord.). *Grandes questões aduais de direito tributário*: 9º volume. São Paulo: Dialética, 2005. p. 410; PIZOLIO, Reinaldo. Decisão administrativa favorável ao contribuinte e a impossibilidade de ingresso da Fazenda Pública em juízo. *In*: PIZOLO, Reinaldo (coord.). *Processo administrativo tributário*. São Paulo: Quartier Latin, 2007. p. 281; FERRAZ, Diego. A impossibilidade jurídica do questionamento judicial, pela PGFN, das decisões do Conselho de Contribuintes. *Revista Fórum de Direito Tributário*, Belo Horizonte, nº 24, p. 162, nov./dez. 2004; e XAVIER, Alberto. *Do lançamento*: teoria geral do ato, do procedimento e do processo tributário. Rio de Janeiro: Forense, 1997. p. 268.

ao Judiciário para modificar decisão que ele próprio tomou fere o princípio da proteção da boa-fé no seu aspecto de proibição de *venire contra actum proprium*.[101] O entendimento desta segunda corrente doutrinária prevaleceu no Superior Tribunal de Justiça (STJ) no julgamento do Mandado de Segurança nº 8.810/DF, cujo trânsito em julgado, em 15/09/2014, motivou a suspensão, pela PGFN, da Portaria nº 820/2004 por meio da Nota PGFN/PGA nº 1.403/2014.[102] Igualmente sem enfrentar a natureza jurisdicional da atividade de julgamento administrativo, o Ministro relator Humberto Gomes de Barros afirma em seu voto que não é lícito ao Ministro da Fazenda cassar as decisões proferidas pelos Conselhos de Contribuintes no exercício de sua competência, "sob o argumento de que o colegiado errou na interpretação da Lei".[103] Sem identificar com clareza qual a natureza jurídica dessas decisões, afirma o Ministro relator que as decisões definitivas proferidas pelos Conselhos geram um direito líquido e certo, em favor do sujeito, para extinguir os gravames decorrentes do litígio, na forma do art. 45 do Decreto nº 70.235/72. A intervenção ministerial somente seria cabível em uma hipótese de nulidade, quando o Conselho atuar "fora do âmbito de sua competência ou sem observar os pressupostos recursais". O Ministro Luiz Fux, naquela oportunidade, traçou considerações específicas quanto à inaplicabilidade do princípio geral da revisibilidade dos atos administrativos em se tratando de decisão contra a qual a lei prevê recurso administrativo próprio, sob pena de usurpação de competência do Poder Legislativo e de ferir o devido processo legal (art. 5º, LV, CF/1988).[104]

---

[101] SANTI, Eurico Marcos Diniz de; ZUGMAN, Daniel Leib. Decisões administrativas definitivas não podem ser rediscutidas no poder judiciário. In: X *Congresso Nacional de Estudos Tributários*: Sistema tributário brasileiro e as relações internacionais. São Paulo: Noeses, 2013. p. 298. Ver ainda: BOTTALLO, Eduardo Domingos. Processo administrativo tributário. In: BARRETO, Aires F.; BOTTALLO, Eduardo Domingos (coord.). *Curso de iniciação em direito tributário*. São Paulo: Dialética, 2004. p. 247.

[102] BRASIL. Superior Tribunal de Justiça (STJ). *MS 8.810*/DF, Relator Ministro Humberto Gomes de Barros, Primeira Seção, julgado em 13/08/2003, DJ 06/10/2003.

[103] BRASIL. Superior Tribunal de Justiça (STJ). *MS 8.810*/DF, Relator Ministro Humberto Gomes de Barros, Primeira Seção, julgado em 13/08/2003, DJ 06/10/2003. Voto do Ministro Relator Humberto Gomes de Barros.

[104] BRASIL. Superior Tribunal de Justiça (STJ). *MS 8.810*/DF, Relator Ministro Humberto Gomes de Barros, Primeira Seção, julgado em 13/08/2003, DJ 06/10/2003. Voto do Ministro Luiz Fux. Entendimento mantido após interposição de Recurso Extraordinário ao Supremo Tribunal Federal (STF) no Recurso Extraordinário (RE) 535.077, ao qual foi negado seguimento, por ser admitida como ofensa reflexa à Constituição Federal. Transitado em julgado em 15/09/2014. Informações disponíveis em http://portal.stf.jus.br/processos/detalhe.asp?incidente=2486125. Acesso em: 18 jan. 2020

Com isso, ainda que revogada a ampla revisão, pelo Judiciário, das decisões administrativas trazidas em 1977, a doutrina, na corrente doutrinária sob análise, insiste na ideia do monopólio da jurisdição no Brasil afirmando que inexiste efetivo contencioso administrativo sem exercício de função jurisdicional pela Administração.

Entretanto, como visto, a Administração Pública não deve ser privada de função jurisdicional, podendo exercer, com fulcro na CF/1988, verdadeiro contencioso administrativo. Ao contrário do que se pretendia com a previsão da Emenda Constitucional nº 7/1977, a função dos julgadores administrativos é jurisdicional, buscando a correta aplicação da lei ao caso concreto quando da revisão dos atos administrativos e resolução de conflito instaurado pelo sujeito passivo.[105]

Importante ainda evidenciar que é descabida uma simples importação de um modelo de jurisdição una norte-americana a partir de 1891, centrada no Poder Judiciário, como pretendido por essa corrente. Isso, porque essa aproximação desconsidera a diferença de tradições nas quais se inserem os Estados Unidos e o Brasil. Originariamente, o sistema jurídico brasileiro se insere em uma tradição do *civil law*, não garantindo às decisões do Poder Judiciário a relevância dada pelos países com a tradição do *common law*, originado na Inglaterra e na qual se inseriu o direito norte-americano.

O *common law* se apresenta como um sistema de direito positivo ligado a considerações de processo, construído nos Tribunais Reais Centralizados ingleses.[106] Para os casos não resolvidos pelos costumes já existentes, que passam a ser tratados de forma unificada, o fundamento jurídico é extraído dos precedentes, considerando o que foi decidido para a mesma circunstância fática em casos anteriores. Nesse sentido, no exercício de sua atividade, o juiz se vincula às interpretações firmadas para casos anteriores, seja nas decisões por eles proferidas ou pelos tribunais hierarquicamente superiores.

---

[105] Passo dado na Argentina com o reconhecimento do Tribunal Fiscal como um órgão jurisdicional dentro da esfera do Poder Executivo conforme: GARCÍA VIZCAINO, Catalina. *El procedimiento ante el Tribunal Fiscal de la Nación y sus instancias inferiores y superiores*. 2. ed. Buenos Aires: Abeledo-Perrot, 2011. p. 59.

[106] Conforme: DAVID, René. *Os grandes sistemas do direito contemporâneo*. Trad. Hermírio A. Carvalho. São Paulo: Martins Fontes, 2002. p. 35-81. No mesmo sentido: RHEINSTEIN, Max. Common law and civil law: an elementary comparison. *Revista Jurídica de la Universidad de Puerto Rico*, p. 91-93, 1952. Disponível em http://chicagounbound.uchicago.edu/journal_articles. Acesso em: 04 mai. 2018.

CAPÍTULO 1
COMPETÊNCIA E FUNÇÃO DOS JULGADORES NO PROCESSO ADMINISTRATIVO TRIBUTÁRIO | 69

Com isso, na tradição do *common law*, a figura do precedente é identificada como a decisão que veicula uma norma geral e abstrata firmada a partir de um caso concreto, com uma relevância que transcende o caso e que será aplicada de forma vinculante para todos os casos concretos semelhantes dentro do Tribunal no qual foi prolatada, com a mesma força de uma lei editada pelo Poder Legislativo.[107] Como qualquer decisão tomada em um caso concreto, o precedente se apresenta como uma fonte material de Direito.[108] Contudo, considerando o ineditismo do caso concreto analisado, bem como seus elevados graus de generalização e de abstração, evidenciados na própria decisão, o seu resultado possui efeito geral e abstrato, de forma vinculante aos aplicadores dentro do Tribunal. Dessa forma, naquela tradição o precedente é desenvolvido como uma ideia para preservar a ordem jurídica já existente, garantindo a competência dos Tribunais de criarem normas gerais e abstratas quando diante de casos novos ou para a interpretação abstrata de dispositivos normativos, por meio de julgamento de casos concretos.[109]

Por outro lado, a tradição do *civil law*, em sua origem como adotado no Brasil, se liga às tradições romanas elaboradas com fulcro em um Direito escrito, com a base jurídica trazida na lei.[110] Admite-se a existência de um Direito dado, construído pelas universidades a partir do Direito romano e aprovado pelo legislador, tendo por premissa a existência de um ordenamento completo. Trata-se da acepção embrionária da concepção normativista do Direito, como instrumento sancionador ditado pelo legislador, identificando condutas que não devem ser concretizadas sob pena de sanção.[111] Dela também oriunda a teoria cognitivista da interpretação, cabendo à Ciência do Direito, somente, descrever o que consta no direito posto, dado pelo

---

[107] Identificação da figura do precedente nessa tradição em conformidade com MACCORMICK, Neil. *Rhetoric and the rule of law*: a theory of legal reasoning. Oxford University Press, 2005. p. 143-161; e SCHAUER, Frederick. Precedent. *Stanford law review*, v. 39, nº 3, p. 571-605, Feb. 1987.

[108] DERZI, Misabel de Abreu Machado. *Modificação da jurisprudência no direito tributário*. São Paulo: Noeses, 2009. p. 586.

[109] Ver ainda MACCORMICK, Neil; SUMMERS, Robert (org.). *Interpreting precedents*: a comparative study. Aldershot: Ashgate, 1997.

[110] Como alerta René David, "cada um dos direitos do continente europeu tem a sua originalidade. (...) Contudo, existe grande semelhança entre estes direitos, quando se considera o conjunto dos seus elementos e pode-se seguramente falar numa família romano-germânica, embora reconhecimento que existem subgrupos no seio desta família (...)" (DAVID, René. *Os grandes sistemas do direito contemporâneo*. Trad. Hermírio A. Carvalho. São Paulo: Martins Fontes, 2002. p. 74).

[111] KELSEN, Hans. *Teoria geral das normas*. Porto Alegre: Sérgio Antônio Fabris, 1986.

legislador, e cabendo a seu intérprete e a seu aplicador identificar o significado da norma, que já seria unívoco, pré-constituído e suscetível de conhecimento.[112] Originariamente, diferente da tradição do *common law*, prevalecia o entendimento de que os integrantes do Poder Judiciário seriam considerados livres para decidirem da forma como entendessem melhor o Direito, desde que se baseassem nas leis, trazendo a interpretação entendida como correta para o caso concreto.[113] O juiz poderia formar sua livre convicção em cada caso concreto, sem se vincular à interpretação fornecida para um caso anterior, em uma sentença passível de reforma pelos tribunais regionais, superiores ou supremo.

Com isso, em sua origem, a tradição do *civil law* propunha que os julgamentos, pelos tribunais, de casos concretos trouxessem apenas indicativos interpretativos da lei, não admitindo as decisões como normas integrantes do ordenamento jurídico ou fontes do Direito.[114] A decisão deve ser observada apenas pelas partes, limitada ao dispositivo exarado, como uma norma individual e concreta, com a ressalva de que ela se submete à chamada teoria declaratória da atuação dos juízes, segundo a qual as decisões judiciais emanadas pelo Poder Judiciário não são normas, mas meras interpretações.[115] Essa teoria igualmente encontra seu fundamento na leitura tradicional do princípio da separação dos Poderes, entendendo que somente o Poder Legislativo expede novas normas gerais e abstratas no sistema jurídico.

Cumpre apontar que essa linha de pensamento tradicional do *civil law* tem evoluído, inclusive no Direito brasileiro, com um movimento doutrinário e legislativo no sentido de reconhecer a relevância do aplicador/juiz na própria construção do direito.[116] Admite-se

---

[112] Essa posição é adotada, especificamente para os expoentes do Direito tributário, entre outros, por: CARVALHO, Paulo de Barros. *Curso de direito tributário*. 23. ed. São Paulo: Saraiva, 2011; BECKER, Alfredo Augusto. São Paulo: Saraiva, 1963 e FALCÃO, Amílcar de Araújo. *Fato gerador da obrigação tributária*. São Paulo: Financeiras, 1964. p. 28-54.

[113] Premissa da qual partiu decisão da Junta de Ajuste de Lucros, comentada em LEAL, Victor Nunes. Junta de Ajustes e Lucros – natureza de suas decisões – caráter normativo – delegação de poderes – conceito de lei. *Revista de Direito Administrativo*, Rio de Janeiro, v. 13. p. 319-326, jul. 1948.

[114] PICARDI, Nicola. *Jurisdição e Processo*. Organizador e revisor técnico da tradução Carlos Alberto Alvaro de Oliveira. Rio de Janeiro: Forense, 2008. p. 145.

[115] STEINER, Eva. Judicial Rulings with Prospective effect-from comparison to systematisation. In: STEINER, Eva. *Comparing the prospective effect of judicial rulings across jurisdictions*. Springer International Publishing Switzerland, 2015. p. 2-5.

[116] No sentido da crise da orientação tradicional, ver: PICARDI, Nicola. *Jurisdição e processo*. Organizador e revisor técnico da tradução Carlos Alberto Alvaro de Oliveira. Rio de Janeiro: Forense, 2008. p. 146.

que o Direito positivado não está completo, sendo ele uma prática argumentativa que precisa do intérprete para sua construção.[117] Entender que o ordenamento jurídico positivo é "completo, avesso a lacunas e absolutamente claro" é uma visão reducionista do Direito à lei, nas palavras de Lúcio Delfino e Fernando Rossi, não sendo mais aceitável à luz do Estado Democrático de Direito, que exige que a interpretação jurídica seja praticada à luz dos princípios constitucionais e direitos fundamentais.[118] Esse contexto, inclusive, molda um novo conceito de jurisdição segundo o qual "não apenas atua a lei, senão ainda propriamente cria o direito".[119]

Com isso, a visão tradicional tem sido superada, ocorrendo uma natural aproximação das duas tradições (*civil* e *common law*), com o reconhecimento da relevância da decisão, já que o aplicador constrói o significado do texto normativo, produzindo normas quando da prolação das decisões que orientam a conduta do sujeito para as quais foram direcionadas.[120] Uma vez que o aplicador exerce também a função de criar Direito, passa-se a admitir a possibilidade de se conferir força vinculativa às decisões, de observância obrigatória e não mais apenas persuasiva, com efeitos gerais e abstratos, como as normas editadas pelo Poder Legislativo.[121] O que se altera entre as tradições é como essa decisão atingirá outros sujeitos além daqueles afetados diretamente pela

---

[117] Quanto ao Direito como uma prática argumentativa, ver: ÁVILA, Humberto. Função da ciência do direito tributário: do formalismo epistemológico ao estruturalismo argumentativo. *Direito tributário atual*, v. 29. p. 181-204, jan. 2013.

[118] DELFINO, Lúcio; ROSSI, Fernando. Interpretação jurídica e ideologias: o escopo da jurisdição no Estado Democrático de Direito. *Revista jurídica UNIJUS*, Uberaba, v. 11, nº 15. p. 85, nov. 2008.

[119] *Ibid.* p. 86. Adepto a essa concepção, ver: THEODORO JÚNIOR, Humberto. Normas fundamentais do Processo Civil. *In:* THEODORO JÚNIOR, Humberto; OLIVEIRA, Fernanda Alvim Ribeiro de; REZENDE, Ester Camila Gomes Norato (coord.). *Primeiras lições sobre o novo direito processual civil brasileiro* (de acordo com o Novo Código de Processo Civil Lei 13.105, de 16 de março de 2015). Rio de Janeiro: Forense, 2015. p. 5.

[120] Aproximação do *civil* e *common law* identificada como uma nova família jurídica, o *Brazilian Law* por ARAÚJO, Juliana Furtado. O precedente no novo Código de Procesos Civil e suas implicações tributárias. *In:* ARAÚJO, Juliana Costa Furtado; CONRADO, Paulo César (org.). *O novo CPC e seu impacto no direito tributário*. São Paulo: Fiscosoft, 2015. p. 101-126. Exigindo mudanças mais profundas para essa aproximação para a criação de um chamado *Macunaíma Law*, ver: RIBEIRO, Diego Diniz. Precedentes em matéria tributária e o novo CPC. *In:* CONRADO, Paulo César (org.). *Processo tributário analítico*. São Paulo: Noeses, 2016. v. 3. p. 111-140.

[121] DERZI, Misabel de Abreu Machado. *Modificação da jurisprudência no direito tributário*. São Paulo: Noeses, 2009. p. 586. Identificando esse fenômeno da Itália: PICARDI, Nicola. *Jurisdição e processo*. Organizador e revisor técnico da tradução Carlos Alberto Alvaro de Oliveira. Rio de Janeiro: Forense, 2008. p. 150-151.

decisão, utilizando-se o *common law* da figura do precedente, enquanto o *civil law* traz diferentes instrumentos (no Brasil, por exemplo, os recursos repetitivos).

Não obstante essa evolução na tradição do *civil law* e a sua aproximação com a tradição do *common law*, esse contexto revela que o comparativo histórico realizado pela primeira corrente doutrinária com o modelo norte-americano desconsidera a própria relevância dada, no *common law*, ao Poder Judiciário, com um efetivo monopólio da função e do Poder jurisdicional.

Aqui não se nega a influência dos Estados Unidos da América almejada na organização da primeira república brasileira. Inclusive, o Decreto nº 848/1890, ao organizar a justiça federal e criar o Supremo Tribunal Federal (STF), indicava expressamente que seriam considerados como legislação subsidiária em casos omissos "os estatutos dos povos cultos e especialmente os que regem as relações juridicas na Republica dos Estados Unidos da America do Norte" e "os casos de *common law* e *equity*" (art. 386).[122] Contudo, alerta-se, a forma de organização do Poder jurisdicional e a tradição daquele país não conseguem ser, e não foram, simplesmente transladadas para o Brasil.

Acresce-se que, mesmo nos países de tradição do *common law*, houve um movimento de reconhecer a função jurisdicional aos órgãos do Poder Executivo, como já advertia Bilac Pinto, apontando a deficiência em se afirmar que o princípio da separação dos Poderes representaria uma absoluta separação de funções.[123] Inclusive, uma preocupação com o exercício concomitante de funções executivas, legislativas e judicativas pelas agências administrativas nos Estados Unidos ensejou a edição do Ato de Procedimentos Administrativos (*Administrative Procedure Act* – APA)[124] visando a afastar o crescente abuso de autoridade naqueles órgãos.[125] Especificamente em matéria fiscal, o acúmulo de funções é

---

[122] BRASIL. Decreto nº 848, de 11 de outubro de 1890. Organiza a Justiça Federal. *Coleção de leis do Brasil* - 1890. Disponível em: http://www.planalto.gov.br/ccivil_03/decreto/1851-1899/D848.htm. Acesso em: 7 dez. 2019.

[123] PINTO, Bilac. Separação de poderes. *Revista de Direito Administrativo*, Rio de Janeiro, v. 6, p. 253-260, out. 1946.

[124] Finalidade do ato foi traçada em TSVASMAN, Rimma. No more excuses: a case for the irs's full compliance with the administrative procedure act. *Brooklyn Law Review*, v. 76, p. 840-843, 2010. Disponível em: https://brooklynworks.brooklaw.edu/blr/vol76/iss2/9. Acesso em: 25 ago. 2019.

[125] ESTADOS UNIDOS DA AMÉRICA. Íntegra do *Administrative Procedure Act* – APA. Disponível em: https://www.justice.gov/sites/default/files/jmd/legacy/2014/05/01/act-pl79-404.pdf. Acesso em: 25 ago. 2019.

CAPÍTULO 1
COMPETÊNCIA E FUNÇÃO DOS JULGADORES NO PROCESSO ADMINISTRATIVO TRIBUTÁRIO | 73

vislumbrado na Receita Federal americana (*Internal Revenue Service* – IRS), criticada ao deixar de aplicar as disposições do APA quando da edição e aplicação dos atos normativos tributários.[126] A função de julgamento litigioso de processos, todavia, centra-se no Poder Judiciário, sendo passível de ser realizada em três tribunais distintos, à escolha do contribuinte, entre os quais a Corte de Tributos (*Tax Court*), cabendo ao órgão de revisão do IRS somente a verificação de questões fáticas e a realização de conciliação.[127]

Com isso, a progressão normativa do contencioso administrativo tributário no Brasil evidencia que a legislação pátria atribuiu, e ainda atribui, função jurisdicional aos julgadores administrativos, para dizer o direito aplicável quando da solução de uma lide instaurada a partir da revisão de um ato administrativo tributário lavrado. Considerando os textos constitucionais e a disciplina infraconstitucional da matéria, é impróprio afirmar que, no Império, o Brasil teria adotado o modelo de contencioso administrativo francês, bem como, que desde 1891 teria sido importado o modelo norte-americano de jurisdição una no Poder Judiciário.

Desconstruídas essas premissas e evidenciada a existência de exercício da função jurisdicional pela Administração Pública Tributária, adentra-se, a seguir, na caracterização do contencioso administrativo tributário à luz da CF/1988, baseado nas garantias processuais do contraditório, da ampla defesa e do devido processo legal.

1.1.2 As garantias processuais do contraditório, da ampla defesa e do devido processo legal: o contencioso administrativo tributário e a precisa utilização do signo processo administrativo

O processo administrativo é instaurado por meio de petição apresentada pelo sujeito dentro do exercício do direito de petição estabelecido no art. 5º, XXXIV, *a*, CF/1988, indicando que "são a todos

---

[126] TSVASMAN, Rimma. No more excuses: a case for the irs's full compliance with the administrative procedure act. *Brooklyn Law Review*, v. 76, p. 840-843, 2010. Disponível em: https://brooklynworks.brooklaw.edu/blr/vol76/iss2/9. Acesso em: 25 ago. 2019. p. 846-848.

[127] PORTER, David B. Where Can You Litigate Your Federal Tax Case? *Tax Notes*, v. 98, p. 558-560, Jan. 2003. Ver ainda, com um comparativo entre o contencioso tributário norte-americano e italiano: VIGORITI, Vincenzo. La giustizia tributaria in Italia e in Usa. Organizzazione e struttura. *Rivista di Diritto Tributario*, 1994, I, nº 2, p. 169-172, fev. 1994.

assegurados, independentemente do pagamento de taxas: a) o direito de petição aos Poderes Públicos em defesa de direitos ou contra ilegalidade ou abuso de poder".[128]

Dentro do gênero direito de petição, enquadram-se os já mencionados pleitos de revisão para instância superior para o exercício da autotutela pela Administração[129] e, ainda, as defesas administrativas previstas em lei pelo processo administrativo tributário, para as quais são atribuídas distintas denominações (impugnação administrativa, manifestação de inconformidade etc.)

A disciplina legal para as defesas administrativas é exigida pelo inciso LIV do mesmo art. 5º, segundo o qual "ninguém será privado da liberdade ou de seus bens sem *o devido processo legal*".[130] Com efeito, assegura-se o devido processo legal quando o ato administrativo tributário busca privar o sujeito de seus bens impondo o dever de pagamento de uma prestação pecuniária compulsória. A lei ainda atrai o devido processo legal quando a Administração Tributária deixa de assegurar um direito subjetivo negando um pleito de repetição de indébito.

O devido processo legal compreende dois aspectos essenciais: o de ser ouvido e o de oferecer e produzir provas.[131] Nesse sentido, trata-se da garantia de um processo adequado ou justo, compatível com o ordenamento jurídico pátrio, em especial com os direitos fundamentais.[132] É desse princípio do qual decorrem outros princípios e regras processuais que se almeja garantir um processo justo aos litigantes.[133]

Portanto, o devido processo legal não é empregado para qualquer manifestação administrativa tributária, sendo que, quando não previsto na lei, aplicam-se as previsões de autotutela da Administração, de ofício

---

[128] BRASIL. [Constituição (1988)]. Constituição da República Federativa do Brasil de 1988. *Diário Oficial da União*, 5 out. 1988. Disponível em: http://www.planalto.gov.br/ccivil_03/constituicao/constituicao.htm. Acesso em: 6 dez. 2019.

[129] *Vide* item 1.1.1 do Capítulo 1.

[130] BRASIL. [Constituição (1988)]. Constituição da República Federativa do Brasil de 1988. *Diário Oficial da União*, 5 out. 1988. Disponível em: http://www.planalto.gov.br/ccivil_03/constituicao/constituicao.htm. Acesso em: 6 dez. 2019.

[131] BOTTALLO, Eduardo Domingos. Processo administrativo tributário. *In:* BARRETO, Aires F.; BOTTALLO, Eduardo Domingos (coord.). *Curso de iniciação em direito tributário*. São Paulo: Dialética, 2004. p. 241.

[132] ÁVILA, Humberto. O que é "devido processo legal"? *Revista de Processo*, v. 163, p. 57, 2008.

[133] Nesse sentido, ver: NERY JUNIOR, Nelson. *Princípios do processo na Constituição Federal*. 13. ed. São Paulo: Revista dos Tribunais, 2017. p. 100.

ou por impulso do sujeito por meio de recursos hierárquicos.[134] Com efeito, inexiste previsão legal para o efetivo contencioso administrativo para as respostas aos pedidos de imunidade, de isenção, de consulta, por exemplo. Nesses casos, autoriza-se, tão somente, um direito de petição ao sujeito para instigar a autotutela da Administração Tributária, sem as garantias do contraditório e da ampla defesa. O signo processo deve ser utilizado para os procedimentos administrativos unicamente quando assume caráter jurisdicional.[135]

Por outro lado, para as hipóteses legais, exigidas quando diante de uma restrição de liberdade ou de bens, como diante da lavratura de um lançamento de ofício, prevista no próprio CTN (art. 145), é viável a apresentação de defesa administrativa para a instauração de verdadeiro processo administrativo tributário. Instaurado o processo administrativo, aplicam-se as garantias processuais previstas no art. 5º, LV, da CF/1988, segundo o qual "aos *litigantes*, em processo judicial *ou administrativo*, e aos acusados em geral são assegurados o *contraditório e ampla defesa, com os meios e recursos a ela inerentes*".[136] A leitura que se propõe desse dispositivo é no sentido de que outros Poderes do Estado podem ser invocados a resolver conflitos, *litígios*, por meio do processo, em exercício da função jurisdicional, não apenas o Poder Judiciário.[137] A ampla defesa possui um espectro de proteção que atinge todos os processos, judiciais ou administrativos, não se resumindo a um "simples direito de manifestação no processo" ou de informação, mas também o "direito de ver seus argumentos contemplados pelo órgão julgador".[138] O exercício pleno do contraditório, por sua vez, "não se limita à garantia de alegação oportuna e eficaz a respeito de fatos, mas implica a possibilidade de ser ouvido também em matéria jurídica".[139]

---

[134] Identificando princípios diferentes que orientam o processo jurisdicional e o procedimento, ver: BARACHO, José Alfredo de Oliveira. Processo e Constituição: o devido processo legal. *Revista da Faculdade de Direito da Universidade Federal de Minas Gerais* nº 23-25, 1982. p. 97.

[135] RICCI, Gian Franco. *Principi di diritto processuale generale*. 6. ed. Torino: Giappichelli, 2015. p. 4.

[136] BRASIL. [Constituição (1988)]. Constituição da República Federativa do Brasil de 1988. *Diário Oficial da União*, 5 out. 1988. Disponível em: http://www.planalto.gov.br/ccivil_03/constituicao/constituicao.htm. Acesso em: 6 dez. 2019. Sem destaques no original.

[137] BOTTALLO, Eduardo Domingos. *Curso de processo administrativo tributário*. 2. ed. São Paulo: Malheiros, 2009. p. 53-54.

[138] BRASIL. Supremo Tribunal Federal (STF). *MS 24268*, Relatora Ministra Ellen Gracie, Relator para o Acórdão Min. Gilmar Mendes, Tribunal Pleno, julgado em 05/02/2004, DJ 17/09/2004.

[139] BRASIL. Supremo Tribunal Federal (STF). *MS 24268*, Relatora Ministra Ellen Gracie, Relator para o Acórdão Min. Gilmar Mendes, Tribunal Pleno, julgado em 05/02/2004, DJ 17/09/2004. Voto do Ministro Gilmar Mendes.

Contudo é importante aqui enfrentar os argumentos dos autores que sustentam que, ainda que esses princípios sejam aplicáveis na seara administrativa, não seria próprio afirmar a existência de um *litígio* na seara administrativa.

É a proposta de Luis Eduardo Schoueri e Gustavo Emílio Contrucci A. de Souza, que afastam categoricamente a existência de um contencioso administrativo tributário por entenderem não se estar diante de uma lide, um conflito de interesse a ser solucionado.[140] Sustentam os autores que a Constituição teria utilizado, no art. 5º, o termo processo em sentido vulgar, sendo que "a circunstância de ele usar um mesmo termo para identificar realidades distintas não implica tenha ele pretendido equipará-las".[141] A premissa da qual partem os autores é a de Jaime Guasp, no sentido de que a pretensão processual somente é qualificada pela existência da figura de um terceiro não interessado (premissa já enfrentada em tópico anterior), sendo o exercício da função jurisdicional a busca de satisfação de pretensões, tendente a fazer prevalecer o direito de uma pessoa sobre a outra. Uma vez que o fundamento do processo administrativo seria a verificação da possibilidade de concretização, ou não, do lançamento, inexistiria a pretensão processual da Administração em subjugar o direito do contribuinte, à luz do princípio da legalidade (art. 5º, II e art. 150, I, da CF/1988).[142] Como uma atividade administrativa plenamente vinculada, o procedimento administrativo não discute o direito da Administração, mas sim seu dever de constituir o crédito tributário, sob pena de responsabilidade funcional.[143] Não há, com isso, pretensão (ou pretensão resistida) no processo administrativo, inexistindo verdadeiramente um litígio, sendo que não prevalece "a pretensão de uma parte sobre a outra".[144] Não se admitindo a existência de um litígio administrativo, não é possível se estar diante de um exercício de função jurisdicional.

---

[140] SCHOUERI, Luís Eduardo; SOUZA, Gustavo Emílio Contrucci A. de. Verdade material no "processo" administrativo tributário. *In*: ROCHA, Valdir de Oliveira (coord.). *Processo administrativo fiscal*. São Paulo: Dialética, 1998. v. 3. p. 144-148.

[141] SCHOUERI, Luís Eduardo; SOUZA, Gustavo Emílio Contrucci A. de. Verdade material no "processo" administrativo tributário. *In*: ROCHA, Valdir de Oliveira (coord.). *Processo administrativo fiscal*. São Paulo: Dialética, 1998. v. 3. p. 148.

[142] SCHOUERI, Luís Eduardo; SOUZA, Gustavo Emílio Contrucci A. de. Verdade material no "processo" administrativo tributário. *In*: ROCHA, Valdir de Oliveira (coord.). *Processo administrativo fiscal*. São Paulo: Dialética, 1998. v. 3. p. 145.

[143] Nesse mesmo sentido, ver: CARVALHO, Paulo de Barros. *Curso de direito tributário*. 23. ed. São Paulo: Saraiva, 2011. p. 545-546.

[144] SCHOUERI, Luís Eduardo; SOUZA, Gustavo Emílio Contrucci A. de. Verdade material no "processo" administrativo tributário. *In*: ROCHA, Valdir de Oliveira (coord.). *Processo administrativo fiscal*. São Paulo: Dialética, 1998. v. 3. p. 144-145.

Nesse raciocínio, seria imprópria a utilização da expressão "processo administrativo", uma vez que o signo *processo*, tecnicamente, somente poderia ser utilizado na composição de litígios no exercício da atividade jurisdicional pelo Estado por meio do Poder Judiciário. Com isso, a revisão de legalidade de seus atos pela Administração Pública somente se operacionalizaria por meio de um procedimento.[145] Ao não considerar a existência de uma lide ou um litígio a ser solucionado pela Administração, a atividade do julgador administrativo seria no exercício de função administrativa revisional de autotutela, para confirmar se o ato administrativo tributário foi exarado em conformidade com os ditames da lei, ao final do qual ele será confirmado ou anulado. Com isso, o procedimento de revisão seria uma continuidade do procedimento de fiscalização, garantindo a integridade do ato final administrativo para sua execução pelo Poder Judiciário. Seria, assim, uma fase dentro do procedimento administrativo na qual é autorizada a participação do sujeito passivo, orientada pelos princípios processuais referenciados acima (ampla defesa, contraditório e devido processo).

No entanto, ao contrário do que aduzem os autores, existe efetivo litígio na seara administrativa tributária, sendo que a CF/1988 empregou corretamente o signo *processo* para disciplinar o processo administrativo e a solução de conflitos administrativos.

Não obstante seja o Poder Legislativo aquele competente para inserir textos legais no ordenamento jurídico, a construção das normas jurídicas deles depreendidas somente é concluída por meio de sua interpretação e aplicação aos casos concretos.[146] Como afirma o próprio professor Schoueri, em escrito posterior, as "normas não se constroem abstratamente, mas à luz de cada caso concreto".[147] Ao aplicador, cabe interpretar os preceitos legais para fazê-los incidir sobre o caso particular, avaliando se a situação fática particular se subsome

---

[145] Nesse sentido: ATALIBA, Geraldo. Princípios constitucionais do processo e procedimento em matéria tributária. *Revista de Direito Tributário*, São Paulo, nº 46 p. 118-132, out-dez. 1988; SUNDFELD, Carlos Ari. A importância do procedimento administrativo. *Revista de Direito Público*, São Paulo, nº 84, p. 73 out./dez. 1987; JUSTEN FILHO, Marçal. *Curso de direito administrativo*. 10. ed. São Paulo: Revista dos Tribunais, 2014. p. 379-380; CARVALHO, Paulo de Barros. *Direito tributário, linguagem e método*. São Paulo: Noeses, 2008. p. 781.

[146] LOPES, José Reinaldo de Lima. Filosofia analítica e hermenêutica: preliminares para uma teoria do direito como prática. *Revista de Informação Legislativa*, v. 53. p. 219-220, 2016; ÁVILA, Humberto. *Teoria da segurança jurídica*. 4. ed. São Paulo: Malheiros, 2016. p. 73-74; SHERWIN, Emily. A defense of analogical reasoning in law. *The University of Chicago Law Review*, v. 66, nº 4, p. 1194, Autumn 1999.

[147] SCHOUERI, Luís Eduardo. *Direito tributário*. 8. ed. São Paulo: Saraiva, 2018. p. 739 e ss..

à norma geral construída.[148] E essa aplicação ocorrerá tanto pelo Poder Judiciário, quando instigado a se pronunciar sobre uma matéria ou situação concreta específica, como pela Administração Pública, quando da lavratura e revisão de atos administrativos de ofício.[149]

O princípio da legalidade é direcionado ao Poder Executivo/Administração como a exigência de aplicação do direito em conformidade com as normas jurídicas constantes do ordenamento jurídico, de competência, de forma e de conteúdo.[150] Em uma perspectiva formalista, a interpretação feita pelo aplicador deve observar os limites e os sentidos semânticos que podem ser depreendidos do texto trazido pelo legislador.[151] Não é uma atividade arbitrária, mas sim uma atividade que deve ser feita conforme o Direito, o ordenamento jurídico e as normas dele depreendidas.[152] Não se trata, portanto, do "resultado quase sempre infrutífero da interpretação literal do direito posto", como sustentado por Paulo de Barros Carvalho,[153] mas de uma verdadeira atividade de interpretação e aplicação da lei para o caso concreto, realizada por um meio próprio para o exercício de seu direito de constituir o crédito tributário devido.

Nesse sentido, quando da elaboração de um ato administrativo tributário, a autoridade fiscal propõe uma interpretação e uma forma de aplicar o Direito ao caso concreto e traz, verdadeiramente, uma *pretensão*. Essa atividade é plenamente vinculada, uma vez que a Administração Tributária "não tem a opção de efetuar a cobrança por outro meio, senão pelo descrito pelo legislador. Mais ainda: a atividade é obrigatória, o que indica que a Administração não pode abrir mão de seu *direito*".[154] Somente terá espaço para uma escolha discricionária do agente fiscal quando houver mais de um sentido possível do texto depreendido

---

[148] SCHOUERI, Luís Eduardo. *Direito tributário*. 8. ed. São Paulo: Saraiva, 2018. p. 740 e ss..

[149] BALEEIRO, Aliomar. *Direito tributário brasileiro*. Atualizada por Misabel de Abreu Machado Derzi. 12. ed. Rio de Janeiro: Forense, 2013. p. 983.

[150] Conforme: MEDAUAR, Odete. *O direito administrativo em evolução*. 3. ed. Brasília: Gazeta Jurídica, 2017. p. 147-149; DI PIETRO, Maria Sylvia Zanella. *Direito administrativo*. 20. ed. São Paulo: Atlas, 2007. p. 27-29; ARAÚJO, Florivaldo Dutra de. *Motivação e controle do ato administrativo*. 2. ed. Belo Horizonte: Del Rey, 2005. p. 65-68.

[151] SCHAUER, Frederick. Formalism. *The Yale Law Journal*, v. 97, nº 4, p. 509-548, Mar. 1988.

[152] ALEXY, Robert. *Teoria da argumentação jurídica*: a teoria do discurso racional como teoria da fundamentação jurídica. 3. ed. Rio de Janeiro: Forense, 2013. p. 39; ÁVILA, Humberto. Função da Ciência do Direito Tributário: do formalismo epistemológico ao estruturalismo argumentativo. *Direito tributário atual*, v. 29, p. 185-186 e 194, jan. 2013.

[153] CARVALHO, Paulo de Barros. *Curso de direito tributário*. 23. ed. São Paulo: Saraiva, 2011. p. 546.

[154] SCHOUERI, Luís Eduardo. *Direito tributário*. 8. ed. São Paulo: Saraiva, 2018. p. 638.

da interpretação, sendo maior o ônus em sua fundamentação para a eleição da interpretação entre as juridicamente possíveis, expressamente trazida na motivação do ato administrativo tributário.[155]

Portanto, no ato administrativo tributário cabe à autoridade fiscal, como aplicadora da lei, proceder à qualificação jurídica de uma situação fática, identificando a natureza jurídica do fato.[156] A partir da interpretação da lei, o fiscal enquadra aquela situação fática na descrição geral por ele depreendida da lei, identificando o montante do direito de crédito em favor da Fazenda Pública. Nesse sentido, afirma Schoueri que "um mesmo fato pode reunir características que permitam a identificação de mais de uma natureza jurídica. Daí a possibilidade de mais de uma norma ser cogitada, sem que se diga que há apenas uma solução correta".[157]

Reconhece-se, com isso, a possibilidade de construção de diferentes normas na atividade de aplicação, evidenciando, na linha proposta neste livro, que a fiscalização apresenta uma *pretensão jurídica* no ato de lançamento, exercendo o seu *dever* de constituir o crédito tributário para declarar a obrigação tributária, documentando o *direito* da Fazenda ao recebimento do crédito tributário, à luz da lei.[158] No mesmo sentido, quando o sujeito passivo apresenta um pleito de restituição ou compensação, seu pedido pode ser negado com fulcro em uma *pretensão jurídica* identificada pela autoridade fiscal, evidenciando as razões pelas quais o sujeito não possui um direito de crédito por ele pleiteado. Apresenta, assim, uma pretensão jurídica de não proceder à devolução de valores ao sujeito passivo ou de exigir o recolhimento de valores que foram indevidamente compensados, influindo na esfera de bens e direitos do sujeito.

Dessa maneira, *o ato administrativo tributário veicula verdadeira pretensão jurídica da Administração.* Dentro dos limites do princípio da legalidade, o fiscal apresenta a proposição interpretativa da lei em geral e evidencia os elementos fáticos que demonstram que a situação ocorrida se enquadra na hipótese legal. Dessa forma, no processo administrativo tributário, a pretensão jurídica da

---

[155] Nesse sentido, ver: ARAÚJO, Florivaldo Dutra de. *Motivação e controle do ato administrativo.* 2. ed. Belo Horizonte: Del Rey, 2005. p. 65-68; DI PIETRO, Maria Sylvia Zanella. *Discricionariedade administrativa na Constituição de 1988.* 3. ed. São Paulo: Atlas, 2012. p. 124-127. Quanto à motivação, ver item 2.2.2 do Capítulo 2.

[156] SCHOUERI, Luís Eduardo. *Direito tributário.* 8. ed. São Paulo: Saraiva, 2018. p. 743.

[157] SCHOUERI, Luís Eduardo. *Direito tributário.* 8. ed. São Paulo: Saraiva, 2018. p. 743.

[158] SCHOUERI, Luís Eduardo. *Direito tributário.* 8. ed. São Paulo: Saraiva, 2018. p. 635.

Administração é de ver confirmada a qualificação jurídica dos fatos indicados no ato administrativo tributário, buscando reconhecer o direito nele insculpido de: (i) receber os valores nele indicados (em razão do lançamento ou do não reconhecimento de crédito do sujeito passivo em compensação), ou (ii) não efetuar a devolução de valores recebidos nos cofres públicos (restituição/ressarcimento).

Em face dessa pretensão jurídica trazida pela Administração, é autorizado ao sujeito passivo da relação jurídica tributária apresentar uma pretensão resistida, inclusive relacionada ao mérito, evidenciando uma interpretação distinta da lei em geral ou mesmo o equívoco na qualificação jurídica dos fatos realizada pela autoridade fiscal. Possível ainda que a pretensão resistida se refira, tão somente, aos aspectos formais do ato, revelando erros cometidos no procedimento de fiscalização ou nos elementos formais do ato administrativo tributário.[159]

Nesse sentido, especialmente na seara tributária, a existência de um litígio é clara, com um conflito de pretensões: de um lado, o direito da Administração indicado no ato administrativo tributário, de recebimento do valor do crédito tributário nele expresso ou de não devolução de valor dos cofres públicos para o sujeito (restituição/ressarcimento). De outro, o direito do sujeito passivo da relação jurídica tributária de somente pagar o tributo ou cumprir obrigações dentro dos limites materiais e formais depreendidos do ordenamento jurídico.[160] Ambas as pretensões são passíveis de ser provadas e objeto de contraditório e ampla defesa, à luz do devido processo legal.

Com isso, exatamente como indicado no art. 5º, LV, da CF/1988, uma das competências atribuídas à Administração Pública é a de solucionar conflitos, litígios, relacionados aos atos administrativos tributários por ela elaborados, para o controle de sua legalidade e validade. Esse dispositivo reconhece que o processo administrativo é "instrumento hábil para dirimir conflitos, tanto que assegura às partes que se colocam em litígio ('litigantes'), quer na esfera judicial ou administrativa, o devido respeito ao contraditório e a ampla defesa".[161] O (efetivo) contencioso administrativo é instaurado pelos

---

[159] Quanto às pretensões jurídicas no processo administrativo tributário, *vide* item 2.3 do Capítulo 2.

[160] LEÃO, Martha Toribio. *O direito fundamental de economizar tributos*: entre legalidade, liberdade e solidariedade. São Paulo: Malheiros, 2018. p. 184-185.

[161] MINATEL, José Antonio. Procedimento e processo administrativo tributário: dupla função administrativa, com diferentes regimes jurídicos. *In*: ROCHA, Sérgio André (coord.). *Processo administrativo tributário*: estudos em homenagem ao Professor Aurélio Pitanga Seixas Filho. São Paulo: Quartier Latin, 2007. p. 327.

sujeitos passivos em face de um ato administrativo específico lavrado e resolvido pelos agentes julgadores administrativos, em exercício de função jurisdicional, na forma prevista em lei.

A depender do direito posto em litígio, a Administração pode ser invocada a resolver questões materiais relacionadas à própria relação jurídica tributária, exarando decisão final que, na hipótese de garantir direitos ao sujeito passivo da relação, será dotada de estabilidade que atinge o mérito.[162] A decisão tomada na seara do contencioso administrativo somente poderá ser revisada quando implicar lesão ou ameaça de lesão ao direito do sujeito. Caso seja tomada uma decisão que reconheça ou garanta direitos ao sujeito passivo da relação tributária, ela não poderá ser objeto de revisão, tratando-se de decisão com definitividade ampla, frise-se, não passível de modificação pelo Poder Judiciário.

Cumpre salientar que, após a promulgação da CF/1988, alguns autores passaram a reconhecer que a Administração é competente igualmente para resolver litígios por meio do processo, não obstante insistam no monopólio da jurisdição do Poder Judiciário.

Exatamente para conciliar a existência de processo com a ideia de monopólio, passa-se a admitir o processo como um fenômeno mais amplo que a jurisdição, que não necessariamente precisa ser decorrente do exercício desse poder/função. A amplitude do processo para além da jurisdição é designada de processualidade (Ada Pellegrini Grinover) ou processualização (Odete Medauar), sendo o signo *processo* utilizado para identificar o meio para o exercício de quaisquer funções do Estado, seja pelo Executivo, Legislativo ou Judiciário.[163]

Sendo processo e procedimento uma sucessão encadeada e inter-relacionada de atos com os quais se visa à obtenção de ato final, é possível distinguir o processo administrativo do procedimento administrativo, a depender da finalidade e do conteúdo do ato final visado.[164] O processo

---

[162] Na nomeclatura e aproximação proposta por CABRAL, Antonio do Passo. As estabilidades processuais como categoria incorporada ao sistema do CPC. *In:* DIDIER JÚNIOR, Fredie; CABRAL, Antonio do Passo (coord.). *Coisa julgada e outras estabilidades processuais.* Salvador: JusPodivm, 2018. p. 35. *Vide* Capítulo 3.

[163] Termo processualidade adotado por GRINOVER, Ada Pellegrini. *Ensaio sobre a processualidade*: fundamentos para uma nova teoria geral do processo. Brasília: Gazeta Jurídica, 2016. p. 6-7. Termo processualização adotado por MEDAUAR, Odete. Processualização e publicidade dos atos do processo administrativo fiscal. *In:* ROCHA, Valdir de Oliveira (coord.). *Processo administrativo fiscal.* São Paulo: Dialética, 1995. p. 121-122.

[164] GRINOVER, Ada Pellegrini. *Ensaio sobre a processualidade*: fundamentos para uma nova teoria geral do processo. Brasília: Gazeta Jurídica, 2016. p. 6-7.

administrativo visa à expedição da decisão adminsitrativa como ato final que consubstancia uma atuação da Administração, que intervém no exercício de direitos pelos particulares. O processo é sujeito ao devido processo legal, autorizando o contraditório e a ampla defesa do sujeito afetado.[165] Por sua vez, fala-se em procedimento administrativo quando o ato final buscado não interfere na esfera de direito dos administrados ou não está sujeito ao controle de legalidade por meio do processo.[166]

Na perspectiva do Direito Tributário, o último entendimento é eficaz para diferenciar o processo tributário, litigioso, dos procedimentos não litigiosos (para os quais a lei não previu a garantia de processo) e dos procedimentos inquisitórios, de fiscalização, para verificar o cumprimento da obrigação.[167] Com efeito, na fase de fiscalização, viável que sejam coletadas e solicitadas informações ou documentos para instruir a atividade fiscal. Nessa fase, entretanto, não se exige, necessariamente, a participação do sujeito fiscalizado com o contraditório e a ampla defesa, não se tratando, portanto, de um processo. Somente após a lavratura do ato, com a identificação da pretensão jurídica pela autoridade fiscal, é que se pode falar propriamente em processo.

Para aqueles que afastam a natureza jurisdicional do processo tributário, o processo seria um meio de controle democrático do exercício do Poder Executivo, com a participação dos sujeitos na revisão dos atos exarados pela Administração, formalizado por meio do procedimento previsto pela lei.[168] É a proposta de James Marins, para quem o processo administrativo tributário é "a etapa litigiosa do percurso de formalização da obrigação tributária no âmbito da Administração tributária", que é diferente do "procedimento de lançamento e também não é processo de caráter jurisdicional, uma vez que não tem curso perante o Poder Judiciário".[169] Em uma abordagem distinta, José Antonio Minatel reconhece a existência de uma estrutura organizada, dentro da Administração Pública Tributária, para exercer

---

[165] ROCHA, Sérgio André. *Processo administrativo fiscal*: controle administrativo do lançamento tributário. São Paulo: Almedina, 2018. p. 65.

[166] ROCHA, Sérgio André. *Processo administrativo fiscal*: controle administrativo do lançamento tributário. São Paulo: Almedina, 2018. p. 66.

[167] MARINS, James. *Direito processual tributário brasileiro*: administrativo e judicial. 10. ed. São Paulo: Revista dos Tribunais, 2017. p. 94.

[168] MARTINS, Ricardo Marcondes. O conceito científico de processo administrativo. *Revista de Direito Administrativo*, Rio de Janeiro, v. 235, jan. 2004. p. 331.

[169] MARINS, James. *Direito processual tributário brasileiro*: administrativo e judicial. 10. ed. São Paulo: Revista dos Tribunais, 2017. p. 94.

CAPÍTULO 1
COMPETÊNCIA E FUNÇÃO DOS JULGADORES NO PROCESSO ADMINISTRATIVO TRIBUTÁRIO | 83

função jurisdicional, chamada de atípica, por não ser realizada pelo Poder Judiciário, "com a específica missão de produzir norma individual e concreta para dirimir conflitos (função administrativa imprópria, atípica) decorrentes da relação jurídico tributária".[170] Contudo, ao qualificar como uma função atípica, o autor enquadra o processo administrativo dentro do direito de petição, afirmando que o Poder Judiciário tem o monopólio do Poder jurisdicional.[171]

Aqui cabe apenas identificar que, mesmo adotando-se a concepção mais ampla do signo, para atingir outros processos que não o judicial, o escopo do processo administrativo continua a ser limitado à análise de legalidade ou ilegalidade do ato, e não à declaração do direito aplicável ao caso concreto. Impulsionado pelo sujeito administrado, o processo administrativo é admitido como um instrumento de autotutela, como um direito de petição garantido ao sujeito de pleitear a revisão do ato administrativo pela própria Administração, que irá avaliar a legalidade ou ilegalidade do ato lavrado. Com isso, ao final do processo administrativo, o ato administrativo mantido pelos julgadores se revestiria de maior certeza e liquidez para sua cobrança do Poder Judiciário. Já o ato ilegal é cancelado. E só!

Adepto à possibilidade de existência de uma jurisdição administrativa, Rubens Gomes de Sousa traçou as características que diferenciariam a função jurisdicional administrativa da simples revisão por autocontrole ou autotutela da Administração.[172] Partindo da concepção de que o processo é o complexo dos atos jurídicos ordenados e direcionados à obtenção da declaração do direito, o autor entende que o objeto e finalidade do processo administrativo fiscal é a declaração formal do *direito* do Estado ao tributo. Buscando uma acepção unitária do processo fiscal, o autor distingue o processo oficioso (acima delineado como procedimento de fiscalização), no qual o contribuinte não teria oportunidade de apresentar uma pretensão jurídica resistida à pretensão trazida pela fiscalização no lançamento. O processo oficioso

---

[170] MINATEL, José Antonio. Procedimento e processo administrativo tributário: dupla função administrativa, com diferentes regimes jurídicos. *In*: ROCHA, Sérgio André (coord.). *Processo administrativo tributário*: estudos em homenagem ao Professor Aurélio Pitanga Seixas Filho. São Paulo: Quartier Latin, 2007. p. 326.

[171] MINATEL, José Antonio. Procedimento e processo administrativo tributário: dupla função administrativa, com diferentes regimes jurídicos. *In*: ROCHA, Sérgio André (coord.). *Processo administrativo tributário*: estudos em homenagem ao Professor Aurélio Pitanga Seixas Filho. São Paulo: Quartier Latin, 2007. p. 326-327.

[172] SOUSA, Rubens Gomes de. Idéias gerais para uma concepção unitária e orgânica do processo fiscal. *Revista de Direito Administrativo*, Rio de Janeiro, v. 34. p. 14-33, out. 1953.

se encerraria com o lançamento, dotado de executoriedade, como uma qualidade inerente ao ato administrativo. O processo contencioso, por sua vez, é instaurado quando o sujeito passivo do lançamento invoca uma pretensão resistida, com uma "alegação de um contra-direito oposto ao direito invocado pelo fisco através do lançamento".[173] Por provocação do sujeito passivo, instaura-se o exercício de uma jurisdição contenciosa cujo objeto final é declarar o direito aplicável em face das afirmações contraditórias. Diferentemente da fase oficiosa, o contribuinte não fornecerá, apenas, um simples material informativo destinado a permitir ou facilitar a atividade de lançamento do fisco, mas efetivamente invocará uma posição contraposta àquela identificada no lançamento. A jurisdição, portanto, é entendida pelo autor como a função de solucionar conflitos, instaurada pela insurgência, com posições jurídicas contrapostas. Na concepção de Sousa, "em nada altera esta situação o fato da contestação se processar perante a autoridade administrativa ou perante a autoridade judiciária".[174] Em suas palavras, o *"caráter contencioso decorre da presença de duas alegações opostas em contraditório*. Variará apenas, formalmente, a natureza da jurisdição a que estará submetida a controvérsia".[175]

Nesse sentido, o autor distingue duas formas de oposição do contribuinte à cobrança estatal indicada no lançamento: (i) a resistência, que seria somente uma forma de prolongar a fase oficiosa (realizada pela reclamação) para instaurar a autotutela pela Administração; e (ii) a contestação, com a apresentação de uma pretensão resistida, a ser resolvida no exercício da jurisdição. Não fica clara qual a diferença substantiva entre uma simples reclamação (resistência) e a contestação. Sousa compreende que a reclamação seria uma simples provocação para que a revisão do ato fosse realizada pela Administração (autotutela). E a contestação seria apresentar contra-argumentos à pretensão trazida no lançamento (jurisdição, com a pretensão jurídica no ato tributário e pretensão resistida na contestação).[176]

---

[173] SOUSA, Rubens Gomes de. Idéias gerais para uma concepção unitária e orgânica do processo fiscal. *Revista de Direito Administrativo*, Rio de Janeiro, v. 34. p. 22, out. 1953.

[174] SOUSA, Rubens Gomes de. Idéias gerais para uma concepção unitária e orgânica do processo fiscal. *Revista de Direito Administrativo*, Rio de Janeiro, v. 34. p. 22, out. 1953.

[175] SOUSA, Rubens Gomes de. Idéias gerais para uma concepção unitária e orgânica do processo fiscal. *Revista de Direito Administrativo*, Rio de Janeiro, v. 34. p. 22, out. 1953. Sem destaques no original.

[176] SOUSA, Rubens Gomes de. Idéias gerais para uma concepção unitária e orgânica do processo fiscal. *Revista de Direito Administrativo*, Rio de Janeiro, v. 34. p. 23, out. 1953.

CAPÍTULO 1
COMPETÊNCIA E FUNÇÃO DOS JULGADORES NO PROCESSO ADMINISTRATIVO TRIBUTÁRIO | 85

Contudo, o autor aponta em crítica que no Brasil as decisões administrativas definitivas em favor do interesse fazendário não possuem autoexecutoriedade, demandando um procedimento judicial para serem cumpridas de maneira forçada (execução fiscal). Por esse motivo, e visando a uma unicidade do processo fiscal, sem dividir a fase contenciosa entre a Administração e o Judiciário, propõe que a discussão administrativa seja admitida apenas como um autocontrole, integrando a fase oficiosa do processo, a exemplo do procedimento adotado à época da elaboração do texto (1953), na Junta de Ajuste dos Lucros. Com isso, a discussão administrativa não seria verdadeiramente contenciosa, sendo que, por meio da reclamação, o contribuinte iria prestar informações e elementos para instruir e participar da fase oficiosa, auxiliando no exercício pela Administração da autotutela.[177]

O exemplo da reclamação para a Junta de Ajuste dos Lucros dado pelo autor identifica, efetivamente, uma forma de participação do contribuinte na fase oficiosa do processo, não instaurando, verdadeiramente, uma fase contenciosa (portanto, sem atribuição jurisdicional). Com efeito, segundo o art. 1º do Decreto nº 15.188/1944, que aprovou o regimento interno daquela Junta, sua competência se restringia a sanar "dúvidas suscitadas na fase de lançamento", ficando claro que era um procedimento dentro da fase oficiosa e não efetivamente contencioso.[178] A decisão era proferida em instância única, sem necessidade de garantia de contraditório e ampla defesa, sendo admitido um pedido de reconsideração instruído por advogado.

Entretanto a proposta de Rubens Gomes de Sousa de afastar o litígio da seara administrativa como uma forma de unificar o processo não guardaria respaldo na CF/1988. Repita-se: os incisos LIV e LV do art. 5º da CF/1988 asseguram o exercício de função jurisdicional

---

[177] SOUSA, Rubens Gomes de. Idéias gerais para uma concepção unitária e orgânica do processo fiscal. *Revista de Direito Administrativo*, Rio de Janeiro, v. 34. p. 23-25, out. 1953.

[178] "Art. 1º A Junta de Ajuste dos Lucros Extraordinários (J.A.L.E.) criada pelo Decreto-lei nº 6.224, de 24 de janeiro de 1944, a fim de resolver, como única instância, as questões decorrentes da aplicação dêsse Decreto-lei inclusive *as dúvidas suscitadas na fase de lançamento* e os casos em que sejam invocadas circunstâncias excepcionais quanto à formação de lucros, será constituída pela atual Câmara de Reajustamento Econômico, acrescida de quatro membros designados pelo Presidente da República, sendo dois (2) escolhidos dentre os funcionários especializados do Ministério da Fazenda e dois (2) dos indicados pela Federação das Associações Comerciais do Brasil e Confederação Nacional da Indústria." (BRASIL. Decreto nº 15.188, de 29 de Março de 1944. Aprova o Regime da Junta de Ajuste de Lucros Extraordinários (J.A.L.E.). *Coleção de Leis do Brasil* de 31/12/1944 - vol. 002] (p. 619, col. 1). Disponível em: http://legis.senado.leg.br/norma/428655/publicacao/15615429. Acesso em: 6 dez. 2019).

pela Administração com todos os princípios a ele inerentes. O sujeito passivo pode participar de efetivo processo contencioso administrativo tributário, com a apresentação de uma pretensão resistida em face daquela pretensão trazida pela fiscalização no ato administrativo tributário, podendo, inclusive, trazer interpretação da lei distinta daquela adotada na expedição do ato. A depender do pedido formulado pelo sujeito em sua defesa administrativa, admite-se que na seara administrativa se resolva um conflito relacionado à própria aplicação do Direito ao caso concreto, e não apenas questões formais ou de dúvidas quanto aos fatos que envolveram o lançamento.

Aqui cumpre mencionar que a existência de duas formas distintas e excludentes de debate administrativo dos atos administrativos tributários foi a forma adotada pela Argentina em sua legislação (artigo 76, Decreto 821/98, que aprovou o texto da Lei nº 11.683).[179] Naquele país, é viável a apresentação, por opção do contribuinte, de: (i) pedido de reconsideração perante a autoridade superior dentro da Receita Federal Argentina – (*Administración Federal de Ingresos Públicos* – AFIP), no exercício de autotutela; ou (ii) a defesa administrativa junto ao Tribunal Fiscal da Nação Argentina, em sede de contencioso administrativo jurisdicional. Catalina García Vizcaino evidencia a natureza jurisdicional do Tribunal Fiscal, mesmo que seja um órgão integrante do Poder Executivo e não tenha competência para executar suas próprias decisões.[180] Suas sentenças que não forem objeto de apelação no prazo de 30 (trinta) dias úteis para o Judiciário serão admitidas como dotadas de força de coisa julgada.[181]

---

[179] "ARTICULO 76 — Contra las resoluciones que impongan sanciones o determinen los tributos y accesorios en forma cierta o presuntiva, o se dicten en reclamos por repetición de tributos en los casos autorizados por el artículo 81, los infractores o responsables podrán interponer -*a su opción*- dentro de los QUINCE (15)días de notificados, los siguientes recursos: a) *Recurso de reconsideración* para ante el superior. b) *Recurso de apelación* para ante el TRIBUNAL FISCAL DE LA NACION competente, cuando fuere viable. (...)" (ARGENTINA. *Ley 11683, sobre Procedimiento Fiscal – Regimen Legal*. Aplicación y percepción de impuestos. Capitulo XIV crea la cuenta especial de jerarquizacion. Publicada em el Boletín Oficial del 12 ene. 1933, nº 11586. Disponível em: http://servicios. infoleg.gob.ar/infolegInternet/verNorma.do?id=18771. Acesso em: 16 out. 2019).

[180] GARCÍA VIZCAINO, Catalina. *El procedimiento ante el Tribunal Fiscal de la Nación y sus instancias inferiores y superiores*. 2. ed. Buenos Aires: Abeledo-Perrot, 2011. p. 59 e 151.

[181] MILESSI, Jimena C.; TEIXEIRA, Raquel Biasotto. Tribunales administrativos especializados en materia aduanera y tributaria en Argentina y en Brasil: Tribunal Fiscal de la Nación Argentina (TFN) y Consejo Administrativo de Recursos Fiscales de Brasil (CARF). *Ius Gentium*, Curitiba, ano 7, nº 14. p. 216-217, jul./dez. 2013. Ver ainda: GARCÍA VIZCAÍNO, Catalina. El Tribunal Fiscal de la Nación y la reforma tributaria de 2017. *Revista de Derecho Tributario*, número especial (Reforma Tributaria), IJ-XDI-518, 8 fev. 2018. Disponível em:

CAPÍTULO 1
COMPETÊNCIA E FUNÇÃO DOS JULGADORES NO PROCESSO ADMINISTRATIVO TRIBUTÁRIO | 87

Cumpre mencionar que alguns autores brasileiros aderiram a uma distinção, proposta por Rubens Gomes de Sousa, da atividade de julgamento administrativa, denominada de Administração Judicante, da atividade de fiscalização e lançamento, na Administração Ativa. Contudo, mesmo com essa concepção, insiste-se em afirmar, ao contrário do que propunha o autor, que não existe exercício de função jurisdicional pela Administração Pública. É a posição de Aurélio Pitanga Seixas Filho, que indica que a "a aplicação da lei de forma contenciosa é a característica da função jurisdicional", encerrando os conflitos de forma definitiva, função esta que seria privativa do Poder Judiciário.[182] Hamilton Fernando Castardo, por exemplo, faz uma afirmação contraditória no sentido de que "não têm os tribunais administrativos função jurisdicional, mas existe o verdadeiro contencioso administrativo".[183] Ora, como caberia afirmar a existência de efetivo julgamento de lides pela Administração Pública se não se reconhece o exercício de função jurisdicional naquela seara?

1.1.3 Natureza jurisdicional da atividade de revisão: a função do julgador de resolver o litígio administrativo

Nesse contexto identifica-se a outra vertente doutrinária referente ao processo administrativo, na qual se insere o presente trabalho, entendendo que a função do julgador administrativo não é somente revisar o ato administrativo tributário, mas, quando de sua revisão, dizer o direito aplicável ao caso concreto, à luz dos princípios processuais do contraditório, ampla defesa e devido processo legal.[184] Com isso, as decisões administrativas tributárias são materialmente jurisdicionais, possuindo natureza jurídica distinta de outros atos administrativos tributários, com força e características de decisões jurisdicionais.

---

https://ar.ijeditores.com/pop.php?option=articulo&Hash=5a3eef5103bc6a8d2d8839a03a1 df2cf. Acesso em: 16 out. 2019.

[182] SEIXAS FILHO, Aurélio Pitanga. *Estudos de procedimento administrativo fiscal*. Rio de Janeiro: Freitas Bastos, 2000. p. 81.

[183] CASTARDO, Hamilton Fernando. *Processo tributário administrativo*. 4. ed. São Paulo: IOB, 2010. p. 53-54.

[184] BOTTALLO, Eduardo Domingos. *Curso de processo administrativo tributário*. 2. ed. São Paulo: Malheiros, 2009. p. 54; CONRADO, Paulo Cesar. *Processo tributário*. São Paulo: Quartier Latin, 2004. p. 98-99; CARVALHO, A. A. Contreiras de. *Processo administrativo tributário*. 2. ed. São Paulo: Resenha Tributária, 1978. p. 47.

Como já mencionado anteriormente, considerando o modelo de resolução de conflitos pelos Conselhos de Contribuintes, a existência de uma verdadeira jurisdição administrativa era defendida por Sousa, autor do anteprojeto do CTN.[185] No título II de sua proposta, o autor tratava do processo administrativo tributário propondo, no art. 184, VII do Projeto, reconhecer a "definitividade das decisões, na *jurisdição administrativa*, uma vez esgotado o prazo legal de recurso, salvo se sujeitas a recurso de ofício não interposto".[186] Ainda que todas as suas ideias para estruturar o processo administrativo no CTN não tenham sido incorporadas ao texto final do Código, observa-se que o termo jurisdição administrativa é identificado no art. 100, III, do CTN, ao tratar das normas complementares, sendo passíveis de serem dotadas de caráter geral e abstrato "as decisões dos órgãos singulares ou coletivos de *jurisdição* administrativa, a que a lei atribua eficácia normativa".[187]

O exercício de função jurisdicional pela Administração Pública Tributária é igualmente reconhecido por Paulo César Conrado, que compreende que a atividade desenvolvida pela Administração nos processos administrativos é, "mesmo que atipicamente, manifestação jurisdicional", uma vez que: "(i) é estatal (aspecto subjetivo do conceito de jurisdição) e (ii) tende à composição de conflitos (aspecto objetivo do mesmo conceito)".[188] Contudo, segundo o autor, as decisões proferidas na seara administrativa nunca alcançariam o *status* de "coisa julgada", por sempre serem passíveis de revisão pelo Poder Judiciário, o que não prejudicaria o raciocínio por ele proposto, considerando que a coisa julgada não seria um elemento essencial no exercício da jurisdição.

Da mesma forma, Eduardo Domingos Bottallo reconhece a natureza jurisdicional da atividade desempenhada pelos julgadores administrativos, identificando os mesmos elementos da função

---

[185] SOUSA, Rubens Gomes de. *A distribuição da justiça em matéria fiscal*. São Paulo: Livraria Martins, 1943. p. 29.

[186] BRASIL, MINISTÉRIO DA FAZENDA. *Trabalhos da Comissão Especial do Código Tributário Nacional*. Rio de Janeiro, 1954. p. 74. Sem destaques no original.

[187] Leitura do art. 100, III, do CTN conforme TROIANELLI, Gabriel Lacerda. Interpretação da lei tributária: lei interpretativa, observância de normas complementares e mudança de critério jurídico. *Revista Dialética de Direito Tributário*, São Paulo, nº 176, p. 81-83, maio 2010.

[188] CONRADO, Paulo César. *Processo tributário*. São Paulo: Quartier Latin, 2004. p. 108. Ver ainda: CONRADO, Paulo César; PRIA, Rodrigo Dalla. A aplicação do Código de Processo Civil ao processo administrativo tributário. *In*: CONRADO, Paulo César; ARAÚJO, Juliana Furtado Costa. *O Novo CPC e seu impacto no direito tributário*. São Paulo: Fiscosoft, 2015. p. 249. No mesmo sentido: PRIA, Rodrigo Dalla. *Direito processual tributário*. São Paulo: Noeses, 2020, 629-630.

jurisdicional para definir a atividade judicante da Administração.[189] Todavia, para o autor, da mesma forma como mencionado anteriormente, as duas funções se distinguiriam, pois a função jurisdicional é exercida por órgão estranho ao conflito (condição de terceiro), por isso denominada como função judicante da Administração (e não jurisdicional). Além disso, a função judicante "nem sempre resulta o desaparecimento definitivo da situação litigiosa, ao passo que este é, nos termos do nosso direito positivo, um dos propósitos inexoráveis a que se volta a função jurisdicional".[190] Para Bottallo, no entanto, caberia se falar em coisa julgada administrativa, com efeitos equivalentes aos da coisa julgada formal judicial.[191] Especificamente sobre a divergência quanto à existência de coisa julgada na seara administrativa, serão feitas considerações específicas no Capítulo 3 deste livro.

Hely Lopes Meirelles, sem tratar especificamente do processo administrativo tributário, afirma, em comentário ao art. 5º, LV, da CF/1988, que o texto constitucional "acabou por jurisdicionalizar o processo administrativo", vez que não era garantida a ampla defesa e o contraditório a todos os litigantes, inclusive na seara administrativa.[192] E na seara administrativa haveria efetivo processo, como "um ordenamento de atos para a solução de uma controvérsia".[193] Idêntica é a posição de Celso Antônio Bandeira de Mello, que admite a possibilidade de a Administração decidir sobre casos contenciosos, a serem resolvidos por um julgamento administrativo, como ocorre na seara tributária.[194] Quando julgar uma questão contenciosa, a Administração formalmente assumirá "a posição de aplicar o Direito a um tema litigioso".[195]

---

[189] BOTTALLO, Eduardo Domingos. *Curso de processo administrativo tributário*. 2. ed. São Paulo: Malheiros, 2009. p. 54-57. No mesmo sentido: GRUPENMACHER, Betina Treiger. Controle da constitucionalidade pelo Poder Executivo. *In*: DERZI, Misabel de Abreu Machado (coord.). *Separação de poderes e efetividade do sistema tributário*. Belo Horizonte: Del Rey, 2010. p. 231-232.

[190] BOTTALLO, Eduardo Domingos. *Curso de processo administrativo tributário*. 2. ed. São Paulo: Malheiros, 2009. p. 57.

[191] BOTTALLO, Eduardo Domingos. *Curso de processo administrativo tributário*. 2. ed. São Paulo: Malheiros, 2009. p. 188.

[192] MEIRELLES, Hely Lopes. *Direito administrativo brasileiro*. 43. ed. São Paulo: Malheiros, 2018. p. 110.

[193] MEIRELLES, Hely Lopes. *Direito administrativo brasileiro*. 43. ed. São Paulo: Malheiros, 2018. p. 853.

[194] MELLO, Celso Antônio Bandeira de. *Curso de direito administrativo*. 34. ed. São Paulo: Malheiros, 2019. p. 500.

[195] MELLO, Celso Antônio Bandeira de. *Curso de direito administrativo*. 34. ed. São Paulo: Malheiros, 2019. p. 472.

No âmbito do STF, a natureza jurídica do processo administrativo foi objeto de debate no julgamento do Recurso Extraordinário (RE) nº 388.359, no qual se concluiu pela inconstitucionalidade do depósito prévio como pressuposto de admissibilidade de recurso administrativo, previsto no art. 33, §2º, do Decreto nº 70.235/1972.[196] Entretanto, naquele julgado não foi expressamente consignado pelos Ministros que a autoridade administrativa exerceria função jurisdicional. Com efeito, em seu voto, o Ministro relator Marco Aurélio entendeu que o pleito administrativo estaria inserido no gênero "direito de petição", que deveria ser assegurado independentemente do pagamento de taxas. Contudo a natureza litigiosa e a relevância do processo administrativo chegaram a ser evidenciadas pelos Ministros Joaquim Barbosa, Carlos Britto e Cezar Peluso, à luz dos princípios do contraditório e do devido processo legal. Especificamente em seu voto, Barbosa sustentou que "o procedimento administrativo é uma das formas de se realizar o Direito Administrativo", sendo que "as relações entre Estado e administrados devem desenvolver-se legitimamente não apenas no âmbito judicial mas também no âmbito da própria Administração". Embora não afirme com veemência que a atividade de julgamento administrativo seria jurisdicional, Barbosa sustenta, com base na doutrina francesa, que "não há como visualizar diferença ontológica entre o recurso administrativo e o recurso contencioso". Sem identificarem com clareza a natureza jurisdicional da atividade, os Ministros enquadraram os recursos administrativos como um direito dotado de dupla proteção constitucional tanto no direito de petição, como sustentado pelo Ministro relator (art. 5 º, XXXIV, CF/1988), como no contraditório e na ampla defesa (art. 5º, LV, CF/1988).

Por outro lado, o Ministro Sepúlveda Pertence, ao votar pela constitucionalidade do dispositivo (saindo, portanto, vencido naquela votação), afirmou com veemência seu entendimento no sentido de que a tese da inconstitucionalidade do dispositivo somente poderia ser admitida "se vivêssemos um sistema de contencioso administrativo". Para o Ministro, em razão do "dogma consolidado no nosso constitucionalismo da universalidade da jurisdição do Poder Judiciário", seria cabível a cobrança de taxas na seara administrativa. Esse posicionamento foi enfrentado pelo Ministro Gilmar Mendes, que, confessando que sua convicção inicialmente era no mesmo sentido

---

[196] BRASIL. Supremo Tribunal Federal (STF). *RE 388359*, Relator Ministro Marco Aurélio, Tribunal Pleno, julgado em 28/03/2007, DJe-042 publicado em 22/06/2007.

do Ministro Sepúlveda, indica uma revisão em sua orientação, "uma vez que a exigência do depósito (...) pode comprometer o exercício do procedimento dessa *'jurisdição'* administrativa". Contudo, da mesma forma que os anteriores, o Ministro não se posicionou pelo exercício de uma função jurisdicional pela Administração Pública, igualmente enquadrando o recurso administrativo como um direito de petição. Não obstante reconheçam a relevância do processo administrativo, inclusive com referência ao contencioso francês, no julgamento em análise, os julgadores não evidenciaram com clareza sua natureza jurídica (se jurisdicional ou de autotutela administrativa).

Entretanto, ao contrário do que pode ser aduzido do julgamento, o contencioso administrativo tributário não é (tão somente) uma espécie do direito de petição *lato sensu* perante os órgãos públicos, assegurado em qualquer procedimento administrativo. Como visto, ao ingressar na esfera de bens e direitos do sujeito, o viés protetivo no processo administrativo tributário é muito mais amplo, atraindo as garantias ao contraditório, ampla defesa e o devido processo legal. Expande-se, portanto, da simples autotutela, decorrente do direito de petição garantido pelo art. 5º, XXXIV, CF/1988. Dentro do gênero direito de petição, é possível identificar a espécie autotutela administrativa, realizada por meio de um pleito de revisão para instância superior, dentro do gênero de "recursos administrativos" (reclamação adminis-trativa, pedido de reconsideração ou recurso hierárquico).[197] De outra espécie é o processo administrativo, com mecanismos de controle distintos, que exigem e atraem o contraditório e a ampla defesa, não exigida para os procedimentos administrativos. Enquanto a autotutela se dirige às autoridades hierarquicamente superiores buscando um controle de legalidade, no processo administrativo há uma espécie distinta de controle, por meio de órgãos e entidades legitimados ao exercício da função jurisdicional, atraindo as exigências de ordem processual.

Ainda que sejam formalizadas por meio de petição do sujeito, para as quais não cabe a cobrança de taxas, as defesas administrativas seguem procedimento próprio previsto em lei, inclusive com produção probatória e debate sobre as provas produzidas pela fiscalização. A defesa administrativa difere do direito de petição *stricto sensu*, que somente é assegurado quando inexiste disciplina normativa específica

---

[197] ARAÚJO, Florivaldo Dutra de. *Motivação e controle do ato administrativo*. 2. ed. Belo Horizonte: Del Rey, 2005. p. 139.

para a intervenção do sujeito passivo no procedimento administrativo. Por exemplo, no curso de uma ação de fiscalização, garante-se o direito de petição *stricto sensu* para apresentar considerações, solicitar informações e até mesmo requerer a dilação dos prazos indicados no termo de ação fiscal. Contudo não há nessa oportunidade um verdadeiro contencioso administrativo, uma vez que ainda não existe a identificação de uma pretensão jurídica por parte da fiscalização, que apenas está exercendo seu ofício fiscal, em uma fase investigativa da ação fiscal.

Cumpre mencionar que, na Itália, o reconhecimento de uma verdadeira jurisdição administrativa especial exercida pelas Comissões Tributárias (*Commissioni*) foi um avanço que se deu a partir de 1942, com a obra de Enrico Allorio sobre direito processual tributário.[198] Diferentemente do que afirmam autores brasileiros, a jurisdição administrativa tributária italiana não foi desenvolvida nos mesmos moldes da jurisdição francesa, baseada, como já mencionado, na absoluta separação de Poderes.[199] O contencioso tributário realizado em face da lavratura de autos de infração (*l'avviso di accertamento*) é resolvido pelas Comissões Tributárias, e não pelo Conselho de Estado Italiano.[200] Não obstante serem órgãos vinculados à Administração Pública, as Comissões Tributárias passaram a ser reconhecidas como verdadeiros órgãos jurisdicionais para resolver conflitos quando da revisão de atos de lançamento tributário, com decisões produzindo efeitos de decisões jurisdicionais (inclusive, naquele ordenamento, de coisa julgada).[201] E esse é o passo que se pretende dar neste livro à luz do ordenamento brasileiro.

O histórico do processo tributário italiano é traçado por Francesco Tesauro, que indica que, em sua origem, em 1865, as disputas tributárias eram confiadas apenas ao juiz comum, mantendo vivas as Comissões Tributárias somente como órgãos administrativos, com competências específicas para analisar questões antes do direcionamento

---

[198] ALLORIO, Enrico. *Diritto processuale tributario*. Torino: Giuffrè, 1942. p. 49-50. Entendimento reiterado em obra posterior, de 1957: ALLORIO, Enrico. *Sulla dottrina della giurisdizione e del giudicato e altri studi*. Milano: Giuffrè, 1957. p. 66-67.

[199] No sentido da proximidade nos modelos franceses e italianos de contencioso administrativo, ver: CARVALHO, A. A. Contreiras de. *Processo administrativo tributário*. 2. ed. São Paulo: Resenha Tributária, 1978. p. 59-60; ROCHA, Sérgio André. *Processo administrativo fiscal*: controle administrativo do lançamento tributário. São Paulo: Almedina, 2018. p. 187.

[200] GLENDI, Cesare. *L'oggetto del processo tributario*. Padova: CEDAM, 1984. p. 29-30.

[201] GLENDI, Cesare. *L'oggetto del processo tributario*. Padova: CEDAM, 1984. p. 682-684.

ao juiz comum.[202] Assim, as comissões eram consideradas órgãos administrativos, sendo que a única forma de proteção jurisdicional do interessado era "o julgamento perante o juiz comum, considerado para proteger os direitos subjetivos".[203] Contudo, com a tese proposta por Allorio, inicia-se um movimento doutrinário destinado a enquadrar a disciplina normativa dos litígios tributários em termos processuais. Na nova proposta, as comissões passam a ser concebidas como órgãos jurisdicionais, premissa que permite aplicar aos processos, perante as comissões fiscais, as regras do código de processo civil italiano, como regras do direito processual comum.[204] A partir daquele marco doutrinário, passa-se a considerar as comissões tributárias como jurisdições administrativas especiais, buscando garantir a proteção do cidadão que recebe um ato autoritário e que reage solicitando sua eliminação.[205]

Em uma primeira fase (de 1957 a 1969), a Corte Constitucional italiana qualifica as Comissões como órgão jurisdicional, em decisões criticadas por parte da doutrina em razão da identificação de "grave vício de constitucionalidade, face a ausência de independência dos membros da Comissão, escolhidos pela Administração Fiscal".[206] Mas em 1969 a Corte Constitucional muda sua jurisprudência, qualificando a Comissão Tributária como órgão administrativo em razão do defeito da independência. Por outro lado, na mesma época, a Corte de Cassação italiana qualificava o órgão como jurisdicional. Essa questão é sedimentada por meio de decreto próprio de 1972 (Decreto nº 636/1972), pelo qual foi reformada a discussão do crédito tributário, com o triunfo da tese que defendia a natureza jurisdicional das Comissões.

---

[202] TESAURO, Francesco. *Manuale del processo tributario*. 2. ed. Torino: Giappichelli, 2013. p. 1-9. Histórico igualmente traçado em: RUSSO, Pasquale. *Manuale di diritto tributario*: il processo tributario. 2. ed. Milano: Giuffrè, 2013. p. 1-15.

[203] Tradução livre de: "L´unica forma di tutela giurisdizionale era quindi il processo dinanzi al giudice ordinario, considerato a tutela di diritti soggettivi". (TESAURO, Francesco. *Manuale del processo tributario*. 2. ed. Torino: Giappichelli, 2013. p. 2).

[204] Tradução livre de: "(...) È specialmente dagli anni´40 che ha inizio il movimento dottrinale volto a inquadrare in termini processuali il c.d. contenzioso tributario. Nella mutata impostazione, le commissioni sono concepite come organi giurisdizionali. Era questa la premessa che permetteva di applicare, al procedimento dinanzi alle commissioni tributarie, le norme del codice di procedura civile, qualificabili come norme di diritto processuale comune". (TESAURO, Francesco. *Manuale del processo tributario*. 2. ed. Torino: Giappichelli, 2013. p. 3).

[205] TESAURO, Francesco. *Manuale del processo tributario*. 2. ed. Torino: Giappichelli, 2013. p. 2.

[206] Tradução livre de: "(...) gravi vizi di costituzionalità, come la macanza di indipendenza dei membri delle commissioni, che erano scelti dall´Amministrazione finanziaria". (TESAURO, Francesco. *Manuale del processo tributario*. 2. ed. Torino: Giappichelli, 2013. p. 5).

Em seguida, em 1974, a Corte Constitucional muda novamente seu posicionamento para requalificar a Comissão Tributária como jurisdicional, inclusive para os anos anteriores a 1972. Com a reforma de 1992 (Decreto Legislativo nº 546/1992), passa-se a introduzir o signo jurisdição tributária para qualificar as Comissões.[207] Insta mencionar que, mesmo após a reforma de 1972, não cessaram as críticas quanto à independência do juiz tributário, por continuar ele a ser indicado pelo Ministro de Economia e Finanças, sem concurso público específico.[208]

Nessa linha, neste livro, portanto, reconhece-se que o processo administrativo tributário é exercício de função jurisdicional pela Administração Pública Tributária, por meio do qual o ato administrativo tributário é revisado, e o direito aplicável ao caso concreto é dito pelo órgão competente. Quando da solução do litígio administrativo, o julgador administrativo profere decisão administrativa materialmente jurisdicional, com cunho de verdadeira lei especial para o caso concreto. Nas palavras de Humberto Theodoro Júnior, "com o processo (método jurisdicional) se obtém uma *lex specialis*, voltada para o fato controvertido, e que se veste da força de um verdadeiro comando (lei do caso concreto)".[209]

Com isso, por meio do processo concretiza-se o direito material controvertido. Nos ensinamentos de Ada Pellegrini Grinover, a finalidade jurídica do processo é servir de instrumento de concretização do direito material.[210]

A proposta aqui trazida está em conformidade com as recentes alterações legislativas feitas na Lei de Introdução das Normas ao Direito Brasileiro (Decreto-Lei nº 4.657/1942 – LINDB) pela Lei nº 13.655/2018. Evidenciou-se a importância que deve ser dada às decisões administrativas, aproximadas às decisões nas esferas controladora e judicial, em especial pela inclusão dos arts. 20 a 24 da LINDB. Sem adentrar nos pormenores das discussões doutrinárias que foram invocadas em torno da aplicação desses dispositivos no âmbito tributário, na leitura aqui proposta entende-se que esses dispositivos

---

[207] TESAURO, Francesco. *Manuale del processo tributario*. 2. ed. Torino: Giappichelli, 2013. p. 5-6.

[208] TESAURO, Francesco. *Manuale del processo tributario*. 2. ed. Torino: Giappichelli, 2013. p. 7-8.

[209] THEODORO JÚNIOR, Humberto. Jurisdição e competência. *Revista da Faculdade de Direito da Universidade Federal de Minas Gerais*, Belo Horizonte, nº 38, p. 151, 2000.

[210] GRINOVER, Ada Pellegrini. *Ensaio sobre a processualidade*: fundamentos para uma nova teoria geral do processo. Brasília: Gazeta Jurídica, 2016. p. 14.

buscam uniformizar a relevância das decisões tomadas no exercício de função jurisdicional, ainda que fora da esfera do Poder Judiciário. A relevância das decisões administrativas na resolução de conflitos é igualmente reconhecida pela Lei nº 13.988/2020, que prevê a possibilidade de "transação resolutiva de litígios" na seara administrativa, em especial no "contencioso administrativo" (arts. 1º, 2º, 16, 17, 19, 22 e 23).[211]

Acresce-se, por fim, que, por meio da inclusão do art. 19-A, §1º, da Lei nº 10.522/2002 pela Lei nº 13.874/2019, exigiu-se dos Auditores Fiscais da Administração Tributária Ativa a adoção do "entendimento a que estiverem vinculados, inclusive para fins de revisão de ofício do lançamento e de repetição de indébito administrativa". Essa vinculação, na proposta aqui trazida, pode ser depreendida de decisão administrativa proferida em sede de contencioso, nos limites a serem desenvolvidos em especial no Capítulo 3 do livro.

Com o reconhecimento da relevância das decisões administrativas para a resolução de conflitos, eleva-se o processo administrativo ao patamar de instrumento de pacificação social, destinado a reduzir a "asfixiante proliferação de feitos perante o Poder Judiciário".[212] O processo administrativo não é mera procrastinação do exame pelo Poder Judiciário da lesão a direito,[213] mas verdadeira forma de consagrar o direito pelo Estado-Administrador, no exercício da função jurisdicional a ele garantida.

1.2 Competência no processo administrativo tributário: legislativa e jurisdicional

A competência é a determinação das atribuições dos órgãos encarregados da função. Os limites para o exercício da função legislativa,

---

[211] BRASIL, Lei nº 13.988, de 14 de abril de 2020. Dispõe sobre a transação nas hipóteses que especifica. *Diário Oficial da União*, 14 abr. 2020. Disponível em: http://www.planalto.gov. br/ccivil_03/_ato2019-2022/2020/lei/l13988.htm. Acesso em: 22 abr. 2020

[212] RAMOS, Elival da Silva. A valorização do processo administrativo. O poder regulamentar e a invalidação dos atos administrativos. *In*: SUNDFELD, Carlos Ari; MUÑOZ, Guillermo Andrés (org.). *As leis de processo administrativo* (Lei Federal 9.784/99 e Lei Paulista 10.177/98). São Paulo: Malheiros, 2000. p. 80.

[213] Na expressão adotada por RUSSOMANO, Rosah. Controle jurisdicional dos atos administrativos e a Constituição vigente. *Revista da Faculdade de Direito da Universidade Federal de Minas Gerais*, Belo Horizonte, nº 22, 1979. p. 132.

jurisdicional e administrativa são estabelecidos pela Constituição e pela lei, que delimitam a competência de cada ente ou órgão.[214]

Ao se admitir a existência de demandas administrativas tributárias que são efetivamente suscetíveis de serem resolvidas por meio do *processo*, não se tratando de uma suposta atecnia constitucional no uso desse signo, a competência legislativa para fixar as regras no processo administrativo tributário é privativa da União, na forma do art. 22, I, da CF/1988.[215] Com isso, cabe à União editar lei ordinária específica ditando as normas gerais do processo administrativo tributário. A disciplina por lei ordinária seria semelhante ao que existe com o Código de Processo Civil, editado por meio da Lei nº 13.105/2015 (CPC/2015), inexistindo no texto constitucional reserva desta matéria a lei complementar.

O art. 146 da CF/1988 identifica matérias relacionadas ao direito material tributário e não ao direito processual, em especial no inciso III, ao especificar que cabe à lei complementar "estabelecer normas gerais em *matéria de legislação tributária*, especialmente sobre: a) definição de tributos e de suas espécies" e "b) obrigação, lançamento, crédito, prescrição e decadência tributários".[216]

Atualmente, inexiste no ordenamento jurídico pátrio uma lei ordinária que é admitida como uma disciplina geral de processo administrativo tributário para todos os entes federados.[217] Isso, porque o diploma federal que trata especificamente dessa matéria (Decreto nº 70.235/1972, com posteriores modificações por lei ordinária), indica que sua aplicação se restringe ao processo federal, tão somente para "determinação e exigência dos créditos tributários *da União*" (art. 1º).[218]

---

[214] FERREIRA FILHO, Manuel Gonçalves. *Curso de direito constitucional.* 40. ed. São Paulo: Saraiva, 2015. p. 89-90.

[215] "Art. 22. Compete *privativamente* à União legislar sobre: I – direito (...) *processual* (...)." (BRASIL. [Constituição (1988)]. Constituição da República Federativa do Brasil de 1988. *Diário Oficial da União*, 5 out. 1988. Disponível em: http://www.planalto.gov.br/ccivil_03/constituicao/constituicao.htm. Acesso em: 6 dez. 2019).

[216] BRASIL. [Constituição (1988)]. Constituição da República Federativa do Brasil de 1988. *Diário Oficial da União*, 5 out. 1988. Disponível em: http://www.planalto.gov.br/ccivil_03/constituicao/constituicao.htm. Acesso em: 6 dez. 2019.

[217] É o que se denota do enunciado da Súmula 633 do Superior Tribunal de Justiça: BRASIL. Superior Tribunal de Justiça (STJ). Súmula 633: "A Lei 9.784/1999, especialmente no que diz respeito ao prazo decadencial para a revisão de atos administrativos no âmbito da Administração Pública federal, pode ser aplicada, de forma subsidiária, aos estados e municípios, se inexistente norma local e específica que regule a matéria".

[218] BRASIL. Decreto nº 70.235, de 6 de março de 1972. Dispõe sobre o processo administrativo fiscal, e dá outras providências. *Diário Oficial da União*, 7 mar. 1972. Disponível em: http://www.planalto.gov.br/ccivil_03/decreto/D70235cons.htm. Acesso em: 6 dez. 2019. Sem destaques no original

Ainda que muitos entes federados se respaldem nesse diploma legal para editarem suas leis sobre "processo administrativo", a tratativa neste tema é esparsa e, por vezes, sem consistência nos entes. É evidente, com isso, a importância de que seja editada uma lei ordinária com a padronização das normas de processo administrativo (defesas e recursos cabíveis, prazos, instâncias de julgamento, forma de composição das turmas de julgamento, efeitos das decisões etc.).[219]

De toda forma, partindo das premissas adotadas no estudo aqui proposto, serão consideradas como normas gerais do processo administrativo tributário aquelas fixadas pelo Decreto nº 70.235/1972, recepcionado pela CF/1988 como lei ordinária. Ainda que o dispositivo faça referência ao processo da União, é possível compreender que sua recepção pelo art. 22, I, da CF/1988 opera como uma norma geral de processo, no exercício da competência privativa daquele ente federado.

Serão ainda consideradas normas subsidiárias depreendidas da Lei Geral de Processo Administrativo Federal (Lei nº 9.784/1999) e do CPC/2015. Isso, porque o art. 69 da Lei nº 9.784/1999 indica que os preceitos daquela lei se aplicam subsidiariamente aos processos administrativos específicos, no caso, o processo administrativo tributário. Por sua vez, a conduta geral do processo é ditada pelo CPC/2015, conforme evidenciado em seu art. 15, no sentido de que "na ausência de normas que regulem processos eleitorais, trabalhistas ou *administrativos*, as disposições deste Código lhes serão aplicadas *supletiva* e *subsidiariamente*".[220]

Quanto aos procedimentos em matéria processual, na forma do art. 24, XI, CF/1988, a competência legislativa é concorrente entre a

---

[219] No sentido aqui proposto, mas por meio legislativo distinto, tramita na Câmara dos Deputados Federal o projeto de Lei Complementar nº 381/2014 para unificar o processo administrativo, estabelecendo "normas gerais sobre o processo administrativo fiscal no âmbito das administrações tributárias da União, dos Estados, do Distrito Federal e dos Municípios." (BRASIL. Câmara dos Deputados. Projeto de Lei Complementar nº 381/2014. Estabelece normas gerais sobre o processo administrativo fiscal no âmbito das administrações tributárias da União, dos Estados, do Distrito Federal e dos Municípios. Autor: Senado Federal – Vital do Rêgo (PMDB/PB), 4 abr. 2014. Disponível em: https://www.camara.leg.br/proposicoesWeb/fichadetramitacao?idProposicao=611441. Acesso em: 17 out. 2019).

[220] BRASIL. Lei nº 13.105, de 16 de março de 2015. Código de Processo Civil. *Diário Oficial da União*, 17 mar. 2015. Disponível em: http://www.planalto.gov.br/ccivil_03/_ato2015-2018/2015/lei/l13105.htm. Acesso em: 6 dez. 2019. Sem destaques no original. Quanto a aplicação subsidiária do CPC/2015 ao processo tributário, ver: ANDRADE, José Maria Arruda de; BRITO JR., Jorge Luiz. O processo tributário e o Código de Processo Civil/2015. *In*: MACHADO, Hugo de Brito (org.). *O Processo tributário e o Código de Processo Civil/2015*. São Paulo: Malheiros, 2017. p. 21-42.

União, os Estados e o Distrito Federal. Os dois últimos entes federados somente poderão trazer disciplina suplementar às normas gerais fixadas em lei ordinária pela União. Da mesma forma, caberá aos Municípios competência suplementar, na forma do art. 30, II, da CF/1988.

Cumpre mencionar que, considerando a disciplina do art. 190, do CPC/2015, admite-se que mudanças de procedimento sejam inclusive negociadas entre as partes do processo, no denominado negócio jurídico processual, sob supervisão do juiz da causa. Admitido para o processo sobre direitos que admitam autocomposição, indica o referido dispositivo que "é lícito às partes plenamente capazes estipular mudanças no procedimento para ajustá-lo às especificidades da causa e convencionar sobre os seus ônus, poderes, faculdades e deveres processuais, antes ou durante o processo". Ainda que não exista previsão específica para os processos administrativos, a PGFN estabeleceu os critérios gerais para celebração de Negócio Jurídico Processual (NJP) em relação aos débitos inscritos em dívida ativa por meio da Portaria nº 742/2018.[221] Não se admite negociação de direitos indisponíveis, que impliquem redução do montante dos créditos inscritos ou renúncia às garantias e privilégios do crédito tributário. Algumas matérias específicas procedimentais são admitidas no §2º do art. 1º, relacionadas à calendarização da execução fiscal, plano de amortização do débito fiscal, aceitação, avaliação, substituição e liberação de garantias, e modo de constrição ou alienação de bens.

Cumprida a análise da competência legislativa em matéria de processo administrativo tributário, adentra-se no estudo da competência jurisdicional. No Direito Processual, a competência é admitida como "a medida da jurisdição, a determinação das atribuições dos órgãos encarregados da função jurisdicional".[222] Portanto, a função jurisdicional é dividida por meio da distribuição de competências aos órgãos do

---

[221] BRASIL. Receita Federal. Portaria PGFN nº 742, de 21 de dezembro de 2018. Disciplina, nos termos do art. 190 da Lei nº 13.105, de 16 de março de 2015, e art. 19, §13, da Lei nº 10.522, de 19 de julho de 2002, a celebração de negócio jurídico processual – NJP em sede de execução fiscal, para fins de equacionamento de débitos inscritos em dívida ativa da União e do FGTS, e dá outras providências. *Diário Oficial da União*, 28 dez. 2018. Disponível em: http://normas.receita.fazenda.gov.br/sijut2consulta/link.action?visao=anotado&idAto=97757. Acesso em: 20 set. 2019.

[222] OLIVEIRA, Fernanda Alvim Ribeiro de. Competência. *In*: THEODORO JÚNIOR, Humberto; OLIVEIRA, Fernanda Alvim Ribeiro de; REZENDE, Ester Camila Gomes Norato (coord.). *Primeiras lições sobre o novo direito processual civil brasileiro (de acordo com o Novo Código de Processo Civil Lei 13.105, de 16 de março de 2015)*. Rio de Janeiro: Forense, 2015. p. 64.

CAPÍTULO 1
COMPETÊNCIA E FUNÇÃO DOS JULGADORES NO PROCESSO ADMINISTRATIVO TRIBUTÁRIO | 99

Estado. Será competente o julgador dotado da atribuição pública para exercer a função de julgamento e para conhecer a causa posta em litígio (competência do titular da função).[223] Em conformidade com o art. 5º, LIII, da CF/1988, "ninguém será processado nem sentenciado senão pela autoridade competente".[224]

Especificamente na seara da Administração Pública Tributária, o art. 25 do Decreto nº 70.235/1972, em sua atual redação, identifica duas instâncias de julgamento do processo administrativo tributário, de "exigência de tributos ou contribuições administrados pela Secretaria da Receita Federal". Em primeira instância, a competência de julgamento é das Delegacias da Receita Federal de Julgamento, "órgãos de deliberação interna e natureza colegiada da Secretaria da Receita Federal". Trata-se de órgão composto por auditores fiscais de carreira, com designação do julgador conforme a Portaria MF nº 341/2011, que estabelece, entre os deveres do julgador administrativo, inclusive "exercer sua função pautando-se por padrões éticos, em especial quanto à *imparcialidade*, à integridade, à *moralidade* e ao decoro" (art. 7º, I).[225]

Em segunda instância, compete ao CARF, órgão colegiado, paritário, julgar recursos de ofício e voluntários de decisão de primeira instância, bem como recursos de natureza especial. A paridade se refere à possibilidade de serem indicados por mandato para exercer a função de Conselheiro tanto auditores fiscais de carreira, como pessoas indicadas pelas categorias econômicas. O funcionamento do CARF é disciplinado pela Portaria MF nº 343/2015 (RICARF), que estabelece como dever dos Conselheiros "exercer sua função pautando-se por padrões éticos, no que diz respeito à imparcialidade,

---

[223] Dupla conotação do signo *competência* em: CARVALHO, A. A. Contreiras de. *Processo administrativo tributário*. 2. ed. São Paulo: Resenha Tributária, 1978. p. 33.

[224] BRASIL. [Constituição (1988)]. Constituição da República Federativa do Brasil de 1988. *Diário Oficial da União*, 5 out. 1988. Disponível em: http://www.planalto.gov.br/ccivil_03/constituicao/constituicao.htm. Acesso em: 6 dez. 2019.

[225] "Art. 7º São deveres do julgador: I – exercer sua função pautando-se por padrões éticos, em especial quanto à imparcialidade, à integridade, à moralidade e ao decoro; II – zelar pela dignidade da função, sendo-lhe vedado opinar publicamente a respeito de questão submetida a julgamento; III – observar o devido processo legal, zelando pela rápida solução do litígio; IV – cumprir e fazer cumprir as disposições legais a que está submetido; e V – observar o disposto no inciso III do art. 116 da Lei nº 8.112, de 1990, bem como o entendimento da RFB expresso em atos normativos." (BRASIL. Ministério da Fazenda. Portaria MF nº 341, de 12 de julho de 2011. Disciplina a constituição das Turmas e o funcionamento das Delegacias da Receita Federal do Brasil de Julgamento (DRJ). *Diário Oficial da União*, 14 jul. 2011. Disponível em: http://normas.receita.fazenda. gov.br/sijut2consulta/link.action?visao=anotado&idAto=26859. Acesso em: 7 dez. 2019). Sem destaques no original.

integridade, moralidade e decoro, com vistas à obtenção do respeito e da confiança da sociedade" (art. 41, I).[226] O art. 25, §§1º e 7º, do Decreto nº 70.235/1972 ainda indica que a Câmara Superior de Recursos Fiscais do CARF (CSRF), órgão de instância especial, será dividida por turmas, constituídas pelo Presidente do CARF, pelo Vice-Presidente, pelos Presidentes e pelos Vice-Presidentes das câmaras, respeitada a paridade. O julgamento no CARF é segregado por matéria entre as sessões de julgamento, considerando os diferentes tributos federais, na forma do RICARF (arts. 2º a 4º). Diante dessas considerações, passa-se à conclusão parcial sobre os temas abordados neste capítulo.

1.3 Conclusão parcial: competência e função dos julgadores no processo administrativo tributário

Diante do panorama traçado sobre o processo administrativo tributário, entende-se aqui que o exercício da função jurisdicional do Estado não é monopolizado pelo Poder Judiciário, como se depreende do art. 5º, XXXV, da CF/1988. Como o único ente estatal competente para analisar conflitos na condição de terceiro, o Poder Judiciário poderá ser invocado sempre que houver ameaça ou lesão aos direitos dos sujeitos subordinados ao Estado. Contudo a função jurisdicional não é uma atribuição exclusiva desse Poder, assim entendida como a função de resolução de conflitos e o pronunciamento pelo Estado do direito aplicável ao caso concreto. A Administração Pública, assim como o Poder Legislativo, exerce a função jurisdicional quando a lei lhe atribui competência para resolver conflitos suscitados por seus subordinados, com a interpretação das normas aplicáveis ao caso concreto e dentro do devido processo legal.

---

[226] "Art. 41. São deveres dos conselheiros, dentre outros previstos neste Regimento Interno: I – exercer sua função pautando-se por padrões éticos, no que diz respeito à imparcialidade, integridade, moralidade e decoro, com vistas à obtenção do respeito e da confiança da sociedade; II – zelar pela dignidade da função, vedado opinar publicamente a respeito de caso concreto pendente de julgamento; III – observar o devido processo legal, assegurando às partes igualdade de tratamento e zelando pela rápida solução do litígio; IV – cumprir e fazer cumprir, com imparcialidade e exatidão, as disposições legais a que estão submetidos; e V – apresentar, previamente ao início de cada sessão de julgamento, ementa, relatório e voto dos recursos em que for o relator, em meio eletrônico." (BRASIL. Ministério da Fazenda. Portaria MF nº 343, de 9 de junho de 2015. Aprova o Regimento Interno do Conselho Administrativo de Recursos Fiscais (CARF) e dá outras providências. *Diário Oficial da União*, 10 jun. 2015. Disponível em: http://normas.receita.fazenda.gov.br/sijut2consulta/link.action?visao=anotado&idAto=65007. Acesso em: 7 dez. 2019).

Ainda que não analisem a lide na condição de terceiros, como o fazem os órgãos do Poder Judiciário, os outros Poderes estatais podem ser habilitados a exarar decisões que resolvam os conflitos a eles levados, de forma impessoal, por meio de decisões materialmente jurisdicionais.

O Poder Judiciário possui a competência para se pronunciar, por último e de forma exclusiva, sobre a interpretação de normas jurídicas relacionadas aos direitos dos sujeitos que tenham sido ameaçados ou lesados, mas não possui competência exclusiva para exarar a posição do Estado em torno das questões de direito. Em outras palavras, no Brasil, o Poder Judiciário não detém monopólio para o exercício da função jurisdicional pelo Estado, não se tratando de um sistema de jurisdição una, como tradicionalmente proposto pela doutrina. Como indicado no art. 5º, LV, da CF/1988, os outros Poderes podem ser invocados a resolver conflitos, litígios. O Brasil adotou, portanto, um modelo que admite o exercício da função jurisdicional por todos os Poderes, mediante processo administrativo e judicial, como meio de buscar a solução definitiva de litígios. Contudo, se essas decisões finais tomadas na via administrativa ensejarem violação ou ameaça a direito individual, sua solução definitiva pode ser dada pelo Poder Judiciário.

Sob essa perspectiva, é impertinente se falar em jurisdição una ou jurisdição dual no Brasil, mas tão somente em exercício de função jurisdicional pelo Estado, passível de reconhecer e resguardar direitos dos subordinados. O Poder Judiciário é dotado de supremacia no exercício da jurisdição no Estado, na condição de terceiro, para resolver questões relacionadas à lesão ou ameaça a direitos. Sempre que estiver diante de uma lesão ou ameaça de direito, o sujeito poderá se valer do Poder Judiciário, sendo garantida a revisão de atos administrativos e decisões administrativas que possam implicar indevida privação de bens, restrição ou delimitação de direitos individuais, inclusive as decisões administrativas exaradas no exercício da função jurisdicional. No entanto, nas circunstâncias previstas em lei, o subordinado poderá se valer do processo administrativo para buscar resolver litígios, sem precisar se voltar ao Judiciário. A decisão administrativa será proferida pela Administração no exercício da função jurisdicional, com a aplicação ao caso concreto do direito com fulcro nos princípios que orientam a Administração e a função jurisdicional (ampla defesa, contraditório e devido processo legal).

No presente livro, entende-se que, quando do exercício da função de julgamento, a autoridade administrativa tributária desempenha verdadeira função jurisdicional, de compor o conflito jurídico instaurado pelo sujeito por meio do processo, ao final do qual exara decisão administrativa na qual veicula a interpretação da lei admitida como correta para o caso concreto analisado. Há composição coativa de um litígio julgado pela própria Administração Pública Tributária. Ainda que seja parte interessada, a Administração deve agir de forma imparcial para pacificar aquele conflito em conformidade com o ordenamento jurídico, e não em conformidade com os interesses públicos relacionados aos cofres públicos (maior arrecadação).[227]

---

[227] THEODORO JÚNIOR, Humberto. Jurisdição e competência. *Revista da Faculdade de Direito da Universidade Federal de Minas Gerais*, Belo Horizonte, nº 38, p. 175, 2000.

CAPÍTULO 2

CONTEÚDO E ESTRUTURA DA DECISÃO ADMINISTRATIVA TRIBUTÁRIA

No capítulo anterior, foi revista a concepção doutrinária de jurisdição una, desconstruindo as premissas da autotutela e indicando a precisa utilização do signo processo administrativo tributário, colocando como relevante a função do julgador na resolução do litígio administrativo relacionado aos atos administrativos tributários.

Ao partir, portanto, do pressuposto de que a Administração Pública é competente para decidir em relação aos conflitos tributários, na seara administrativa, no exercício de verdadeira função jurisdicional, a seguir se abordará a natureza jurídica dessas decisões, seus elementos essenciais, as tutelas jurisdicionais pretendidas e seu conteúdo, delimitando o objeto do Processo Administrativo Tributário (PTA).

2.1 Natureza jurídica da decisão administrativa tributária

A decisão administrativa tributária é um ato jurídico jurisdicional. Ainda que expedido dentro da Administração Pública, por um agente administrativo competente para o julgamento, é materialmente jurisdicional. Ou seja, a Administração Tributária, ao resolver litígio relacionado a ato administrativo tributário, oferece uma prestação ou tutela jurisdicional, produzindo, com sua decisão, os efeitos característicos das decisões jurisdicionais.

Diferenciam-se, portanto, as funções e os atos públicos em um sentido material, segundo sua natureza própria, e não no sentido formal, conforme o órgão do qual provenham.[228] Como resultado de

---

[228] Conforme ARAÚJO, Florivaldo Dutra de. *Motivação e controle do ato administrativo*. 2. ed. Belo Horizonte: Del Rey, 2005. p. 7.

sua função estatal, a decisão administrativa tributária tem natureza jurisdicional, sob o aspecto material, ainda que seja expedida no plano subjetivo orgânico pela Administração Pública. Raciocínio semelhante é traçado pela doutrina processualista ao tratar da concepção clássica da jurisdição voluntária, definida como administração ou gestão pública de interesses privados. Confere-se ao magistrado funções administrativas de intermediar negócios particulares, sem conteúdo jurisdicional por não envolver uma lide, sendo que o ato expedido é materialmente administrativo, ainda que exarado no plano subjetivo orgânico pelo Poder Judiciário.[229]

Embora parte da doutrina reconheça a natureza jurídica distinta das decisões administrativas tributárias, proferidas no bojo do processo, sua qualificação e disciplina jurídicas necessariamente são equiparadas às dos atos administrativos. José Antonio Minatel, por exemplo, qualifica a decisão administrativa como um ato proferido no exercício de função atípica da Administração.[230] Para o autor, portanto, as decisões seriam atos administrativos de natureza processual, proferidos no exercício da função *administrativa* de julgar, solucionar litígios. Por não ser uma atividade própria do Poder Executivo, a atividade de julgamento inserida no contexto da Administração Tributária seria atípica. Por essa razão, as decisões administrativas seriam *atos administrativos* "guiados pelos princípios específicos do contraditório, ampla defesa, neutralidade, imparcialidade, informalidade, devido processo legal, publicidade e equidistância das partes".[231] Contudo o posicionamento do autor mostra-se inadequado para identificar o regime jurídico das decisões administrativas. Ao qualificá-las como atos administrativos produzidos à luz dos princípios processuais, atrai-se todo o regime jurídico daqueles atos, que não é integralmente aplicável às decisões jurisdicionais.

---

[229] Sintetizando a jurisdição voluntária e sua natureza, ver: WYKROTA, Leonardo Martins. Procedimentos especiais – jurisdição voluntária. *In:* THEODORO JÚNIOR, Humberto *et al.* (org.). *Primeiras lições sobre o novo direito processual civil brasileiro.* Rio de Janeiro: Forense, 2015. p. 536-538.

[230] MINATEL, José Antonio. Procedimento e processo administrativo tributário: dupla função administrativa, com diferentes regimes jurídicos. *In:* ROCHA, Sérgio André (coord.). *Processo administrativo tributário:* estudos em homenagem ao Professor Aurélio Pitanga Seixas Filho. São Paulo: Quartier Latin, 2007. p. 344.

[231] MINATEL, José Antonio. Procedimento e processo administrativo tributário: dupla função administrativa, com diferentes regimes jurídicos. *In:* ROCHA, Sérgio André (coord.). *Processo administrativo tributário:* estudos em homenagem ao Professor Aurélio Pitanga Seixas Filho. São Paulo: Quartier Latin, 2007. p. 344.

De fato, a doutrina aproxima os atos administrativos e jurisdicionais, em especial ao tratar da necessidade de fundamentação e motivação, por serem os "instrumentos de concretização da vontade abstrata da lei".[232] Semelhante ao ato jurisdicional, o ato administrativo em sentido estrito é entendido como o "veículo que introduz no sistema normas jurídicas concretas e individuais, emitido no exercício de função pública, e, portanto, sob regime jurídico de direito público, na atividade de aplicação e criação do direito".[233] Como atos exarados no exercício de função pública, são dotados de presunção de legalidade, legitimidade e veracidade, autoexecutoriedade (sem a necessidade de intermediação de outro Poder para que seus efeitos se realizem) e imperatividade, com efeitos que se impõem coercitivamente àqueles a quem alcança.[234] O que os diferencia é a função pública desempenhada: administrativa ou jurisdicional.

Nesse sentido, os atos administrativos em sentido estrito e os atos jurisdicionais podem ser enquadrados como espécies de um mesmo gênero, dos *atos funcionais executivos do Estado*, uma vez que ambos "se referem aos fenômenos de concretização e individualização da vontade da lei",[235] capazes de interferir diretamente na esfera jurídica de um indivíduo. Todos os atos desse gênero devem possuir forma prevista em lei, motivação e publicidade, elementos ordinariamente reconhecidos tanto para o ato administrativo como para as decisões judiciais, que igualmente devem possuir a forma prevista em lei (relatório, fundamentação e dispositivo), ser fundamentadas e publicadas.[236] Inclusive, quanto às decisões do Poder Judiciário, a necessidade de publicidade e fundamentação é reiterada pelo art. 93, IX, da CF/1988, ao

---

[232] ARAÚJO, Florivaldo Dutra de. *Motivação e controle do ato administrativo*. 2. ed. Belo Horizonte: Del Rey, 2005. p. 11.

[233] Definição de ato administrativo de FOLLONI, André Parmo. *Teoria do ato administrativo*. Curitiba: Juruá, 2009. p. 57.

[234] Elementos identificados para os atos administrativos em: MEDAUAR, Odete. Administração Pública: do ato ao processo. *In*: ARAGÃO, Alexandre Santos de; MARQUES NETO, Floriano de Azevedo (coord.). *Direito administrativo e seus novos paradigmas*. 2. ed. Belo Horizonte: Fórum, 2016. p. 385.

[235] Conforme: ARAÚJO, Florivaldo Dutra de. *Motivação e controle do ato administrativo*. 2. ed. Belo Horizonte: Del Rey, 2005. p. 6-7.

[236] Quanto aos elementos do ato administrativo, ver: FOLLONI, André Parmo. *Teoria do ato administrativo*. Curitiba: Juruá, 2009. p. 79-80. Quanto à forma dos atos decisórios: THEODORO JÚNIOR, Humberto. *Curso de direito processual civil*. 60. ed. Rio de Janeiro: Forense, 2019. p. 535-536.

indicar que "todos os julgamentos dos órgãos do Poder Judiciário serão públicos, e fundamentadas todas as decisões, sob pena de nulidade".[237]

Contudo, de acordo com a função do Estado exercida, a finalidade dos atos funcionais executivos será diferente. Com efeito, a finalidade dos atos administrativos em sentido estrito é atingir um interesse público identificado na lei, distinta da finalidade dos atos jurisdicionais, como as decisões administrativas tributárias, de resolver um litígio. Essa distinção se reflete nas diferenças em relação ao regime jurídico da edição e modificação desses atos.

Na concepção tradicional do Direito Administrativo, os atos administrativos em sentido estrito são lavrados no exercício da função administrativa do Estado almejando um interesse público, tendo como atributos característicos a *unilateralidade* (sem participação dos administrados) e as já mencionadas presunções de legalidade, legitimidade e veracidade, autoexecutoriedade e imperatividade.[238] Como atos *unilaterais* do Estado capazes de interferir diretamente na esfera jurídica de um indivíduo, os atos administrativos em sentido estrito diferem dos atos administrativos normativos, que veiculam normas abstratas e gerais, e dos contratos administrativos, que pressupõem uma manifestação de vontade da parte.[239] Extraem seu fundamento de validade "imediato em norma jurídica hierarquicamente superior e mediato na totalidade do sistema",[240] sendo suscetíveis de controle jurisdicional, dentro dos limites da Constituição e da lei.

Os atos administrativos tributários que são passíveis de integrar o objeto do processo administrativo tributário se enquadram nesse conceito clássico, sendo exarados por um auditor fiscal, investido no cargo para desempenhar a função pública administrativa de arrecadação, fiscalização e cobrança do crédito tributário. A finalidade do ato administrativo de lançamento de ofício é a constituição do crédito tributário.[241] Trata-se de uma condição para que a Administração exerça seu direito ao crédito tributário. Por meio desse ato administrativo é

---

[237] BRASIL. [Constituição (1988)]. Constituição da República Federativa do Brasil de 1988. *Diário Oficial da União*, 5 out. 1988. Disponível em: http://www.planalto.gov.br/ccivil_03/constituicao/constituicao.htm. Acesso em: 6 dez. 2019.

[238] MEDAUAR, Odete. Administração Pública: do ato ao processo. *In*: ARAGÃO, Alexandre Santos de; MARQUES NETO, Floriano de Azevedo (coord.). *Direito administrativo e seus novos paradigmas*. 2. ed. Belo Horizonte: Fórum, 2016. p. 385.

[239] FOLLONI, André Parmo. *Teoria do ato administrativo*. Curitiba: Juruá, 2009. p. 58

[240] FOLLONI, André Parmo. *Teoria do ato administrativo*. Curitiba: Juruá, 2009. p. 58.

[241] SCHOUERI, Luís Eduardo. *Direito tributário*. 8. ed. São Paulo: Saraiva, 2018. p. 635.

CAPÍTULO 2
CONTEÚDO E ESTRUTURA DA DECISÃO ADMINISTRATIVA TRIBUTÁRIA | 107

declarada a existência da relação jurídica tributária entre os sujeitos ativo e passivo.[242] O lançamento de ofício, como ato privativo da Administração a que se refere o art. 142 do CTN, envolve distintos atos de aplicação da lei tributária para exigência de recolhimento dos tributos (obrigação principal) e de normas que prescrevem a ação de ato ilícito (como o descumprimento das obrigações principal ou acessórias).[243] O procedimento de fiscalização não necessariamente envolve o sujeito passivo da relação jurídica tributária. Caso não seja instaurada discussão administrativa, o ato administrativo tributário do lançamento de ofício se reveste dos atributos tradicionalmente assegurados a qualquer ato administrativo, como a presunção de legalidade, legitimidade e veracidade, sendo passível de execução, inclusive na seara judicial (conforme Lei nº 6.830/1980, Lei de Execução Fiscal – LEF).[244]

No mesmo sentido, o despacho decisório, como ato administrativo tributário em resposta a um pedido de crédito do sujeito passivo (compensação, restituição ou ressarcimento), tem como finalidade analisar a validade do crédito pleiteado pelo sujeito passivo.[245] Por meio dele se evita o desembolso indevido de valores dos cofres públicos e se garante a eventual cobrança dos valores decorrentes do pleito indevido (não homologação de compensação declarada). Igualmente envolve distintos atos de aplicação de normas tributárias e sancionatórias, com a declaração da inexistência do crédito em favor do sujeito passivo da relação jurídica tributária declarada. O sujeito passivo poderá, facultativamente, fornecer informações no procedimento de fiscalização que antecede a emissão do despacho. É possível, contudo, que o despacho decisório seja emitido considerando tão somente os dados constantes dos sistemas de controle da Administração Pública

---

[242] COSTA, Alcides Jorge. *Contribuição ao estudo da obrigação tributária*. São Paulo, IBDT, 2003. p. 38. Pela função declaratória da obrigação no lançamento, ver: HORVARTH, Estevão. *Lançamento tributário e "autolançamento"*. São Paulo: Quartier Latin, 2010. p. 77 e XAVIER, Alberto. *Do lançamento*: teoria geral do ato, do procedimento e do processo tributário. Rio de Janeiro: Forense, 1997. p. 66. Em sentido contrário, pela natureza constitutiva da própria relação jurídica no lançamento, ver: CARVALHO, Paulo de Barros. *Curso de direito tributário*. 23. ed. São Paulo: Saraiva, 2011. p. 316.

[243] BORGES, José Souto Maior. *Lançamento tributário*: tratado de direito tributário. Rio de Janeiro: Forense, 1981. v. 4. p. 154.

[244] BRASIL. Lei nº 6.830, de 22 de setembro de 1980. Dispõe sobre a cobrança judicial da Dívida Ativa da Fazenda Pública, e dá outras providências. *Diário Oficial da União*, 24 set. 1980. Disponível em: http://www.planalto.gov.br/ccivil_03/leis/l6830.htm. Acesso em: 8 dez. 2019.

[245] Nomenclatura na seara federal, em conformidade como o art. 74 da Lei nº 9.430/1996, o art. 89 da Lei nº 8.212/1991 e a Instrução Normativa RFB nº 1.717/2017.

Tributária. O despacho decisório pode ensejar a não devolução do montante pleiteado, em dinheiro (restituição/ressarcimento), ou a cobrança dos valores indevidamente compensados pelo sujeito passivo. Portanto, tanto o lançamento de ofício (auto de infração) como a resposta ao pedido de crédito (despacho decisório) são atos emitidos unilateralmente no exercício da função administrativa de arrecadação, fiscalização e cobrança, na execução de ofício da lei, sem necessariamente envolver o sujeito contra o qual são direcionados em sua elaboração.[246]

Por outro lado, quando investido em um cargo de julgamento dentro da Administração Pública, o julgador administrativo passa a exercer a função jurisdicional, de dizer o direito aplicável diante do julgamento de uma lide.[247] A finalidade da atuação pública é distinta: solucionar o litígio. Assim, a finalidade da decisão administrativa é de garantir a *tutela jurisdicional*, na exata noção de Flávio Luiz Yarshell como o "resultado da atividade jurisdicional – assim considerados os efeitos substanciais (jurídicos e práticos) que o provimento final projeta ou produz sobre dada relação material – em favor do vencedor".[248] Avalia-se, portanto, os reflexos que a decisão proferida no exercício da função jurisdicional "efetivamente produz fora do processo e sobre as relações entre pessoas ou entre estas e os bens da vida".[249] Ainda que exarada pela Administração Pública, a decisão administrativa é um ato materialmente jurisdicional, suscetível de produzir efeitos semelhantes aos dos atos jurisdicionais sobre a relação jurídica de direito material controvertida (a relação jurídica tributária).

Como ato jurisdicional produzido no bojo do processo, para sua edição, a decisão administrativa tributária deve necessariamente envolver o sujeito passivo, à luz do devido processo legal, do contraditório e da ampla defesa. Esses princípios exigem que a decisão administrativa não seja um ato unilateral, mas que enfrente, em sua fundamentação, os argumentos e provas apresentados pelas duas partes ao longo do processo. Com efeito, o contraditório e a ampla defesa se referem à "necessidade de o sistema processual infraconstitucional

---

[246] Função administrativa conforme: ARAÚJO, Florivaldo Dutra de. *Motivação e controle do ato administrativo*. 2. ed. Belo Horizonte: Del Rey, 2005. p. 6.

[247] Ver item 1.1.1.1 do Capítulo 1 quanto à função jurisdicional.

[248] YARSHELL, Flávio Luiz. *Tutela jurisdicional*. 2. ed. São Paulo: DPJ, 2006. p. 23-24.

[249] DINAMARCO, Cândido Rangel; LOPES, Bruno Vasconcelos Carrilho. *Teoria geral do Novo Processo Civil*. 4. ed. São Paulo: Malheiros, 2019. p. 23.

CAPÍTULO 2
CONTEÚDO E ESTRUTURA DA DECISÃO ADMINISTRATIVA TRIBUTÁRIA | 109

assegurar às partes a possibilidade da mais ampla participação na formação do convencimento"[250] do julgador. Uma vez que a decisão administrativa tributária não é exarada de forma unilateral, mas com efetiva participação do sujeito passivo, esse ato jurisdicional exige um regime jurídico de modificação distinto dos atos administrativos em sentido estrito (necessariamente unilaterais, como visto).

Lúcia Valle Figueiredo apresenta uma didática sistematização das formas de alteração ou extinção dos atos administrativos em geral (incluindo atos administrativos negociais, como os contratos administrativos e os atos em sentido estrito), diferenciando as formas de extinção natural, que não decorrem de outro provimento, das formas de extinção provocada, que dependem de outro provimento, como a invalidação e a revogação.[251] A invalidação consiste "na retirada do ordenamento jurídico de ato que não poderá permanecer" por estar contaminado por vício de legalidade, em exercício de função controladora da Administração, por meio de outro ato administrativo unilateral.[252] Trata-se da anulação dos atos a que fazem referência os arts. 53 e 54 da Lei nº 9.784/1999.[253] Por sua vez, a revogação consiste na supressão dos efeitos de um ato anterior praticado legalmente para estabelecer nova disposição, decorrente de interesse público superveniente, com eficácia para o futuro (*ex nunc*), dentro da competência discricionária da Administração.[254] A revogação por motivo de conveniência e oportunidade é indicada no art. 54 da referida lei. Para o exercício da atribuição revogatória, "a matéria sobre a qual vai dispor o órgão deve ser da mesma natureza da anteriormente provida", sendo

---

[250] Referindo-se à figura do juiz, mas aplicável integralmente ao julgador administrativo: BEDAQUE, José Roberto dos Santos. Os elementos objetivos da demanda observados a luz do contraditório. *In*: BEDAQUE, José Roberto dos Santos; CAZETTA JÚNIOR, José Jesus; TUCCI, José Rogério Cruz e (org.). *Causa de pedir e pedido no processo civil*: questões polêmicas. São Paulo: Revista dos Tribunais, 2002. p. 19.

[251] FIGUEIREDO, Lucia Valle. *Curso de direito administrativo*. 9. ed. São Paulo: Malheiros, 2008. p. 236-248. Ver ainda: ARAÚJO, Florivaldo Dutra de. *Motivação e controle do ato administrativo*. 2. ed. Belo Horizonte: Del Rey, 2005. p. 87-88.

[252] FIGUEIREDO, Lucia Valle. *Curso de direito administrativo*. 9. ed. São Paulo: Malheiros, 2008. p. 251.

[253] BRASIL. Lei nº 9.784, de 29 de janeiro de 1999. Regula o processo administrativo no âmbito da Administração Pública Federal. *Diário Oficial da União*, 1º fev. 1999. Disponível em: http://www.planalto.gov.br/ccivil_03/leis/l9784.htm. Acesso em: 6 dez. 2019.

[254] FIGUEIREDO, Lucia Valle. *Curso de direito administrativo*. 9. ed. São Paulo: Malheiros, 2008. p. 261-262.

aplicável aos atos de natureza negociais que ainda não se exauriram, não para atos vinculados já consumados.[255]

Especificamente quanto aos atos administrativos em matéria tributária, observa-se que o CTN se utiliza dessas mesmas figuras da invalidação e da revogação para disciplinar suas formas de alteração ou modificação pela Administração Pública Tributária. Com efeito, as hipóteses de *revogação* se referem, tão somente, aos atos administrativos negociais que exigem despacho concessivo prévio da Administração, como a concessão de moratória (art. 155) e a concessão de isenção (art. 178 e 179).[256] Por sua vez, as hipóteses de alteração do ato administrativo de lançamento são taxativamente identificadas no art. 145 do CTN, apenas dentro do exercício do contencioso administrativo (impugnação do sujeito passivo e recurso de ofício – incisos I e II) e pela "iniciativa de ofício da autoridade administrativa, nos casos previstos no artigo 149" (inciso III), que relaciona circunstâncias de *invalidação*.

Quando objeto de discussão no processo administrativo tributário previsto em lei, os atos administrativos tributários têm sua exigibilidade suspensa na forma do art. 151, III, do CTN. Essa suspensão independe de ato administrativo, decorrendo da expressa previsão legal.[257]

Por outro lado, a revisão de ofício do ato de lançamento de ofício somente é passível de ser exercida dentro das situações identificadas de forma taxativa no art. 149, do CTN. São formas de atuação unilateral e de ofício dos agentes fiscais, em efetivo exercício de função de autocontrole, para a modificação *unilateral* de ato administrativo anterior igualmente *unilateral*. Esse dispositivo relaciona hipóteses de *invalidação*, em razão de vícios identificados no ato original (lançamento anterior). Com efeito, a revisão de ofício do lançamento poderá ocorrer "quando se comprove que o sujeito passivo, ou terceiro em benefício daquele, agiu com dolo, fraude ou simulação" (inciso VII), "quando deva ser apreciado fato não conhecido ou não provado por ocasião do

---

[255] FIGUEIREDO, Lucia Valle. *Curso de direito administrativo*. 9. ed. São Paulo: Malheiros, 2008. p. 264, 269 e 276.

[256] Em sentido contrário, com uma crítica ao signo *revogação* utilizado no CTN para as moratórias é a manifestação de Misabel de Abreu Machado Derzi em: BALEEIRO, Aliomar. *Direito tributário brasileiro*. Atualizada por Misabel de Abreu Machado Derzi. 12. ed. Rio de Janeiro: Forense, 2013. p. 1263. Quanto às isenções e o emprego correto do signo *revogação*, ver as considerações de Aliomar Baleeiro na mesma obra, p. 1383.

[257] BALEEIRO, Aliomar. *Direito tributário brasileiro*. Atualizada por Misabel de Abreu Machado Derzi. 12. ed. Rio de Janeiro: Forense, 2013. p. 1247.

CAPÍTULO 2
CONTEÚDO E ESTRUTURA DA DECISÃO ADMINISTRATIVA TRIBUTÁRIA | **111**

lançamento anterior" (inciso VIII) e "quando se comprove que, no lançamento anterior, ocorreu fraude ou falta funcional da autoridade que o efetuou, ou omissão, pela mesma autoridade, de ato ou formalidade especial" (inciso IX). Por sua vez, o parágrafo único do dispositivo expressamente indica que somente será possível ser iniciada a revisão de ofício do lançamento anterior enquanto não estiver extinto o direito da Fazenda, pela decadência por exemplo.[258] O CTN ainda determina uma limitação material para a alteração do lançamento de ofício no art. 146, em relação a um mesmo sujeito passivo.[259]

Esse conjunto de disposições em torno da modificação do lançamento de ofício (arts. 145, 146 e 149 do CTN) será mais bem analisado adiante, neste Capítulo. Contudo é essencial desde já evidenciar que o CTN prevê o exercício da função administrativa da autotutela pelos auditores fiscais, de forma unilateral e de ofício, identificando hipóteses de *invalidação* dos atos administrativos tributários transmitidos de forma unilateral para a Administração Pública (lançamento de ofício).

Essa disciplina normativa, porém, não é aplicável para a própria modificação da decisão administrativa de caráter jurisdicional, proferida com a participação do sujeito passivo no exercício do contraditório e da ampla defesa. Inexiste no CTN ou na lei do processo administrativo fiscal uma disciplina que trata da forma da modificação das decisões administrativas definitivas, para as quais tenha sido encerrado o processo, tal como existe na seara do Poder Judiciário (art. 966 do CPC/2015 – ação rescisória).[260] O regime jurídico de modificação das decisões administrativas tributárias será analisado com maior profundidade no próximo Capítulo.[261]

Qualificada a natureza jurídica das decisões administrativas tributárias e sua distinção dos atos administrativos tributários, antes de adentrar especificamente no objeto do processo administrativo, importante que sejam identificados seus elementos essenciais, em especial a necessidade de motivação/fundamentação.

---

[258] BALEEIRO, Aliomar. *Direito tributário brasileiro*. Atualizada por Misabel de Abreu Machado Derzi. 12. ed. Rio de Janeiro: Forense, 2013. p. 1226-1227.

[259] Vide item 2.3 do Capítulo 2 deste livro.

[260] Quanto à ação rescisória, ver: YARSHELL, Flávio Luiz. Breves notas sobre a disciplina da ação rescisória no CPC 2015. *In*: GRINOVER, Ada Pellegrini (org.). *O Novo Código de Processo Civil*: questões controvertidas. São Paulo: Atlas, 2015. p. 155-169.

[261] Ver item 3.3.4 do Capítulo 3.

2.2 Os elementos essenciais das decisões administrativas tributárias

A seguir, serão definidos elementos essenciais das decisões administrativas tributárias (relatório, fundamentos, conclusão), adentrando em seguida especificamente na relevância da motivação/ fundamentação da decisão. Nesse ponto, busca-se conceituar os signos *motivo*, *motivação* e *fundamento*, apontando suas diferenças e proximidades.

2.2.1 Relatório, fundamentos e conclusão

A disciplina normativa do processo administrativo tributário identifica os elementos essenciais da decisão de primeira instância administrativa no art. 31 do Decreto nº 70.235/1972, estabelecendo que ela deve conter *"relatório resumido do processo, fundamentos legais, conclusão e ordem de intimação"*. Exige-se, ainda, que a decisão se refira, "expressamente, a todos os autos de infração e notificações de lançamento objeto do processo, *bem como às razões de defesa suscitadas pelo impugnante contra todas as exigências"*.[262]

Ao mencionar o julgamento em segunda instância, o art. 37 do referido decreto indica que será "conforme dispuser o regimento interno", sem fazer considerações específicas quanto aos elementos da decisão. No RICARF, faz-se referência aos termos ementa, relatório e voto para a decisão colegiada (por exemplo, ao tratar da ordem da sessão de julgamento no art. 57, §1º).[263] Tanto o voto como a ementa devem conter as razões, os fundamentos para o julgamento. Inclusive, a relevância da fundamentação das decisões colegiadas em *razões* alcançadas pela maioria é depreendida do art. 63, §8º, do RICARF, segundo o qual, "na hipótese em que a decisão por maioria dos conselheiros ou por voto de qualidade acolher apenas a conclusão do

---

[262] BRASIL. Decreto nº 70.235, de 6 de março de 1972. Dispõe sobre o processo administrativo fiscal e dá outras providências. *Diário Oficial da União*, 7 mar. 1972. Disponível em: http:// www.planalto.gov.br/ccivil_03/decreto/D70235cons.htm. Acesso em: 6 dez. 2019. Sem destaques no original

[263] "Art. 57. (...) §1º A *ementa, relatório e voto* deverão ser disponibilizados exclusivamente aos conselheiros do colegiado, previamente ao início de cada sessão de julgamento correspondente, em meio eletrônico." (BRASIL. Decreto nº 70.235, de 6 de março de 1972. Dispõe sobre o processo administrativo fiscal e dá outras providências. *Diário Oficial da União*, 7 mar. 1972. Disponível em: http://www.planalto.gov.br/ccivil_03/decreto/D70235cons. htm. Acesso em: 6 dez. 2019. Sem destaques no original).

relator, caberá ao relator reproduzir, no *voto* e na *ementa* do acórdão, *os fundamentos adotados* pela maioria dos conselheiros".

Assim, os elementos essenciais das decisões administrativas são o relatório, os fundamentos (identificados no voto e na ementa das decisões colegiadas) e a conclusão.

Na legislação geral do processo administrativo, esses elementos não são detalhados, inexistindo um modelo unitário no formato das decisões administrativas proferidas.[264] O art. 2º, IX, da Lei nº 9.784/1999, indica tão somente que são adotadas "formas simples, suficientes para propiciar adequado grau de certeza, segurança e respeito aos direitos dos administrados".[265]

Por outro lado, o art. 489 do CPC/2015, quando da identificação dos elementos essenciais da sentença, detalha os elementos *relatório* e *fundamentos*. O relatório apresenta as principais ocorrências do processo, contendo "a identificação do caso, com a suma do pedido e da contestação, e o registro das principais ocorrências havidas no andamento do processo" (inciso I). Aqui é importante esclarecer que o nome das partes no processo administrativo tributário é identificado na epígrafe da decisão, e não no relatório, por sempre envolver como parte a Fazenda Pública. Por sua vez, é nos fundamentos que o julgador "analisará as questões de fato e de direito" (inciso II). O §3º do art. 489, do CPC/2015, por sua vez, indica que a decisão "deve ser interpretada a partir da conjugação de todos os seus elementos e em conformidade com o princípio da boa-fé".[266]

Cumpre evidenciar que o art. 31 do Decreto nº 70.235/1972 utiliza-se do signo *conclusão*, na qual será veiculada a tutela jurisdicional administrativa pleiteada, e não o signo *dispositivo*, mencionado no art. 489, III, do CPC/2015, no qual se "resolverá as questões principais que as partes lhe submeterem". De toda forma, é na conclusão que são apresentadas as respostas ao objeto do processo, da demanda administrativa proposta. Se não estiver diante de uma matéria de ordem pública, não caberá ao julgador administrativo, por exemplo,

---

[264] LUVIZOTTO, Juliana Cristina. *Precedentes administrativos e a vinculação da atividade administrativa.* Curitiba: Juruá, 2017. p. 288.

[265] BRASIL. Lei nº 9.784, de 29 de janeiro de 1999. Regula o processo administrativo no âmbito da Administração Pública Federal. *Diário Oficial da União*, 1º fev. 1999. Disponível em: http://www.planalto.gov.br/ccivil_03/leis/l9784.htm. Acesso em: 6 dez. 2019.

[266] BRASIL. Lei nº 13.105, de 16 de março de 2015. Código de Processo Civil. *Diário Oficial da União*, 17 mar. 2015. Disponível em: http://www.planalto.gov.br/ccivil_03/_ato2015-2018/2015/lei/l13105.htm. Acesso em: 6 dez. 2019.

se pronunciar sobre a anulação total de um ato se o pedido do sujeito passivo foi pela anulação parcial, ou anular uma parte do ato distinta da parte que foi objeto de defesa.[267] Antes de identificar o objeto do processo administrativo e as questões passíveis de serem discutidas, considerando a referência ao termo "fundamentos" na legislação do processo administrativo tributário, cabem ser feitas as distinções e aproximações necessárias entre os signos motivo, motivação e fundamentação nos atos administrativos em sentido estrito e nas decisões jurisdicionais.

2.2.2 Motivo, motivação e fundamento: conceitos, diferenças e aproximações

A doutrina do Direito Administrativo, ao tratar dos atos administrativos, busca diferenciar os signos *motivo* e *motivação*. De um lado, "motivo é o pressuposto de fato e de direito que serve de *fundamento* ao ato administrativo",[268] como identificado no art. 2º, parágrafo único, VII, da Lei nº 9.784/1999. Pressuposto de fato é "o conjunto de circunstâncias, de acontecimentos" que levam a Administração a praticar o ato, e pressuposto de direito se refere às "orientações (dispositivos) legais" que lhe dão ensejo.[269]

Por sua vez, a "motivação é um discurso destinado a justificar o ato motivado", com a "exposição das *razões que fundamentam* a edição do ato administrativo" por meio da expressa identificação dos motivos do ato administrativo.[270] É na motivação, portanto, que se demonstra a existência dos motivos, sendo identificados os pontos ou argumentos ou razões pelas quais os pressupostos de fato resultaram na consequência jurídica depreendida da lei, também chamada de valoração jurídica dos fatos.[271] Como elemento essencial de qualquer ato administrativo, a motivação se apresenta como o meio para viabilizar seu controle, averiguando a "conformidade da atividade da Administração à

---

[267] Em conformidade com os artigos 492 e 493, CPC/2015. Aplicando ao processo administrativo tributário: GLENDI, Cesare. *L'oggetto del processo tributario*. Padova: CEDAM, 1984. p. 550.

[268] NOHARA, Irene Patricia. *O motivo no ato administrativo*. São Paulo: Atlas, 2004. p. 43. Sem destaques no original.

[269] NOHARA, Irene Patricia. *O motivo no ato administrativo*. São Paulo: Atlas, 2004. p. 43.

[270] NOHARA, Irene Patricia. *O motivo no ato administrativo*. São Paulo: Atlas, 2004. p. 49.

[271] FOLLONI, André Parmo. *Teoria do ato administrativo*. Curitiba: Juruá, 2009. p. 80.

moralidade administrativa".[272] Nas palavras de Celso Antônio Bandeira de Mello, "motivar é explicar as circunstâncias de fato e de direito que justificam a expedição do ato, para que nós, que somos os senhores da coisa pública, possamos saber se foi bem feito ou se foi mal feito".[273] Mostra-se elemento essencial, portanto, para assegurar de forma efetiva o direito fundamental dos cidadãos à boa administração.[274]

O art. 50 da Lei nº 9.784/1999 identifica quando os atos administrativos deverão ser motivados, contendo a "indicação dos fatos e dos fundamentos jurídicos". Juntamente com os atos administrativos de ofício, que "neguem, limitem ou afetem direitos ou interesses" ou que "imponham ou agravem deveres, encargos ou sanções" (incisos I e II), o dispositivo igualmente faz menção às decisões tomadas no processo administrativo e em análise de recursos administrativos (incisos III e V). Em qualquer hipótese, é necessário que a motivação seja explícita, clara e congruente, "podendo consistir em declaração de concordância com fundamentos de anteriores pareceres, informações, decisões ou propostas, que, neste caso, serão parte integrante do ato" (§1º).[275]

Esse dispositivo normativo é relevante por aproximar a *motivação* dos atos administrativos com a *fundamentação* das decisões jurisdicionais, delineadas pela doutrina processual. Consoante mencionado anteriormente, é possível aproximar os atos funcionais executivos do Estado (ato administrativo ou decisão jurisdicional), em especial na exigência de sua motivação ou fundamentação. Como indica Florivaldo Dutra de Araújo, no Estado de Direito, "toda intromissão na órbita jurídica das pessoas deve ser justificada. E não basta que essa justificação exista materialmente, ela precisa ser formalmente demonstrada, exposta".[276] Dessa forma, quando os atos públicos atingem diretamente

---

[272] RAMOS, Elival da Silva. A valorização do processo administrativo. o poder regulamentar e a invalidação dos atos administrativos. *In*: SUNDFELD, Carlos Ari; MUÑOZ, Guillermo Andrés (org.). *As leis de processo administrativo* (Lei Federal 9.784/99 e Lei Paulista 10.177/98). São Paulo: Malheiros, 2000. p. 83.

[273] MELLO, Celso Antônio Bandeira de. A motivação dos atos da administração pública como princípio fundamental do estado de direito. *Revista de Direito Tributário*. São Paulo: Malheiros, v. 87. p. 11-21, XVI Congresso Brasileiro de Direito Tributário. s.d.

[274] PORTO, Éderson Garin. *A colaboração no direito tributário*: por um novo perfil de relação obrigacional tributária. Porto Alegre: Livraria do Advogado, 2016. p. 241-242; FREITAS, Juarez. As políticas públicas e o direito fundamental à boa administração pública. *Revista do Programa de Pós-Graduação em Direito da UFC*, v. 35, p. 198-199, jan./jun. 2015.

[275] BRASIL. Lei nº 9.784, de 29 de janeiro de 1999. Regula o processo administrativo no âmbito da Administração Pública Federal. *Diário Oficial da União*, 1º fev. 1999. Disponível em: http://www.planalto.gov.br/ccivil_03/leis/l9784.htm. Acesso em: 6 dez. 2019.

[276] ARAÚJO, Florivaldo Dutra de. *Motivação e controle do ato administrativo*. 2. ed. Belo Horizonte: Del Rey, 2005. p. 26.

outro membro da sociedade, as razões precisam ser externadas por meio da argumentação, como uma prática de prover razões em um ato linguístico para fundamentar o resultado alcançado, identificando os elementos argumentativos com potencial de convencimento do outro.[277]

Nesse sentido é que se aproximam os conceitos de motivação e fundamentação, aqui tomados como sinônimos ao se tratar das decisões administrativas. Os dois signos são utilizados para ressaltar a necessidade de demonstrar, de forma argumentativa, que a aplicação e a interpretação do direito ao caso concreto se deram segundo a lógica do razoável, buscando persuadir os destinatários (as partes) e a comunidade em geral da decisão tomada.[278]

Especificamente no ato administrativo, como visto, a motivação/ fundamentação demonstra os motivos, evidenciando "que os fatos pressupostos do ato existem e são aptos a deflagrar determinados efeitos determinados, que o agente tinha competência para atuar e que há coerência entre o motivo e o conteúdo, em vista da finalidade legal".[279] Por sua vez, nas decisões jurisdicionais, é na motivação/ fundamentação que o julgador irá enfrentar os argumentos trazidos pelas partes no processo, também chamados de questões, com base nas provas nele produzidas.

Com efeito, é nos fundamentos da decisão que será demonstrado o efetivo cumprimento do contraditório e da ampla defesa no processo, observando-se o "direito do interessado de influir na formação do convencimento" da autoridade julgadora.[280] Assim, motivar uma decisão jurisdicional significa "expor de maneira ordenada, lógica, clara e coerente as razões pelas quais se decide de determinada maneira".[281]

---

[277] SCHAUER, Frederick. Giving Reasons. *Stanford law review*, v. 47, nº 4, p. 633, abr. 1995.

[278] ARAÚJO, Florivaldo Dutra de. *Motivação e controle do ato administrativo*. 2. ed. Belo Horizonte: Del Rey, 2005. p. 136; GUILLERMET, Camille-Julia. *La motivation des decisions de justice*: la vertu pédagogique de la justice. Paris: L'Harmattan, 2006. p. 53; DE LUCCA, Rodrigo Ramina. *O dever de motivação das decisões judiciais*: estado de direito, segurança jurídica e teoria dos precedentes. 3. ed. Salvador: JusPodivm, 2019. p. 82.

[279] ARAÚJO, Florivaldo Dutra de. *Motivação e controle do ato administrativo*. 2. ed. Belo Horizonte: Del Rey, 2005. p. 136.

[280] MACHADO, Hugo de Brito. Motivação dos atos administrativos e o interesse público. *Interesse Público*, São Paulo, ano 1, nº 3, p. 20, jul./set. 1999.

[281] DE LUCCA, Rodrigo Ramina. *O dever de motivação das decisões judiciais*: estado de direito, segurança jurídica e teoria dos precedentes. 3. ed. Salvador: JusPodivm, 2019. p. 82. Ver ainda: LUCON, Paulo Henrique dos Santos. Garantia da motivação das decisões no Novo Código de Processo Civil brasileiro: miradas para um novo processo civil. *Revista Brasileira de Direito Processual – RBDPro*, Belo Horizonte, ano 23, nº 90, p. 419-436, abr./jun. 2015.

No processo administrativo tributário, esse é um direito assegurado tanto ao sujeito passivo, em suas defesas administrativas, como à Administração Fazendária, uma vez que as decisões administrativas enfrentam a motivação trazida no ato administrativo tributário sob revisão. Nesse sentido é que o art. 31 do Decreto nº 70.235/1972 indica a necessidade de o julgador expor as razões na fundamentação das decisões administrativas, de enfrentar, "expressamente, a todos *os autos de infração* e notificações de lançamento objeto do processo, *bem como* às *razões de defesa suscitadas pelo impugnante contra todas as exigências*".[282]

Nesse aspecto, o art. 489, §1º, do CPC/2015, é relevante por identificar as circunstâncias específicas nas quais não será admitida como fundamentada uma decisão:

§1º Não se considera fundamentada qualquer decisão judicial, seja ela interlocutória, sentença ou acórdão, que:

I – se limitar à indicação, à reprodução ou à paráfrase de ato normativo, sem explicar sua relação com a causa ou a questão decidida;

II – empregar conceitos jurídicos indeterminados, sem explicar o motivo concreto de sua incidência no caso;

III – invocar motivos que se prestariam a justificar qualquer outra decisão;

IV – não enfrentar todos os argumentos deduzidos no processo capazes de, em tese, infirmar a conclusão adotada pelo julgador;

V – se limitar a invocar precedente ou enunciado de súmula, sem identificar seus fundamentos determinantes nem demonstrar que o caso sob julgamento se ajusta àqueles fundamentos;

VI – deixar de seguir enunciado de súmula, jurisprudência ou precedente invocado pela parte, sem demonstrar a existência de distinção no caso em julgamento ou a superação do entendimento.[283]

O inciso V acima transcrito faz referência ao signo *fundamentos determinantes* dos precedentes e enunciados de súmulas a serem invocados na decisão. Nesse aspecto, a doutrina tem buscado aproximar esse signo à *ratio decidendi* empregada nas tradições do *common law*

---

[282] BRASIL. Decreto nº 70.235, de 6 de março de 1972. Dispõe sobre o processo administrativo fiscal, e dá outras providências. *Diário Oficial da União*, 7 mar. 1972. Disponível em: http://www.planalto.gov.br/ccivil_03/decreto/D70235cons.htm. Acesso em: 6 dez. 2019. Sem destaques no original.

[283] BRASIL. Lei nº 13.105, de 16 de março de 2015. Código de Processo Civil. *Diário Oficial da União*, 17 mar. 2015. Disponível em: http://www.planalto.gov.br/ccivil_03/_ato2015-2018/2015/lei/l13105.htm. Acesso em: 6 dez. 2019.

para o desenvolvimento de uma teoria dos precedentes no Brasil.[284] Entretanto alguns autores afastam a noção de *ratio decidendi* da ideia dos fundamentos da decisão individual, considerando-a relevante tão somente para aquelas decisões dotadas de efeitos gerais e abstratos.[285] É a proposta de Luiz Guilherme Marinoni, para quem "as razões de decidir ou os fundamentos da decisão importam, no *common law*, porque a decisão não diz respeito apenas às partes", atingindo a esfera de direito de terceiros.[286] Contudo, ao contrário do que se pretende nesta proposta, mostra-se necessário aproximar as tradições e relacionar a *ratio decidendi* à motivação de quaisquer decisões jurisdicionais, não apenas as proferidas com eficácia geral e abstrata. Como afirma Rodrigo Ramina de Lucca, "todo sistema jurídico que produz decisões judiciais motivadas produz, também, precedentes".[287] Ou, nas lições de Aleksander Peckzenik, o precedente é um padrão a ser necessariamente observado para prolatar decisões futuras e garantir a estabilidade no ordenamento e a previsibilidade dos julgamentos.[288]

Como já mencionado anteriormente, o reconhecimento da relevância dos aplicadores na própria construção do Direito ensejou uma natural aproximação entre as duas tradições – *civil law* e *common law*.[289] Uma vez que o Direito é uma prática argumentativa que precisa do intérprete para sua construção, reconhece-se a relevância da

---

[284] Ver: BECHO, Renato Lopes. Precedentes e direito tributário: nova perspectiva da legalidade tributária. *In*: CARVALHO, Paulo de Barros (org.). *Racionalização do sistema tributário*. São Paulo: Noeses, 2017. p. 1019-1034; DE LUCCA, Rodrigo Ramina. O conceito de precedente judicial, *ratio decidendi* e a universalidade das razões jurídicas de uma decisão. *In*: NUNES, Dierle Nunes; MENDES, Aluisio; JAYME, Fernando Gonzaga (org.). *A nova aplicação da jurisprudência e precedentes no CPC/2015*. São Paulo: Revista dos Tribunais, 2017. p. 951-962. FAERMANN, Flávia. Vinculação aos precedentes pelo ordenamento jurídico brasileiro: reflexo de um fenômeno pautado pela busca da segurança jurídica. *Revista Brasileira de Advocacia Pública* – RBAP, Belo Horizonte, ano 2, nº 3. p. 223-243, jul./dez. 2016; TUCCI, José Rogério Cruz e. O regime do precedente judicial no novo CPC. *In*: DIDIER JÚNIOR, Fredie *et al.* (coord.). *Precedentes*. Salvador: JusPodivm, 2015. p. 445-457; MARINONI, Luiz Guilherme. Uma nova realidade diante do Projeto de CPC: a *ratio decidendi* ou os fundamentos determinantes da decisão. *Interesse Público* – IP, Belo Horizonte, ano 15, nº 77, p. 23-85, jan./fev. 2012.

[285] MARINONI, Luiz Guilherme. Uma nova realidade diante do Projeto de CPC: a *ratio decidendi* ou os fundamentos determinantes da decisão. *Interesse Público* – IP, Belo Horizonte, ano 15, nº 77, p. 25-26, jan./fev. 2012.

[286] MARINONI, Luiz Guilherme. Uma nova realidade diante do Projeto de CPC: a *ratio decidendi* ou os fundamentos determinantes da decisão. *Interesse Público* – IP, Belo Horizonte, ano 15, nº 77, p. 25, jan./fev. 2012.

[287] DE LUCCA, Rodrigo Ramina. *O dever de motivação das decisões judiciais*: estado de direito, segurança jurídica e teoria dos precedentes. 3. ed. Salvador: JusPodivm, 2019. p. 311.

[288] PECZENIK, Aleksander. *On law and reason*. Berlim: Springer, 2008. p. 272-281.

[289] Ver item 1.1.1.2 do Capítulo 1.

CAPÍTULO 2
CONTEÚDO E ESTRUTURA DA DECISÃO ADMINISTRATIVA TRIBUTÁRIA | 119

decisão jurisdicional, na qual o julgador constrói o significado do texto normativo, produzindo normas que orientam a conduta do sujeito para a qual foi direcionada. Considerando que o aplicador exerce, entre outras funções, a de criar Direito, passa-se a admitir a possibilidade de se conferir força vinculativa às decisões, de observância obrigatória e não mais apenas persuasiva, com efeitos gerais e abstratos, como as normas editadas pelo Poder Legislativo.

Entretanto, por que devem ser diferentes os fundamentos de uma decisão individual em relação a uma decisão *erga omnes*? À luz do princípio da igualdade, da moralidade e da imparcialidade, uma decisão individual não poderia eventualmente orientar uma conduta de terceiro em situação de fato e de direito análoga? Neste livro, a preocupação se volta aos efeitos da decisão administrativa para o próprio sujeito que participou do processo. O que não afasta, porém, o potencial de essa decisão ser fundamento para orientar a conduta de outro sujeito em situação análoga.[290]

Nesse sentido é que na Itália, país de tradição do *civil law*, como o Brasil, o instituto da *ratio decidendi* foi sendo desenvolvido de forma muito próxima à da motivação das decisões jurisdicionais.[291] Primeiro como uma simples explicação do juiz sobre a decisão tomada, depois como os fundamentos ou razões para o julgamento, e, finalmente, para alcançar a conotação interpretativa de apresentar os argumentos da decisão.[292] Trata-se de uma evolução distinta da ocorrida no contexto do *common law*, no qual a *ratio decidendi* foi desenvolvida como uma forma de identificar a regra da lei ou as regras ditadas pelos tribunais.[293] Contudo agora alcança finalidade idêntica nas duas tradições: os julgadores resolvem um litígio pela interpretação e aplicação da lei existente com fulcro nas normas do ordenamento jurídico, que são

---

[290] Ver: RIBEIRO, Diego Diniz. Precedentes em matéria tributária e o novo CPC. *In*: CONRADO, Paulo César (org.). *Processo tributário analítico*. São Paulo: Noeses, 2016. v. 3. p. 111-140.

[291] CORDOPATRI, Francesco. The ratio decidendi (an historical and comparative review). *In*: FAZZALARI, Elio (ed.). *Italian yearbook of civil procedure*. Milano: Giuffré, 1991. v. I. p. 77. Ilustrando essa aproximação, ver: TARUFFO, Michele. La fisionomia della sentenza in Italia. *In*: Facoltà di Giurisprudenza Università Degli Studi di Milano. *Studi in onori di Enrico Allorio*. Milano: Giuffrè, 1989. p. 1085-1088.

[292] CORDOPATRI, Francesco. The ratio decidendi (an historical and comparative review). *In*: FAZZALARI, Elio (ed.). *Italian yearbook of civil procedure*. Milano: Giuffré, 1991. v. I. p. 82.

[293] CORDOPATRI, Francesco. The ratio decidendi (an historical and comparative review). *In*: FAZZALARI, Elio (ed.). *Italian yearbook of civil procedure*. Milano: Giuffré, 1991. v. I. p. 80. Ver ainda: ALEXANDER, Larry. Constrained by precedent. *Southern California Law Review*, i. 63, p. 18, 1989.

filtradas e formuladas na decisão por meio de razões.[294] Nesse sentido, Francesco Cordopatri afirma que:

> (...) na forma como é proferido um julgamento, o papel dos fatos relevantes é explicado e justificado apenas à luz e com fulcro em um complexo de princípios e regras preexistentes à solução concreta do caso. Daí decorrem, como curso natural, as características retórico-argumentativas decisivas da *ratio decidendi* no *civil law* (...) mais ainda que no *common law* inglês.[295] (tradução livre).

A *ratio decidendi* se refere aos pontos, assim entendidos como os argumentos e elementos de fato, que foram considerados essenciais para a formação da convicção do julgador, sem os quais ele não teria alcançado a conclusão no julgamento. No raciocínio proposto por José Rogério Cruz e Tucci, para identificar a *ratio*, é necessária uma operação mental pela qual, "invertendo-se o teor do núcleo decisório, indaga-se se a conclusão permaneceria a mesma, se o juiz tivesse escolhido a regra invertida".[296] Com isso, se sem aquelas razões a decisão não se mantiver, a tese originária pode ser considerada relevante e, portanto, *ratio*. Trata-se, nesse sentido, do "ponto vinculativo da argumentação jurídica decisória, isto é, parcelas necessárias, indispensáveis" à decisão.[297] Por sua vez, aqueles pontos debatidos de forma periférica, que não foram cruciais para a formação da convicção, utilizados por força retórica, são *obiter dicta*. Tradicionalmente, trata-se daqueles "pontos irrelevantes, cuja análise (nem) sequer precisaria ser feita e que, portanto, acaba representando um excesso de argumentação".[298]

---

[294] CORDOPATRI, Francesco. The ratio decidendi (an historical and comparative review). *In*: FAZZALARI, Elio (ed.). *Italian yearbook of civil procedure*. Milano: Giuffré, 1991. v. I. p. 82.

[295] No original: "(...) in the way a judgment is set out, the role of material facts is explained and justified only in the light of and on the basis of a complexity of principles and rules pre-existing and concrete solution of that case. From this follows, as a natural course, the decisively rhetorical-argumentative characteristics of the *ratio decidendi* in civil law (...) and even more so in that of the English common law." (CORDOPATRI, Francesco. The ratio decidendi (an historical and comparative review). *In*: FAZZALARI, Elio (ed.). *Italian yearbook of civil procedure*. Milano: Giuffré, 1991. v. I. p. 82).

[296] TUCCI, José Rogério Cruz e. *Precedente judicial como fonte do direito*. São Paulo: Revista dos Tribunais, 2004. p. 177.

[297] CABRAL, Antonio do Passo. *Coisa julgada e preclusões dinâmicas*: entre continuidade, mudança e transição de posições processuais estáveis. 3. ed. Salvador: Juspodivum, 2019. p. 515.

[298] MARINONI, Luiz Guilherme. Uma nova realidade diante do Projeto de CPC: a *ratio decidendi* ou os fundamentos determinantes da decisão. *Interesse Público* – IP, Belo Horizonte, ano 15, nº 77, p. 32-33, jan./fev. 2012.

Não se pretende aqui esgotar a aproximação entre as duas tradições, reconhecendo-se o espaço ainda existente para aprofundar e avançar nos estudos dos argumentos da decisão jurisdicional. Contudo, o que se evidencia é que a motivação de todas as decisões jurisdicionais deve se preocupar com o enfrentamento claro dos pontos, argumentos, aventados pelas partes, evidenciando os que foram considerados determinantes ou relevantes para a convicção alcançada (*ratio decidendi*), sem se preocupar com aqueles meramente retóricos (*obiter dicta*). Essa preocupação será ainda mais evidente nas decisões passíveis de alcançar efeitos gerais e abstratos.

Nesse contexto, reconhecem-se os signos *fundamentação* e *motivação* como sinônimos para definir o procedimento do agente público de externar a razão para alcançar uma conclusão jurídica nos casos concretos e para avaliar a conformidade e validade das condutas passadas perante a ordem jurídica. Assim, quando um agente público externa um juízo quanto à validade de uma conduta realizada à luz do ordenamento jurídico (no exercício de função administrativa ou jurisdicional), ele precisa fazer o juízo de motivação, entendido como a necessidade de argumentação no caso concreto, com o ônus de desenvolver todo o raciocínio lógico e interpretativo que foi necessário para sua conclusão.[299]

A motivação/fundamentação deve ser expressa em linguagem e de forma argumentativa, com a exposição linguística e lógica dos pontos relevantes, assim entendidos como os argumentos e elementos de fato sem os quais não seria alcançada a conclusão, consoante a noção de *ratio decidendi*. Trata-se de um elemento essencial dos atos públicos individuais, em especial para aquele sujeito cuja conduta passada está sob análise, para que tenha conhecimento e possa compreender as razões da conclusão alcançada no ato (administrativo ou jurisdicional). Somente assim os atos funcionais executivos do Estado poderão ser controlados e suscetíveis de orientar com segurança jurídica as condutas, inclusive futuras, do sujeito para o qual foi direcionado e de outros integrantes da sociedade em igual situação.[300]

Com efeito, a decisão fundamentada poderá gerar confiança no sujeito, passando a direcionar, comprometer e restringir suas ações

---

[299] SILVA, Virgílio Afonso da. *Direitos fundamentais*: conteúdo essencial, restrições e eficácia. 2. ed. São Paulo: Malheiros, 2010. p. 253.

[300] DERZI, Misabel de Abreu Machado. *Modificações da jurisprudência no direito tributário*: proteção da confiança, boa-fé objetiva e irretroatividade como limitações constitucionais no poder judicial de tributar. São Paulo: Noeses, 2009. p. 580.

futuras, em uma ideia próxima à realização de uma promessa.[301] Nas palavras de Frederick Schauer: "fornecer razões para a decisão é incluir essa decisão dentro do princípio de maior generalidade do que a própria decisão" (tradução livre).[302]

E, por se tratar de atos expedidos no exercício de função pública quando da análise da conduta realizada (administrativa e jurisdicional), esse grau de confiança será maior e mais vinculante para ações futuras, sendo maior seu ônus na fundamentação/motivação, com a identificação dos pontos encontrados no ordenamento jurídico para uma análise crítica e objetiva da conduta realizada pelo sujeito. Trata-se de uma ideia desenvolvida em conexão com a objetividade e a impessoalidade, buscando unir todas as justificativas a fim de evidenciar por que a conduta do sujeito teria sido eventualmente cometida em contrariedade com o ordenamento jurídico, relacionando os argumentos considerados relevantes, afastando a subjetividade e combatendo a arbitrariedade e o voluntarismo jurídico.[303] De acordo com Robert Alexy, o julgador "deve atuar sem arbitrariedade; sua decisão deve ser fundamentada em uma argumentação racional".[304]

Sob essa perspectiva, aproximam-se os signos *fundamentação* e *motivação* nos atos funcionais executivos do Estado (administrativos e jurisdicionais). A motivação/fundamentação, como elemento essencial dos atos, refere-se ao dever dos agentes públicos de elucidar, por meio de razões, o processo de aplicação e interpretação adotado quando da análise de ato ou de conduta passada de terceiro. Esse dever é cumprido por meio da identificação, de forma expressa, clara e coerente, dos pontos relevantes, assim entendidos como os argumentos e elementos de fato sem os quais não seria alcançada a conclusão indicada no ato,

---

[301] SCHAUER, Frederick. Giving Reasons. *Stanford Law Review*, v. 47, nº 4, p. 649, abr. 1995.

[302] No original: "to provide a reason for a decision is to include that decision within a principle of greater generality than the decision itself". (SCHAUER, Frederick. Giving Reasons. *Stanford Law Review*, v. 47, nº 4, p. 641, abr. 1995.

[303] GUILLERMET, Camille-Julia. *La motivation des decisions de justice*: la vertu pédagogique de la justice. Paris: L'Harmattan, 2006. p. 54. Ver ainda: FIGUEIREDO, Lucia Valle. *Curso de direito administrativo*. 9. ed. São Paulo: Malheiros, 2008. p. 52-53; RIBEIRO, Diego Diniz. Precedentes em matéria tributária e o novo CPC. *In*: CONRADO, Paulo César (org.). *Processo tributário analítico*. São Paulo: Noeses, 2016. v. 3. p. 111-140; DELFINO, Lúcio; NUNES, Dierle. Do dever judicial de análise de todos os argumentos (teses) suscitados no processo, a apreciação da prova e a *accountability*. *In*: LUCON, Paulo Henrique dos Santos *et al.* (org.). *Processo civil contemporâneo*: homenagem aos 80 anos do professor Humberto Theodoro Júnior. Rio de Janeiro: Forense, 2018. p. 64-83.

[304] ALEXY, Robert. *Teoria da argumentação jurídica*: a teoria do discurso racional como teoria da fundamentação jurídica. 3. ed. Rio de Janeiro: Forense, 2013. p. 39.

para atribuir determinada consequência jurídica para o fato praticado. Trata-se de elemento que garante o controle dos atos administrativos e das decisões jurisdicionais.

Especificamente nas decisões jurisdicionais, a motivação perpassa pelo enfrentamento dos pontos trazidos pelas partes, à luz do contraditório e da ampla defesa.

Com isso em mente, serão identificadas a seguir as tutelas jurisdicionais no processo administrativo tributário, de forma a precisar seu objeto.

2.3 Delimitação do objeto do processo administrativo tributário: as tutelas jurisdicionais

Tendo sido identificados a finalidade da atividade de julgamento – conceder uma tutela jurisdicional – e os elementos essenciais da decisão administrativa tributária, cabe agora precisar o objeto do processo administrativo tributário e os limites da atuação do julgador administrativo. E a identificação do objeto tem crucial importância por delimitar os efeitos externos suscetíveis de serem produzidos pela decisão administrativa tributária.[305]

Tradicionalmente, na doutrina processual civil, o direito de ação é entendido como o direito ao pronunciamento jurisdicional a respeito de uma pretensão apresentada em juízo, quando presentes os requisitos mínimos para seu exercício, denominados de condições da ação (interesse processual e legitimidade *ad causam*).[306] Mais do que um simples direito de petição, o direito de ação se refere à obtenção de um pronunciamento jurisdicional sobre uma pretensão apresentada, inclusive quanto ao direito material controvertido (ou mérito).[307] Adentrando nas condições da ação, entende-se que haverá interesse processual quando a tutela jurisdicional pretendida for útil à parte, enquanto a legitimidade *ad causam* se refere a uma concreta relação entre

---

[305] DINAMARCO, Cândido Rangel; LOPES, Bruno Vasconcelos Carrilho. *Teoria geral do Novo Processo Civil*. 4. ed. São Paulo: Malheiros, 2019. p. 120.

[306] DINAMARCO, Cândido Rangel; LOPES, Bruno Vasconcelos Carrilho. *Teoria geral do Novo Processo Civil*. 4. ed. São Paulo: Malheiros, 2019. p. 115.

[307] DINAMARCO, Cândido Rangel; LOPES, Bruno Vasconcelos Carrilho. *Teoria geral do Novo Processo Civil*. 4. ed. São Paulo: Malheiros, 2019. p. 116. Quanto à possibilidade jurídica do pedido e à sua não recepção pelo CPC/2015 como uma condição da ação após críticas da doutrina, ver DINAMARCO, Cândido Rangel; LOPES, Bruno Vasconcelos Carrilho. *Teoria geral do Novo Processo Civil*. 4. ed. São Paulo: Malheiros, 2019. p. 116-117.

o sujeito e o litígio posto à apreciação do juiz, beneficiando-se aquele da tutela jurisdicional pleiteada.[308] O direito de defesa, por sua vez, refere-se às faculdades oferecidas para apresentar resistência à pretensão do autor.[309] Ainda segundo a concepção clássica do processo civil, o objeto do processo é delimitado pelo exercício da ação, sendo que o pedido deduzido delimita as questões que caberão ser analisadas. O réu, em regra, não formula pedido, mas tão somente requer a rejeição dos pedidos do autor, não implicando ampliação do objeto do processo.[310]

Ainda que seja possível aplicar raciocínio semelhante ao processo administrativo tributário, o objeto deste é configurado de forma distinta, considerando as peculiaridades que envolvem o litígio tributário.

No processo administrativo tributário, a lide tributária somente poderá ser instaurada após a notificação do ato administrativo tributário, que identifica a pretensão do Fisco, qual seja: a exigência do crédito tributário nele constituído (lançamento de ofício), ou o direito de não proceder com a repetição de indébito pleiteada pelo sujeito passivo (despacho decisório).[311] Isso, porque o contencioso administrativo tributário somente é instaurado em face dos atos administrativos tributários de ofício, por meio da defesa administrativa apresentada pelo sujeito passivo (impugnação administrativa ou manifestação de inconformidade). É nesse ato processual que o sujeito passivo deve identificar todas as questões de fato e de direito pertinentes à sua *pretensão resistida* (art. 16, III, Decreto nº 70.235/1972).

Delimitando o objeto do processo administrativo, o sujeito formula um pedido tendo por causa de pedir o ato administrativo tributário contra ele lavrado. Com efeito, "a causa de pedir é constituída pelo conjunto de fatos e de elementos de direito constitutivos das

---

[308] DINAMARCO, Cândido Rangel; LOPES, Bruno Vasconcelos Carrilho. *Teoria geral do Novo Processo Civil*. 4. ed. São Paulo: Malheiros, 2019. p. 116-117.

[309] DINAMARCO, Cândido Rangel; LOPES, Bruno Vasconcelos Carrilho. *Teoria geral do Novo Processo Civil*. 4. ed. São Paulo: Malheiros, 2019. p. 119-120.

[310] DINAMARCO, Cândido Rangel; LOPES, Bruno Vasconcelos Carrilho. *Teoria geral do Novo Processo Civil*. 4. ed. São Paulo: Malheiros, 2019. p. 120. Enfrentando essa visão tradicional, ver: DIDIER JÚNIOR, Fredie. Algumas novidades sobre a disciplina normativa da coisa julgada no Código de Processo Civil brasileiro de 2015. *In*: DIDIER JÚNIOR, Fredie; CABRAL, Antonio do Passo (coord.). *Coisa julgada e outras estabilidades processuais*. Salvador: JusPodivm, 2018. p. 87-88.

[311] Em sentido contrário, entendendo pela possibilidade de formalização da lide em face de ato ilegal ainda na fase procedimental de fiscalização, ver: MARINS, James. *Direito processual tributário brasileiro*: administrativo e judicial. 10. ed. São Paulo: Revista dos Tribunais, 2017. p. 153. Adiante, o autor traz o pensamento no sentido aqui proposto, com a lide em face do ato administrativo de ofício (p. 159).

razões da demanda".[312] E, como visto, esses elementos (motivos) devem ser expressamente identificados na motivação do ato administrativo tributário. O pedido da defesa administrativa será o meio pelo qual o sujeito passivo irá invocar a tutela jurisdicional administrativa, devendo ser certo e determinado, especificando com precisão a tutela jurisdicional pretendida com a decisão administrativa.[313]

Nesse sentido, Valerio Ficari afirma que, nos processos de exigência tributária, a lide tributária:

> (...) surge após a notificação de um ato administrativo unilateral com uma pretensão com a qual o Erário reivindica pretensão creditória no confronto do contribuinte (...) a posição do sujeito que reage em sede jurisdicional como destinatário do ato unilateral é a típica do ator de um processo não constitutivo, mas de oposição. (tradução livre).[314]

A lide, inclusive, poderá consistir "na discussão da existência ou inexistência da relação jurídico-tributária".[315]

Assim, no processo administrativo tributário, "o objeto da demanda/ação é dado pelo objeto impugnado" (tradução livre).[316] O motivo do ato administrativo tributário sob revisão faz uma primeira delimitação do objeto do processo administrativo tributário, uma vez que qualquer litígio somente será passível de ser instaurado pelo sujeito passivo nos limites da pretensão daquele ato.[317] Com efeito, não será cabível ao sujeito passivo suscitar questões distintas daquelas identificadas na motivação do ato administrativo tributário sob revisão:

---

[312] BEDAQUE, José Roberto dos Santos. Os elementos objetivos da demanda observados a luz do contraditório. *In*: BEDAQUE, José Roberto dos Santos; CAZETTA JÚNIOR, José Jesus; TUCCI, José Rogério Cruz e (org.). *Causa de pedir e pedido no processo civil*: questões polêmicas. São Paulo: Revista dos Tribunais, 2002. p. 31.

[313] THEODORO JÚNIOR, Humberto. *Curso de direito processual civil*. 60. ed. Rio de Janeiro: Forense, 2019. p. 805.

[314] No original: "(...) sorge a seguito della notifica di un atto amministrativo recettizio pretensivo con il quale l'Erario avanza pretese creditorie nei confronti del contribuente. (...) la posizione del soggetto che reagisce in sede giurisdizionale quale destinatario dell'atto recettizio è quella tipica dell'attore di un processo non costitutivo ma oppositivo". (FICARI, Valerio. I poteri del giudice tributario e l'oggetto del processo tributario. *In*: DELLA VALLE, Eugenio; FICARI, Valerio; MARINI, Giuseppe (a cura di). *Il processo tributario*. Milani: CEDAM, 2008. p. 163).

[315] NOGUEIRA, Rui Barbosa. A coisa julgada em direito tributário. *Revista da Faculdade de Direito da Universidade de São Paulo*, São Paulo, v. 68, nº 1, p. 91-113, 1º jan. 1973.

[316] No original: "l'oggeto della domanda è dato dall'oggetto impugnato". (GLENDI, Cesare. *L'oggetto del processo tributario*. Padova: CEDAM, 1984. p. 422.)

[317] GLENDI, Cesare. *L'oggetto del processo tributario*. Padova: CEDAM, 1984. p. 522.

suas pretensões resistidas são delimitadas pelo motivo apresentado pelo auditor fiscal no ato administrativo tributário, descrito em sua motivação, como uma garantia objetiva do contraditório e da ampla defesa.[318] Nas palavras de Cesare Glendi:

> Se é verdade, de fato, que a possibilidade de conhecer prontamente as teses de defesa de cada parte geralmente constitui a própria base do princípio do contraditório, também é verdade que a exasperação desse requisito e o princípio da eventualidade que gostaria de totalmente satisfazê-lo, impondo um sistema de impedimentos rígidos, pode, por sua vez, dar origem à própria negação do princípio do contraditório (...) << quando o autor se depara com uma preclusão que não é prevista igualmente para o réu e, portanto, é introduzida uma disparidade arbitrária dos direitos defensivos. >> (...) Não é, porém, sem significado que, diante da nova obrigação mais rigorosa de indicar pelo menos um motivo sob pena de inadmissibilidade do Recurso, agora foi imposto legislativamente, ainda que por uma razão sumária, a motivação mesmo em atos que não o exigiam anteriormente.[319]

Ora, de fato, para garantir um efetivo contraditório à luz do princípio do devido processo legal, é necessário que as partes tenham conhecimento tempestivo de todas as razões de fato e de direito passíveis de serem discutidas no processo, não cabendo o reconhecimento de causas preclusivas tão somente em favor de uma das partes.[320] Nesse sentido, da mesma forma que não é cabível ao sujeito passivo suscitar novas questões em suas defesas administrativas, sob pena de preclusão consumativa, tampouco é viável que a autoridade fiscal altere a motivação do ato administrativo sob revisão no curso do

---

[318] GLENDI, Cesare. *L'oggetto del processo tributario*. Padova: CEDAM, 1984. p. 523.

[319] No original: "Se è vero, infatti, che la possibilità di conoscere tempestivamente le tesi difensive di ogni parte costituisce in genere la base stessa del principio del contraddittorio, vero è altresì che l'esasperazione di tale esigenza e il c.d. principio di eventualità che la vorrebbe totalmente soddisfare, imponendo un sistema di rigide preclusioni, possono, a loro volta, dar luogo alla negazione stessa del principio del contraddittorio (...) <<quando all'attore si pone una preclusione che non è sancita egualmente per il convenuto e dunque si introduce un'arbitraria disparità dei diritti difensivi.>> (...) Non è, tuttavia, senza significato che, di fronte al nuovo più rigoroso obbligo di indicare almeno un motivo a pena d'inammissibilità nem ricorso, sia stata ora legislativamente imposta sia pur sommaria motivazione anche in atti che prima non la richiedevano". (GLENDI, Cesare. *L'oggetto del processo tributario*. Padova: CEDAM, 1984. p. 523-524).

[320] Nesse sentido: BEDAQUE, José Roberto dos Santos. Os elementos objetivos da demanda observados a luz do contraditório. *In*: BEDAQUE, José Roberto dos Santos; CAZETTA JÚNIOR, José Jesus; TUCCI, José Rogério Cruz e (org.). *Causa de pedir e pedido no processo civil*: questões polêmicas. São Paulo: Revista dos Tribunais, 2002. p. 34-38.

processo fora das hipóteses autorizadas pela lei e, quando autorizada, sem abertura de prazo para novo contraditório.[321] Como alerta Eduardo Domingos Bottallo, o prévio conhecimento pelos sujeitos passivos "do conteúdo das prestações cujo cumprimento lhes está sendo exigido" decorre do princípio do devido processo legal, sendo uma condição para a validade do processo administrativo tributário.[322] A regra preclusiva não só traz segurança jurídica, mas também contribui para a densificação da natureza jurisdicional das decisões proferidas no processo administrativo tributário. Com efeito, reforça-se a ideia de que não se está diante de uma atividade de autotutela do Estado, caso contrário ele poderia aperfeiçoar o ato com base em uma nova motivação.

Em uma analogia atécnica e meramente ilustrativa com o processo de conhecimento judicial, a "petição inicial" do processo administrativo tributário é o ato administrativo tributário que será revisado. É nesse ato que devem constar todas as pretensões fazendárias para que o sujeito passivo possa apresentar sua "contestação", sua pretensão resistida. Contudo, diferentemente do que ocorre na seara judicial, os pedidos elencados na "contestação tributária" refletem diretamente no objeto do processo administrativo, uma vez que é o sujeito passivo quem impulsiona o exercício da atividade jurisdicional e pleiteia a tutela jurisdicional, como um "autor". Ou seja, ainda que o contencioso administrativo somente seja efetivamente instaurado pela peça de defesa do sujeito passivo, o processo administrativo e sua discussão têm origem no ato administrativo tributário que ensejou a inconformidade e o litígio.

Assim, o objeto do processo administrativo tributário é delimitado por dois atos específicos: (i) pelo ato administrativo tributário, por seu motivo e motivação; e (ii) pelas questões de fato e de direito suscitadas pelo sujeito passivo em sua defesa administrativa apresentada em face desse ato, com o pedido específico.

Dessa forma, o objeto do ato administrativo tributário não se confunde com o objeto da demanda processual, que é passível de ser instaurada em face dele. As pretensões resistidas apresentadas pela

---

[321] Ver item 3.1.2 do Capítulo 3.

[322] BOTTALLO, Eduardo Domingos. Processo Administrativo Tributário. *In:* BARRETO, Aires F.; BOTTALLO, Eduardo Domingos (coord.). *Curso de iniciação em direito tributário.* São Paulo: Dialética, 2004. p. 242.

parte contrária (sujeito passivo da relação jurídica tributária) somente serão identificadas em conformidade com a motivação exposta pela parte no ato administrativo tributário sob revisão (Fazenda).

A pretensão jurídica constante do ato administrativo tributário materializa um interesse público relacionado aos cofres públicos.[323] Refere-se à própria finalidade administrativa da atividade exercida pelo agente fiscal quando da lavratura do ato, de fiscalização, arrecadação e cobrança. Com efeito, o agente da Administração Tributária externa um interesse público claro quando da lavratura desses atos, almejando o recolhimento aos cofres públicos de valores devidos ou a não devolução ao sujeito dos valores que foram recolhidos aos cofres. Contudo essas pretensões somente poderão atingir e restringir o direito individual do cidadão (ao patrimônio) dentro dos limites previstos no ordenamento jurídico.[324]

Isso, porque o direito individual do cidadão é "interesse protegido e reforçado pela ordem jurídica", sendo que, mesmo quando o ordenamento jurídico determine "o sacrifício do direito subjetivo privado em face do interesse público, isso não significará a eliminação absoluta do referido direito".[325] Nessa perspectiva é descabido "adotar uma concepção genérica no sentido de que um direito subjetivo público preponderaria sobre um direito subjetivo privado".[326] O julgamento administrativo deve ser realizado em conformidade com o ordenamento jurídico, não com os interesses envolvidos. Ou seja, o interesse público arrecadatório não deve necessariamente prevalecer sobre o direito do sujeito passivo de pagar o tributo em conformidade com os limites da lei,[327] sendo esses os interesses contrapostos no processo administrativo tributário.

---

[323] Sobre interesse público de forma geral, ver: JUSTEN FILHO, Marçal. *Curso de direito administrativo*. 10. ed. São Paulo: Revista dos Tribunais, 2014. p. 155-158; FIGUEIREDO, Lucia Valle. *Curso de direito administrativo*. 9. ed. São Paulo: Malheiros, 2008. p. 35-37.

[324] LEÃO, Martha Toribio. *O direito fundamental de economizar tributos*: entre legalidade, liberdade e solidariedade. São Paulo: Malheiros, 2018. p. 184-185.

[325] JUSTEN FILHO, Marçal. *Curso de direito administrativo*. 10. ed. São Paulo: Revista dos Tribunais, 2014. p. 154.

[326] JUSTEN FILHO, Marçal. *Curso de direito administrativo*. 10. ed. São Paulo: Revista dos Tribunais, 2014. p. 154. Ver, de forma mais crítica: ÁVILA, Humberto. Repensando o princípio da supremacia do interesse público sobre o privado. *Revista Trimestral de Direito Público*, São Paulo, v. 24, p. 159-180, 1998.

[327] Quanto ao direito do sujeito passivo, ver: LEÃO, Martha Toribio. *O direito fundamental de economizar tributos*: entre legalidade, liberdade e solidariedade. São Paulo: Malheiros, 2018. p. 184-185.

CAPÍTULO 2
CONTEÚDO E ESTRUTURA DA DECISÃO ADMINISTRATIVA TRIBUTÁRIA | 129

Como elementos que delimitam a atividade jurisdicional administrativa estão a causa de pedir e os pedidos identificados nos atos administrativos tributários e nas defesas administrativas.

Nas lições de José Roberto dos Santos Bedaque, a causa de pedir traz o conjunto de razões jurídicas sobre o qual se funda o pedido, sendo constituída pelos fatos juridicamente qualificados.[328] Diferencia-se entre a causa de pedir remota, que diz respeito aos fatos da relação jurídica material, e a causa de pedir próxima, correspondente à qualificação jurídica dos fatos, com a fundamentação legal e jurídica.[329] Como já mencionado acima, no processo administrativo tributário, a causa de pedir será necessariamente relacionada ao ato administrativo tributário lavrado contra o sujeito passivo, cujos motivos e motivação irão identificar o conjunto de fatos e os elementos de direito que constituem as razões da demanda. É possível que o sujeito passivo confronte as questões fáticas ou jurídicas identificadas no ato (motivo) por meio de provas e argumentos jurídicos contrapostos, sem, contudo, trazer nova causa de pedir. Assim, no processo administrativo tributário, a causa de pedir será aquela identificada na motivação do ato administrativo que busca ser confirmado ou cancelado.

O pedido, por sua vez, revela a pretensão da parte por meio da tutela jurisdicional, do qual consta a exposição dos fatos e dos fundamentos jurídicos.[330] O pedido consubstancia a demanda, devendo ser certo e determinado, com a finalidade de obter a tutela jurisdicional e fazer valer o direito frente à parte contrária.[331] O fundamento jurídico do pedido, também chamado de questões, é deduzido pela descrição dos fatos e pelo pleito de efeito jurídico a ele inerente, atribuindo aos fatos narrados "a aptidão de produzir determinada consequência jurídica".[332]

---

[328] BEDAQUE, José Roberto dos Santos. Os elementos objetivos da demanda observados a luz do contraditório. *In*: BEDAQUE, José Roberto dos Santos; CAZETTA JÚNIOR, José Jesus; TUCCI, José Rogério Cruz e (org.). *Causa de pedir e pedido no processo civil*: questões polêmicas. São Paulo: Revista dos Tribunais, 2002. p. 31.

[329] BEDAQUE, José Roberto dos Santos. Os elementos objetivos da demanda observados a luz do contraditório. *In*: BEDAQUE, José Roberto dos Santos; CAZETTA JÚNIOR, José Jesus; TUCCI, José Rogério Cruz e (org.). *Causa de pedir e pedido no processo civil*: questões polêmicas. São Paulo: Revista dos Tribunais, 2002. p. 31-32.

[330] Desenvolvido conforme: THEODORO JÚNIOR, Humberto. *Curso de direito processual civil*. 60. ed. Rio de Janeiro: Forense, 2019. p. 804-805.

[331] THEODORO JÚNIOR, Humberto. *Curso de direito processual civil*. 60. ed. Rio de Janeiro: Forense, 2019. p. 805.

[332] BEDAQUE, José Roberto dos Santos. Os elementos objetivos da demanda observados a luz do contraditório. *In*: BEDAQUE, José Roberto dos Santos; CAZETTA JÚNIOR, José Jesus; TUCCI, José Rogério Cruz e (org.). *Causa de pedir e pedido no processo civil*: questões polêmicas. São Paulo: Revista dos Tribunais, 2002. p. 33.

A partir das lições da doutrina processual, é possível diferenciar as formas de tutela jurisdicional no processo administrativo tributário em declaratória, constitutiva e condenatória.[333] A primeira se refere à existência, inexistência ou modo de ser de uma situação jurídica (direitos, obrigações ou relações jurídicas). *Toda decisão final jurisdicional presta tutela declaratória, de forma isolada ou agregada, a algum outro efeito.*[334-335] Trata-se de uma tutela que se presta "a eliminar dúvida objetiva acerca da existência, inexistência ou modo de ser de uma relação jurídica".[336] No processo administrativo, a tutela declaratória poderá ser proferida juntamente com uma tutela constitutiva ou condenatória.

A tutela constitutiva se refere à criação, reconstituição, modificação ou extinção de uma situação jurídica. Ela "sempre conterá uma declaração na qual é reconhecido o direito à nova situação a ser criada, agregada a um segundo momento lógico, no qual a nova situação é efetivamente criada".[337] É a tutela pretendida pelo sujeito passivo quando pleiteia o cancelamento do ato administrativo tributário e a extinção do crédito tributário constituído. Para a constituição da nova situação jurídica (cancelamento do ato administrativo), a decisão administrativa que concede uma tutela constitutiva declara uma situação (por exemplo, ausência de um elemento da relação jurídica tributária) para, em um segundo momento lógico, determinar o cancelamento do ato.

Por sua vez, a tutela condenatória responde à demanda por uma prestação, sendo que, em um primeiro momento lógico, a decisão declara a existência do direito do demandante, e "no segundo (ocorre) a imposição da sanção executiva, que autoriza a execução para o caso de o direito reconhecido não ser satisfeito voluntariamente".[338] O sujeito

---

[333] Identificação das diferentes tutelas conforme: DINAMARCO, Cândido Rangel; LOPES, Bruno Vasconcelos Carrilho. *Teoria geral do Novo Processo Civil.* 4. ed. São Paulo: Malheiros, 2019. p. 24-25.

[334] Debate na seara processual, conforme DINAMARCO, Cândido Rangel; LOPES, Bruno Vasconcelos Carrilho. *Teoria geral do Novo Processo Civil.* 4. ed. São Paulo: Malheiros, 2019. p. 24. Afirmação feita para a "sentença", aqui estendida para todas as decisões jurisdicionais.

[335] Reconhecendo a produção de efeitos executivos para uma decisão judicial declaratória, ver: BRASIL. Superior Tribunal de Justiça (STJ). *EREsp 609266/RS*, 1ª. Seção, Relator Ministro Teori Albino Zavascki, julgado em 23/08/06, DJ 11/09/06. p. 223.

[336] YARSHELL, Flávio Luiz. *Tutela jurisdicional.* 2. ed. São Paulo: DPJ, 2006. p. 142.

[337] DINAMARCO, Cândido Rangel; LOPES, Bruno Vasconcelos Carrilho. *Teoria geral do Novo Processo Civil.* 4. ed. São Paulo: Malheiros, 2019. p. 25.

[338] DINAMARCO, Cândido Rangel; LOPES, Bruno Vasconcelos Carrilho. *Teoria geral do Novo Processo Civil.* 4. ed. São Paulo: Malheiros, 2019. p. 25.

passivo busca uma tutela condenatória em sua defesa administrativa apresentada em face de um despacho decisório, para que a decisão administrativa declare a existência de seu direito ao crédito e imponha a execução daquele direito por meio da devolução dos valores em dinheiro ou pela compensação.

Assim, a pretensão fazendária é depreendida do ato administrativo tributário, fundamentado em sua motivação, com a exigência de uma prestação pecuniária compulsória cujo crédito foi constituído por meio de lançamento de ofício ou o não reconhecimento do direito creditório do sujeito passivo. Por sua vez, o pedido do sujeito passivo irá identificar a pretensão resistida por ele pretendida, com o pleito de uma tutela jurisdicional contrária à pretensão da Fazenda, que poderá ser constitutiva (cancelar o auto de infração) ou condenatória (declaração de existência do direito creditório). Na defesa administrativa inicial (impugnação ou manifestação de inconformidade), devem ser formulados e fundamentados os pedidos específicos relacionados ao ato administrativo tributário. A demanda instaurada pelo sujeito passivo poderá consistir em "mera argumentação jurídica relacionada à correta interpretação da norma e/ou a alegação de fato constitutivo, extintivo ou impeditivo de efeito jurídicos".[339]

Em conformidade com o art. 326 do CPC/2015, o sujeito passivo pode formular "mais de um pedido em ordem subsidiária, a fim de que o juiz conheça do posterior, quando não acolher o anterior".[340] O pedido subsidiário pode se referir inclusive ao pedido imediato, ou seja, à própria tutela jurisdicional pleiteada, sendo que haverá um pedido principal e um ou vários subsidiários, que só serão passíveis de serem apreciados na eventualidade de o primeiro ser rejeitado.[341] Os pedidos subsidiários poderão ser inclusive alternativos, para que o julgador escolha um deles, devendo ele observar a ordem trazida na defesa administrativa.[342]

---

[339] Tradução livre de "mere argomentazioni giuridiche attinenti alla corretta interpretazione della norma e/o nell´allegazione di fatti costitutivi, estintivi o impeditivi di effetti giuridici". (FICARI, Valerio. I poteri del giudice tributario e l'oggetto del processo tributario. *In:* DELLA VALLE, Eugenio; FICARI, Valerio; MARINI, Giuseppe (a cura di). *Il processo tributario*. Milani: CEDAM, 2008. p. 162).

[340] BRASIL. Lei nº 13.105, de 16 de março de 2015. Código de Processo Civil. *Diário Oficial da União*, 17 mar. 2015. Disponível em: http://www.planalto.gov.br/ccivil_03/_ato2015-2018/2015/lei/l13105.htm. Acesso em: 6 dez. 2019.

[341] THEODORO JÚNIOR, Humberto. *Curso de direito processual civil*. 60. ed. Rio de Janeiro: Forense, 2019. p. 810.

[342] THEODORO JÚNIOR, Humberto. *Curso de direito processual civil*. 60. ed. Rio de Janeiro: Forense, 2019. p. 810.

Cumpre ainda afastar a ideia defendida por Paulo César Conrado no sentido de que o conflito poderia ser instaurado pelo silêncio do sujeito passivo, desde que previsto na legislação, trazendo exemplo de legislação que indica que será encaminhado para julgamento independentemente de impugnação.[343] Isso, porque para ser admitido como um conflito, no verdadeiro exercício de contraditório, é necessário que seja deduzida uma pretensão resistida em face da pretensão fazendária, por meio de um pedido expresso. O simples silêncio poderá ensejar uma atividade de autocontrole da Administração, se cabível dentro das hipóteses de ofício previstas em lei, mas não um efetivo contencioso, que exige a efetiva participação do sujeito passivo.

É importante salientar que, no âmbito do processo civil, os argumentos utilizados para fundamentar o pedido não são admitidos como elementos da causa de pedir, uma vez que é possível que diferentes argumentos e elementos probatórios sejam considerados ao longo do processo para formar a convicção do juízo. Nos ensinamentos de José Ignácio Botelho de Mesquita, os "argumentos de fato e de direito com o que o autor procura sustentar os fundamentos (de fato e de direito) do pedido" não limitam a atuação do julgador.[344] Em suas palavras:

> Não se confunde o direito afirmado pelo autor (fundamento jurídico do pedido) nem com a indicação do artigo de lei que o ampara, nem com as opiniões jurídicas com que o procura evidenciar. Do mesmo modo, não se confunde o fato constitutivo do direito, que é a hipótese de fato prevista na lei como necessária e suficiente para gerá-lo, com os argumentos de fato com que o autor procura demonstrar a ocorrência daquela hipótese.[345]

Assim, a modificação e os acréscimos na argumentação de fato ou jurídica ao longo do processo para sustentar os fundamentos do pedido não são admitidos como uma forma de alteração do pedido ou da causa de pedir das partes. Isso, contudo, não é aplicável na seara do processo administrativo tributário especificamente para a revisão dos atos administrativos tributários de lançamento de ofício.

Isso, porque o art. 146 do CTN estabelece um limite objetivo para a alteração do lançamento de ofício, apontando a impossibilidade de se

---

[343] CONRADO, Paulo César. *Processo tributário*. São Paulo: Quartier Latin, 2004. p. 106.

[344] MESQUITA, José Ignácio Botelho de. *Teses, estudos e pareceres de processo civil*. São Paulo: Revista dos Tribunais, 2005. v. 1. p. 170.

[345] MESQUITA, José Ignácio Botelho de. *Teses, estudos e pareceres de processo civil*. São Paulo: Revista dos Tribunais, 2005. v. 1. p. 170.

modificar sua motivação, seja de ofício, pela autoridade fiscal, seja no curso do processo administrativo tributário, pela autoridade julgadora. Na exata expressão do dispositivo:

> Art. 146. A modificação introduzida, de ofício ou em conseqüência de decisão administrativa ou judicial, *nos critérios jurídicos adotados pela autoridade administrativa no exercício do lançamento* somente pode ser efetivada, em relação a um mesmo sujeito passivo, quanto a fato gerador ocorrido posteriormente à sua introdução.[346]

O dispositivo não se refere tão somente aos pressupostos de direito que integram o motivo do lançamento de ofício, mas verdadeiramente à sua motivação, com os critérios jurídicos adotados no exercício do lançamento. Como explanado anteriormente, os pressupostos de direito são os dispositivos legais que dão ensejo ao ato. Os critérios jurídicos, por sua vez, referem-se às razões jurídicas que fundamentam a edição do ato administrativo, expressamente identificadas na motivação. Assim, o CTN veda que o sujeito passivo seja prejudicado pela deficiência ou pelos erros cometidos na motivação do lançamento de ofício que deixa de indicar ou se equivoca nos pontos pelos quais os pressupostos de fato resultaram na consequência jurídica depreendida da lei. É o que a doutrina tributária denomina com o signo *erro de direito*.[347]

Com isso, o referido dispositivo veda a alteração, no curso do processo administrativo, da causa de pedir, inclusive pela inclusão de novas razões ou novos argumentos de direito. Essa vedação se estende, ainda, para a autotutela da Administração, que não pode proceder à invalidação do lançamento anterior por meio de um novo lançamento. Será cabível, contudo, o acréscimo de argumentos para novos lançamentos posteriores, alterando a motivação a ser apreciada em novo processo referente a fatos geradores futuros.

---

[346] BRASIL. Lei nº 5.172, de 25 de outubro de 1966. Dispõe sobre o Sistema Tributário Nacional e institui normas gerais de direito tributário aplicáveis à União, Estados e Municípios. *Diário Oficial da União*, 27 out. 1966. Disponível em: http://www.planalto.gov.br/ccivil_03/leis/l5172.htm. Acesso em: 6 dez. 2019. Sem destaques no original.

[347] Ver: GODOI, Marciano Seabra de; COSTA, Ana Cecília Battesini Pereira. Alteração de critério jurídico do lançamento: artigos 146 e 149 do Código Tributário Nacional. *In:* CARDOSO, Alessandro Mendes *et al.* (org.). *Processo administrativo tributário.* Belo Horizonte: D'Plácido, 2018. p. 67-87 e VELLOSO, Andrei Pitten. Modificação de critério jurídico nos lançamentos tributário. *In:* GOMES, Marcus Lívio; OLIVEIRA, Francisco Marconi de (coord.). *Estudos tributários e aduaneiros do III seminário CARF.* Brasília: Ministério da Fazenda, 2018. p. 13-38.

Não obstante não enquadre os critérios jurídicos dentro da causa de pedir do processo administrativo tributário, esse dispositivo é amplamente aplicado pela doutrina pátria.[348] O raciocínio é traçado com fulcro na necessidade de se assegurar a segurança jurídica do sujeito passivo à luz do princípio da irretroatividade, assegurado pelo art. 2º, XIII, da Lei nº 9.784/1999, "em homenagem à confiança dos administrados, conferindo-lhes uma proteção mais ampla do que aquela resultante da tutela em concreto da boa-fé".[349] Nas palavras de Misabel de Abreu Machado Derzi, o art. 146 do CTN "proíbe a retroação do ato, por mudança de critério jurídico, em relação ao mesmo fato gerador e contribuinte".[350] Veda-se, portanto, a invalidação do lançamento de ofício, impedindo que "se edite outro ato administrativo individual, como o lançamento, por exemplo, relativamente ao mesmo fato gerador, uma vez aperfeiçoado e cientificado o contribuinte".[351]

É importante ressaltar que o art. 146 do CTN não se refere aos pressupostos de fato do motivo do lançamento de ofício, ao conjunto de acontecimentos que levaram à prática do lançamento. Com efeito, é cabível a invalidação do lançamento de ofício anterior no exercício de autocontrole, de forma unilateral, por ato do agente fiscal na hipótese de vício nos pressupostos de fato, "quando deva ser apreciado *fato* não conhecido ou não provado por ocasião do lançamento anterior" (art. 149, VIII, CTN). Trata-se da possibilidade de exercício de autotutela administrativa já mencionada acima, passível de ocorrer enquanto não extinto o direito da Fazenda. Nesse sentido, afirma Paulo de Barros Carvalho que "o erro da autoridade fiscal que justifica a alteração do ato de lançamento é apenas o erro de fato; nunca o erro de direito".[352]

---

[348] Com as diferentes correntes doutrinárias em torno do art. 146 do CTN, ver: DELIGNE, Maysa de Sá Pittondo; LAURENTIIS, Thais De. Alteração de critério jurídico e a jurisprudência do CARF. *In*: MURICI, Gustavo Lanna *et al.* (org.). *Análise crítica da jurisprudência do CARF*. Belo Horizonte: D'Plácido, 2019. p. 367-385.

[349] RAMOS, Elival da Silva. A valorização do processo administrativo; o poder regulamentar e a invalidação dos atos administrativos. *In*: SUNDFELD, Carlos Ari; MUÑOZ, Guillermo Andrés (org.). *As leis de processo administrativo* (Lei Federal 9.784/99 e Lei Paulista 10.177/98). São Paulo: Malheiros, 2000. p. 92.

[350] BALEEIRO, Aliomar. *Direito tributário brasileiro*. Atualizada por Misabel de Abreu Machado Derzi. 12. ed. Rio de Janeiro: Forense, 2013. p. 1214.

[351] BALEEIRO, Aliomar. *Direito tributário brasileiro*. Atualizada por Misabel de Abreu Machado Derzi. 12. ed. Rio de Janeiro: Forense, 2013. p. 1214. No mesmo sentido, ver: TORRES, Ricardo Lobo. *Curso de direito financeiro e tributário*. 8. ed. Rio de Janeiro, Renovar, 2001. p. 249. Com fulcro também no art. 2º, inciso XIII, da Lei nº 9.784/1999, ver ainda: XAVIER, Alberto. *Do lançamento no direito tributário brasileiro*. 3. ed. Rio de Janeiro: Forense, 2005. p. 277.

[352] CARVALHO, Paulo de Barros. *Direito tributário, linguagem e método*. São Paulo: Noeses, 2009. p. 445.

CAPÍTULO 2
CONTEÚDO E ESTRUTURA DA DECISÃO ADMINISTRATIVA TRIBUTÁRIA | 135

O debate em torno da diferenciação entre o "erro de fato" e o "erro de direito" foi levado ao Poder Judiciário, que entendeu pela possibilidade de alteração do lançamento unicamente quando houver erro de fato, sendo que "a mudança de critério jurídico adotado pelo fisco não autoriza a revisão do lançamento".[353] É esse o posicionamento externado pelo STJ em julgado no rito dos recursos repetitivos (Recurso Especial 1.130.545), segundo o qual, enquanto a revisão do lançamento tributário por erro de fato "reclama o desconhecimento de sua existência ou a impossibilidade de sua comprovação à época da constituição do crédito tributário", no erro de direito, entendido como equívoco na valoração jurídica dos fatos, "o ato administrativo de lançamento tributário revela-se imodificável".[354]

Por fim, é essencial indicar que, na seara administrativa tributária, inexistem previsões legislativas de ação constitutiva, ou ativa, mas tão somente de ação passiva ou repressiva.[355] Com efeito, a lei não prevê a possibilidade de interposição de ações preventivas sujeitas ao contencioso administrativo tributário, como medidas cautelares administrativas, ou medidas para pleitear algum direito em tese, sem que haja ato concreto, inclusive medidas mandamentais.

Da mesma forma, não há previsão legislativa para impulsionar os órgãos jurisdicionais administrativos para resolver conflitos relacionados às consultas formuladas à Administração Tributária. Isso, porque, no âmbito federal, considerando a atual disciplina legal (arts. 48 a 50 da Lei nº 9.430/1996), inexiste efetivo contencioso nos procedimentos de consulta.[356] O sujeito declara uma pretensão por meio da consulta, identificando a interpretação que entende correta em relação a seu caso específico, sem que seja dada a oportunidade à Administração de apresentar uma pretensão resistida e um efetivo contraditório. A Administração apenas declara a interpretação que considera correta na solução de consulta, como ato administrativo unilateral contra o qual não é admitido recurso específico por parte do

---

[353] Súmula 227 do extinto Tribunal Federal de Recursos – TFR. (BRASIL. Tribunal Federal de Recursos (TFR). *Súmula 227*: Tributário. Revisão do lançamento. Inadmissibilidade. Mudança no critério jurídico. "A mudança de critério jurídico adotado pelo fisco não autoriza a revisão de lançamento.").

[354] BRASIL. Superior Tribunal de Justiça (STJ). *REsp 1130545/RJ*, Relator Ministro Luiz Fux, Julgado em 09/08/2010, DJe 22/02/2011.

[355] MELLO, Celso Antônio Bandeira de. *Curso de direito administrativo*. 34. ed. São Paulo: Malheiros, 2019. p. 510.

[356] Sobre as consultas antes da alteração legislativa ocorrida em 1996, ver: SCHOUERI, Luís Eduardo. Algumas reflexões sobre a consulta em matéria fiscal. *Revista Direito Tributário Atual*. São Paulo: Resenha Tributária/IBDT, v. 14, p. 1-34, 1995.

sujeito consulente caso a consulta seja decidida em sentido contrário à sua pretensão, estando sujeita a instância única. Ao indivíduo cabe, tão somente, identificar a existência de pronunciamentos divergentes para pleitear a uniformização por uma autoridade fiscal hierarquicamente superior. Em tese, na forma do art. 5º, LIV, da CF/1988, deveria ser cabível a invocação do devido processo legal para o procedimento de consulta, considerando poder ele ensejar a privação dos bens dos sujeitos. Com amparo no devido processo legal, seriam aplicáveis as garantias do contraditório e da ampla defesa. Contudo, frise-se novamente, não há atualmente na legislação pátria (especificamente na esfera federal) um efetivo contencioso administrativo consultivo.

Com isso, o objeto do processo administrativo tributário se restringe ao ato administrativo tributário concreto, lavrado pela autoridade fiscal (lançamento de ofício e despacho decisório), e às defesas administrativas apresentadas em face desse ato previstas em lei, sem possibilidade de medidas ativas, mandamentais ou preventivas. A competência do julgador administrativo é limitada à tutela jurisdicional pleiteada pelo sujeito passivo tributário em torno dos atos administrativos tributários, para reconhecer sua validade ou cancelá-los, no todo ou em parte, com fulcro na declaração do direito aplicável ao caso concreto (tutelas declaratória, condenatória ou constitutiva).

Assim, a tutela jurisdicional administrativa conferida ao litígio enfrenta e resolve uma série de questões, sobre pontos de fato ou de direito, que tenham sido suscitadas pelas partes ou, quando possível, apreciadas de ofício.[357] Identificam-se, a seguir, as questões passíveis de serem resolvidas no processo administrativo tributário.

2.3.1 As questões de fato e de direito no processo administrativo tributário: questões preliminares, questões prejudiciais, questões principais e questões de ordem pública

Humberto Theodoro Júnior conceitua as questões como "os pontos controvertidos envolvendo os fatos e as regras jurídicas debatidas entre as partes".[358] Trata-se, nesse sentido, das dúvidas geradas

---

[357] Em conformidade com: MOREIRA, José Carlos Barbosa. A eficácia preclusiva da coisa julgada material no sistema do processo civil brasileiro. *In: Temas de direito processual*. Primeira Série. São Paulo: Saraiva, 1977. p. 97.

[358] THEODORO JÚNIOR, Humberto. Limites objetivos da coisa julgada no novo Código de Processo Civil. *In:* DIDIER JÚNIOR, Fredie; CABRAL, Antonio do Passo (coord.). *Coisa julgada e outras estabilidades processuais*. Salvador: JusPodivm, 2018. p. 171.

CAPÍTULO 2 | **137**
CONTEÚDO E ESTRUTURA DA DECISÃO ADMINISTRATIVA TRIBUTÁRIA

pelas razões invocadas pelas partes em conflito para justificar a pretensão de uma e a resistência da outra.[359]

Na defesa administrativa, o sujeito passivo pode instar os julgadores administrativos a se pronunciarem sobre quaisquer razões de mérito relacionadas à revisão dos atos administrativos tributários, concernentes à motivação do ato (relação jurídica tributária, interpretação) ou aos seus aspectos formais, inclusive quanto ao procedimento de fiscalização. Com efeito, as razões meritórias da demanda administrativa irão se referir ao ato administrativo tributário sob revisão, podendo incluir: (i) questões materiais relacionadas ao seu motivo, identificadas na motivação, relacionadas à interpretação da lei aplicada, ao erro na qualificação jurídica dos fatos, à ausência ou ao equívoco cometido em quaisquer dos elementos legais da relação jurídica tributária; e (ii) questões formais ou procedimentais, relacionadas aos seus elementos de forma e publicidade, referentes às formalidades para a elaboração do ato ou em aspectos procedimentais. Ademais, é possível que o sujeito passivo apresente razões ou questões preliminares que impeçam a análise do mérito, sejam elas relacionadas ao mérito ou ao próprio processo.

Consoante desenvolvido na seara processual, as questões passíveis de serem suscitadas pelo sujeito passivo em sua defesa administrativa podem ser diferenciadas em questões preliminares e questões de mérito (que, por sua vez, podem ser diferenciadas em questões principais e questões prejudiciais no processo civil).

As *questões preliminares* se referem às matérias que impedem a análise do mérito pelo julgador. No conceito de José Carlos Barbosa Moreira, elas são as "questões prévias ou prioritárias de cuja solução pode decorrer, para o juiz, a dispensa ou o impedimento de ir além".[360] Referem-se, portanto, aos *pressupostos processuais* (questões preliminares formais) e às *condições da ação* (questões preliminares ao conhecimento de mérito).[361-362]

---

[359] THEODORO JÚNIOR, Humberto. Limites objetivos da coisa julgada no novo Código de Processo Civil. *In:* DIDIER JÚNIOR, Fredie; CABRAL, Antonio do Passo (coord.). *Coisa julgada e outras estabilidades processuais.* Salvador: JusPodivm, 2018. p. 171.

[360] MOREIRA, José Carlos Barbosa. Questões preliminares e questões prejudiciais. *In:* MOREIRA, José Carlos Barbosa. *Direito processual civil (ensaios e pareceres).* Rio de Janeiro: Borsoi, 1971. p. 87.

[361] Nesse sentido, ver: MOREIRA, José Carlos Barbosa. *Questões prejudiciais e coisa julgada.* 1967. Tese (Livre Docência) – Faculdade de Direito, Universidade Federal do Rio de Janeiro, Rio de Janeiro, 1967. p. 13.

[362] Aproximando os pressupostos processuais e as condições da ação, e trazendo a discussão travada no direito processual quanto às questões preliminares de mérito, ver: THEODORO

Os *pressupostos processuais* são os elementos necessários à formação e ao desenvolvimento válido da relação jurídica processual, podendo ser *subjetivos* ou *objetivos*.[363] São *subjetivos* os pressupostos que se relacionam à competência do julgador (inclusive a ausência de causa de impedimento ou suspeição), a capacidade civil das partes e os elementos de representação, inclusive dos advogados quando constituídos nos autos do processo. Nesse aspecto, as portarias que disciplinam o funcionamento dos órgãos de julgamento administrativo delimitam as hipóteses de impedimento e suspeição dos julgadores (arts. 18 a 20 da Portaria nº 341/2011 e arts. 42 a 44 do RICARF), em conformidade com a previsão constante dos arts. 144 e 145 do CPC/2015, estabelecendo procedimentos próprios para a declaração da suspeição/impedimento, distintos daqueles previstos no art. 146 do CPC/2015. Cumpre acrescentar que, atualmente, no processo administrativo tributário, não há previsão expressa da necessidade de representação por advogados, por se tratar de uma faculdade, consoante indicado no art. 3º, IV, da Lei nº 9.784/1999.[364] Contudo o art. 2º do Estatuto da Advocacia (Lei nº 8.906/1994) indica em seu *caput* que "o advogado é indispensável à administração da justiça". Ora, considerando as premissas apresentadas neste livro e o exercício da atividade jurisdicional pela Administração, almejando justiça, é importante que a faculdade de representação por advogados na seara administrativa seja revista, dentro de parâmetros a serem fixados em lei, [365] inclusive com a possibilidade de representação pela Defensoria Pública, como uma instituição "essencial à função jurisdicional do Estado" (art. 134, CF/1988). De toda forma, muitos sujeitos passivos que

---

JÚNIOR, Humberto. *Curso de direito processual civil*. 60. ed. Rio de Janeiro: Forense, 2019. p. 177-178. Com a denominação questão preliminar de conhecimento de mérito: MOREIRA, José Carlos Barbosa. Questões preliminares e questões prejudiciais. *In*: MOREIRA, José Carlos Barbosa. *Direito processual civil (ensaios e pareceres)*. Rio de Janeiro: Borsoi, 1971. p. 88.

[363] Desenvolvido conforme: THEODORO JÚNIOR, Humberto. *Curso de direito processual civil*. 60. ed. Rio de Janeiro: Forense, 2019. p. 148-150.

[364] "Art. 3º O administrado tem os seguintes direitos perante a Administração, sem prejuízo de outros que lhe sejam assegurados: (...) IV – fazer-se assistir, *facultativamente*, por advogado, salvo quando obrigatória a representação, por força de lei." (BRASIL. Lei nº 9.784, de 29 de janeiro de 1999. Regula o processo administrativo no âmbito da Administração Pública Federal. *Diário Oficial da União*, 1º fev. 1999. Disponível em: http://www.planalto.gov.br/ccivil_03/leis/l9784.htm. Acesso em: 6 dez. 2019, sem destaques no original).

[365] Por exemplo, considerando o valor envolvido, como fixado para os Juizados Especiais pela Lei nº 9.099/95, julgada constitucional pelo STF. Ver: BRASIL. Supremo Tribunal Federal (STF). *ADI 1539*, Relator Ministro Maurício Corrêa, Tribunal Pleno, julgado 24/04/2003, DJ 14/05/2003.

instauram discussões na seara administrativa contam com o auxílio de advogados, cuja representação constante do processo é um pressuposto processual subjetivo.

Por sua vez, são **pressupostos processuais objetivos** aqueles relacionados à regularidade dos atos processuais, como a intimação regular das partes envolvidas no processo, bem como a inexistência de litispendência, decisão administrativa definitiva anterior, coisa julgada, convenção de arbitragem. Na seara administrativa, a intimação dos atos é prevista no art. 23 do Decreto nº 70.235/1972, com as formas de intimação postal, pessoal, eletrônica e, subsidiariamente, por edital.

Os vícios sanáveis identificados nos pressupostos processuais podem ser regularizados em conformidade com o art. 59 do Decreto nº 70.235/1972, pela nulidade do ato maculado pelo vício, que "só prejudica os posteriores que dele diretamente dependam ou sejam conseqüência" (§1º). Na declaração de nulidade, o julgador administrativo deverá indicar "os atos alcançados, e determinará as providências necessárias ao prosseguimento ou solução do processo" (§2º). Todavia, o §3º do dispositivo indica que, "quando puder decidir do mérito a favor do sujeito passivo a quem aproveitaria a declaração de nulidade, a autoridade julgadora não a pronunciará nem mandará repetir o ato ou suprir-lhe a falta".[366]

As **condições da ação**, por sua vez, referem-se ao **interesse processual** e à **legitimidade da parte**.[367]

Não há maiores problemas na identificação do **interesse processual** do sujeito passivo no processo administrativo, sendo que a utilidade e necessidade da tutela jurisdicional decorre da lavratura do ato administrativo tributário.[368] Diante do ato, o sujeito passivo apresentará defesa administrativa na qual irá demonstrar a necessidade e utilidade de uma tutela jurisdicional constitutiva (de cancelar o ato lavrado), ou condenatória (de reconhecer o crédito por ele pleiteado). Na última hipótese, o sujeito passivo possui um prazo prescricional para formular seu pedido de reconhecimento de crédito, na forma da lei (art. 168, CTN). Por sua vez, a Fazenda Pública busca confirmar a

---

[366] BRASIL. Decreto nº 70.235, de 6 de março de 1972. Dispõe sobre o processo administrativo fiscal, e dá outras providências. *Diário Oficial da União*, 7 mar. 1972. Disponível em: http://www.planalto.gov.br/ccivil_03/decreto/D70235cons.htm. Acesso em: 6 dez. 2019.

[367] Desenvolvido conforme: THEODORO JÚNIOR, Humberto. *Curso de direito processual civil*. 60. ed. Rio de Janeiro: Forense, 2019. p. 169-177.

[368] DINAMARCO, Cândido Rangel; LOPES, Bruno Vasconcelos Carrilho. *Teoria geral do novo processo civil*. 4. ed. São Paulo: Malheiros, 2019. p. 244.

exigência do crédito tributário constituído ou negar o direito creditório. Quando a Administração Tributária almeja a exigência de um crédito tributário (por meio do lançamento de ofício ou por meio do despacho decisório que nega o direito de compensação), é necessário que sejam observados os prazos decadenciais previstos em lei (arts. 150, §4º, e 173, I, do CTN, quanto ao lançamento de ofício, e art. 74, §5º, da Lei nº 9.430/1996, na declaração de compensação). Isso, porque a lei estabelece um prazo para o exercício do direito da Fazenda de constituir o crédito tributário ou para homologar a compensação declarada. A verificação do transcurso dos prazos decadenciais e prescricionais aplicáveis é a verificação do interesse processual das partes, tratando-se de uma questão preliminar de mérito. Com efeito, o julgamento da matéria de mérito quanto à decadência ou prescrição implica não ingressar "nas demais questões agitadas no processo".[369]

A existência de concomitância igualmente se enquadra na verificação do interesse processual da parte, vez que a tutela pleiteada na seara administrativa não é necessária, vez que já pleiteada na seara judicial.

Quanto à *legitimidade da parte*, trata-se da verificação das hipóteses de sujeição ativa e passiva da relação jurídica tributária, identificadas pelo critério pessoal da regra matriz de incidência tributária. Com efeito, "há coincidência da titularidade processual com a titularidade hipotética dos direitos e das obrigações em disputa no plano do direito material".[370] Enquanto o sujeito ativo é aquele que detém a capacidade tributária ativa para exigir o pagamento da prestação, o sujeito passivo é o eleito pelo legislador para proceder com o pagamento da prestação.[371] Assim, não terá legitimidade a Administração Pública Federal para exigir do sujeito o recolhimento de um tributo estadual. Por sua vez, se não tiver sido eleito pela lei como contribuinte ou responsável da obrigação tributária, o sujeito não poderá compor o polo passivo da relação jurídica material e, consequentemente, o polo ativo da relação jurídica processual. É na legitimidade processual que se encontram as questões relacionadas à responsabilidade tributária e as situações de imunidades ou isenções

---

[369] NEDER, Marcos Vinicius; LÓPEZ, Maria Teresa Martínez. *Processo administrativo fiscal federal comentado*. São Paulo: Dialética, 2002. p. 192.

[370] NEDER, Marcos Vinicius; LÓPEZ, Maria Teresa Martínez. *Processo administrativo fiscal federal comentado*. São Paulo: Dialética, 2002. p. 172.

[371] DELIGNE, Maysa de Sá Pittondo. *Competência tributária residual e as contribuições destinadas à seguridade social*. Belo Horizonte: D'Plácido, 2015. p. 170.

CAPÍTULO 2
CONTEÚDO E ESTRUTURA DA DECISÃO ADMINISTRATIVA TRIBUTÁRIA | 141

pessoais ou subjetivas concedidas para determinadas pessoas que não podem ser eleitas como contribuintes.[372] Exemplo de imunidade pessoal é a das instituições de educação e de assistência social, sem fins lucrativos (art. 150, VI, 'c', CF/1988), ou, ainda, a imunidade das entidades beneficentes de assistência social (art. 195, §7º, CF/1988), atendidos os requisitos da lei complementar.[373]

Todas essas questões preliminares, formais e de mérito, relacionadas aos pressupostos processuais e condições da ação, são matérias de ordem pública, passíveis de serem conhecidas de ofício pelo julgador administrativo em qualquer fase do processo e em qualquer grau de jurisdição, independentemente de provocação das partes.[374] É o que expressa o art. 485, §3º, do CPC/2015, apontando como matérias de ordem pública "verificar a ausência de pressupostos de constituição e de desenvolvimento válido e regular do processo", "reconhecer a existência de perempção, de litispendência ou de coisa julgada", "verificar ausência de legitimidade ou de interesse processual" e "em caso de morte da parte". Antes de serem pronunciadas pelo julgador administrativo de ofício, é crucial que essas matérias sejam submetidas à manifestação das partes, em prestígio ao contraditório.[375] Inclusive, é uma determinação expressa do art. 10 do CPC/2015, que indica que "o juiz não pode decidir, em grau algum de jurisdição, com base em fundamento a respeito do qual não se tenha dado às partes oportunidade de se manifestar, ainda que se trate de matéria sobre a qual deva decidir de ofício".[376]

---

[372] Diferentes hipóteses de imunidades subjetivas e objetivas identificadas em: CARRAZZA, Roque Antônio. *Curso de direito constitucional tributário*. 26. ed. São Paulo: Malheiros, 2010. p. 757-903.

[373] Disciplina por lei complementar conforme: BRASIL. Supremo Tribunal Federal (STF). *RE 636941*, Relator Ministro Luiz Fux, Tribunal Pleno, julgado em 13/02/2014, Acórdão Eletrônico Repercussão Geral - Mérito Publicado 04/04/2014. Ver ainda: DELIGNE, Maysa de Sá Pittondo. *Competência tributária residual e as contribuições destinadas à seguridade social*. Belo Horizonte: D'Plácido, 2015. p. 179-182.

[374] THEODORO JÚNIOR, Humberto. *Curso de direito processual civil*. 60. ed. Rio de Janeiro: Forense, 2019. p. 175-176.

[375] BEDAQUE, José Roberto dos Santos. Os elementos objetivos da demanda observados a luz do contraditório. *In*: BEDAQUE, José Roberto dos Santos; CAZETTA JÚNIOR, José Jesus; TUCCI, José Rogério Cruz e (org.). *Causa de pedir e pedido no processo civil*: questões polêmicas. São Paulo: Revista dos Tribunais, 2002. p. 39-40; MARINONI, Luiz Guilherme. *Coisa julgada sobre questão*. São Paulo: Thomson Reuters, 2018. p. 249-250.

[376] BRASIL. Lei nº 13.105, de 16 de março de 2015. Código de Processo Civil. *Diário Oficial da União*, 17 mar. 2015. Disponível em: http://www.planalto.gov.br/ccivil_03/_ato2015-2018/2015/lei/l13105.htm. Acesso em: 6 dez. 2019.

O art. 28 do Decreto nº 70.235/1972 indica que "na decisão em que for julgada questão preliminar será também julgado o mérito, salvo quando incompatíveis, e dela constará o indeferimento fundamentado do pedido de diligência ou perícia, se for o caso".[377] Trata-se de previsão que deve ser lida em consonância com o art. 938 do CPC/2015, que estabelece que a questão preliminar deverá ser decidida "antes do mérito, deste não se conhecendo caso seja incompatível com a decisão". Por sua vez, "se a preliminar for rejeitada ou se a apreciação do mérito for com ela compatível, seguir-se-ão a discussão e o julgamento da matéria principal, sobre a qual deverão se pronunciar os juízes vencidos na preliminar" (art. 939, CPC/2015).[378]

Identificam-se ainda as questões de mérito, diferenciadas no processo judicial em questões principais e prejudiciais, que igualmente podem se referir tanto aos aspectos materiais do ato administrativo tributário sob revisão como aos aspectos formais.

Antes, cumpre relembrar que, na seara judicial, é no dispositivo da sentença que são resolvidas "as questões principais que as partes lhe submeterem" (art. 489, III, CPC/2015). A referência ao signo *dispositivo*, contudo, não consta da disciplina do processo administrativo tributário, cuja decisão deve se referir expressamente aos atos administrativos tributários sob revisão e às "*razões* de defesa suscitadas pelo impugnante contra todas as exigências" (art. 31, Decreto nº 70.235/1972). Portanto, no processo administrativo tributário, não é relevante a distinção dos diferentes tipos de razões de mérito (questões principais e questões prejudiciais). A legislação do processo administrativo tributário diferencia, tão somente, as questões preliminares, como visto acima (art. 28, Decreto nº 70.235/1972).[379] De toda forma, em face da relevância do tema na seara do processo civil, e sua potencial relevância na análise da estabilidade das decisões administrativas, adentra-se na distinção entre as questões principais e prejudiciais.

---

[377] BRASIL. Decreto nº 70.235, de 6 de março de 1972. Dispõe sobre o processo administrativo fiscal, e dá outras providências. *Diário Oficial da União*, 7 mar. 1972. Disponível em: http://www.planalto.gov.br/ccivil_03/decreto/D70235cons.htm. Acesso em: 6 dez. 2019.

[378] BRASIL. Lei nº 13.105, de 16 de março de 2015. Código de Processo Civil. *Diário Oficial da União*, 17 mar. 2015. Disponível em: http://www.planalto.gov.br/ccivil_03/_ato2015-2018/2015/lei/l13105.htm. Acesso em: 6 dez. 2019.

[379] BRASIL. Decreto nº 70.235, de 6 de março de 1972. Dispõe sobre o processo administrativo fiscal, e dá outras providências. *Diário Oficial da União*, 7 mar. 1972. Disponível em: http://www.planalto.gov.br/ccivil_03/decreto/D70235cons.htm. Acesso em: 6 dez. 2019. BRASIL. Lei nº 13.105, de 16 de março de 2015. Código de Processo Civil. *Diário Oficial da União*, 17 mar. 2015. Disponível em: http://www.planalto.gov.br/ccivil_03/_ato2015-2018/2015/lei/l13105.htm. Acesso em: 6 dez. 2019.

Na doutrina processual civil, a identificação da figura das questões prejudiciais e sua distinção das questões principais tinham grande importância, uma vez que, no Brasil, a coisa julgada somente seria formada sobre as questões principais, indicadas no dispositivo, e não sobre as questões prejudiciais.[380] Nesse sentido, Moreira afirmava que, "com exceção das questões principais, as questões prejudiciais ou as questões conhecidas não se revestem da autoridade da coisa julgada, mas se submete a eficácia preclusiva da coisa julgada".[381] Isso, porque se entendia que as questões prejudiciais estavam fora do "âmbito do pedido e, por conseguinte ao objeto do processo", razão pela qual também estariam fora dos limites objetivos da coisa julgada.[382] Contudo, com a previsão do art. 503 do CPC/2015, os efeitos da coisa julgada material foram estendidos para as questões prejudicais, que igualmente poderão ter força de lei. Nos exatos termos do dispositivo, "a decisão que julgar total ou parcialmente o mérito tem força de lei nos limites da *questão principal* expressamente decidida". Por sua vez, os §§1º e 2º do dispositivo indicam que essa previsão será também aplicável para a "resolução de *questão prejudicial*" à luz do contraditório e da ampla defesa, sem restrições probatórias, quando "dessa resolução depender o julgamento do mérito", "a seu respeito tiver havido contraditório prévio e efetivo, não se aplicando no caso de revelia" e "o juízo tiver competência em razão da matéria e da pessoa para resolvê-la como questão principal".[383]

No processo administrativo tributário, as questões principais são todas aquelas que se relacionam *diretamente* com a pretensão indicada no ato administrativo tributário, identificadas expressamente no pedido da defesa administrativa. Essas questões podem possuir conteúdo material (relacionado ao próprio crédito constituído ou ao direito creditório pleiteado) ou conteúdo formal (equívoco formal

---

[380] Ver: MOREIRA, José Carlos Barbosa. *Questões prejudiciais e coisa julgada*. 1967. Tese (Livre Docência) – Faculdade de Direito, Universidade Federal do Rio de Janeiro, Rio de Janeiro, 1967.

[381] MOREIRA, José Carlos Barbosa. A eficácia preclusiva da coisa julgada material no sistema do processo civil brasileiro. *In: Temas de direito processual*. Primeira Série. São Paulo: Saraiva, 1977. p. 100

[382] MOREIRA, José Carlos Barbosa. A eficácia preclusiva da coisa julgada material no sistema do processo civil brasileiro. *In: Temas de direito processual*. Primeira Série. São Paulo: Saraiva, 1977. p. 100.

[383] BRASIL. Lei nº 13.105, de 16 de março de 2015. Código de Processo Civil. *Diário Oficial da União*, 17 mar. 2015. Disponível em: http://www.planalto.gov.br/ccivil_03/_ato2015-2018/2015/lei/l13105.htm. Acesso em: 6 dez. 2019.

cometido na elaboração do ato). Assim, as questões principais são aquelas correspondentes à manutenção do ato administrativo tributário ou ao seu cancelamento.

Por exemplo, a discussão quanto à não incidência do tributo sobre determinada parcela que tenha sido objeto de autuação é uma questão principal, que pode ensejar o cancelamento total ou de parte do ato administrativo tributário de lançamento. Da mesma forma, é questão principal o debate sobre a exclusão de determinada verba da base de cálculo do tributo que tenha sido considerada como tributada pelo auditor fiscal para lavrar o lançamento de ofício. Ou mesmo a discussão quanto ao descumprimento de um requisito essencial de procedimento para a exigência da multa aplicada no lançamento. É o caso, por exemplo, do contribuinte que afirma que não foi intimado para a apresentação de documentos na fase de fiscalização, mas é penalizado com uma multa qualificada por prejuízo à fiscalização por falta de apresentação de documentos. Esses pedidos de cancelamento parcial ou integral do ato administrativo tributário poderão ser isolados, cumulados ou formulados de forma subsidiária.

Por sua vez, as questões prejudiciais são aqueles pontos de fato ou de direito que precisam ser enfrentados para que a questão principal formulada no pedido seja julgada.[384] As questões prejudiciais em sentido próprio são definidas por Moreira como as "solúveis mediante aplicação de direito a fato e referentes à relação jurídica ou *status* cuja existência ou inexistência se subordina a relação jurídica sobre que versa o pedido".[385] Ou seja, trata-se de uma questão cuja solução condiciona o pronunciamento sobre outra questão.[386] Com isso, ainda que não formuladas no pedido, essas questões integraram o processo lógico necessário para se alcançar a decisão tomada, dentro de sua fundamentação, como "passagem essencial para chegar à decisão" (tradução livre).[387] Exige-se, portanto, uma "dependência lógica", como

---

[384] MARINONI, Luiz Guilherme. *Coisa julgada sobre questão*. São Paulo: Thomson Reuters, 2018. p. 236; THEODORO JÚNIOR, Humberto. Limites objetivos da coisa julgada no novo Código de Processo Civil. *In*: DIDIER JÚNIOR, Fredie; CABRAL, Antonio do Passo (coord.). *Coisa julgada e outras estabilidades processuais*. Salvador: JusPodivm, 2018. p. 169.

[385] MOREIRA, José Carlos Barbosa. A eficácia preclusiva da coisa julgada material no sistema do processo civil brasileiro. *In*: *Temas de direito processual*. Primeira Série. São Paulo: Saraiva, 1977. p. 105.

[386] CABRAL, Antonio do Passo. *Coisa julgada e preclusões dinâmicas*: entre continuidade, mudança e transição de posições processuais estáveis. 3. ed. Salvador: JusPodivm, 2019. p. 106.

[387] No original: "passaggio essenziale per arrivare alla decisiose". (RICCI, Gian Franco. *Principi di diritto processuale generale*. 6. ed. Torino: Giappichelli, 2015. p. 254). Trazendo

um elemento "*necessário* para a construção do raciocínio do juízo para concluir a respeito do pedido".[388]

Assim, para a manutenção ou extinção do ato administrativo tributário, a autoridade julgadora pode proceder à análise de uma questão prejudicial relacionada, por exemplo, à validade de uma prova admitida para formar o convencimento ou aos elementos da relação jurídica tributária, especificamente quanto aos critérios material, especial, temporal e quantitativo da regra matriz de incidência (uma vez que, como visto, o critério pessoal é considerado questão preliminar). Com efeito, Enrico Tullio Liebman identifica as questões concernentes ao fato gerador do tributo (critério material da hipótese da regra matriz de incidência) como integrante das questões prejudiciais, sendo que, "no executivo proposto para cobrar o imposto correspondente a determinado exercício financeiro, a questão da tributabilidade de certa verba patrimonial representa, se for objeto de controvérsia, justamente uma questão prejudicial".[389]

Com a disciplina trazida pelo art. 503 do CPC/2015, passam a ser consideradas para fins da coisa julgada judicial todas as razões de mérito "cuja solução tenha sido lógica e juridicamente necessária para resolução do objeto litigioso do processo".[390] Passa-se, portanto, a aproximar as questões principais, como aquelas formuladas no pedido da parte, das questões que se tornaram principais "pela necessidade lógica de enfrentamento pelo julgador" em sua decisão (questões prejudiciais).[391]

Dessa forma, mesmo na seara judicial, os fundamentos da decisão, com suas razões para decidir, passam a ser considerados relevantes para o fim de verificar a estabilidade das decisões.

---

a visão até então tradicional das questões prejudiciais na Itália e a necessidade de sua revisão crítica, ver: ATTARDI, Aldo. In tema di questioni pregiudiziale e giudicato. *In: Studi in memoria di Eurico Guiccardi*. Padova: CEDAM, 1975. p. 185-212.

[388] CABRAL, Antonio do Passo. *Coisa julgada e preclusões dinâmicas*: entre continuidade, mudança e transição de posições processuais estáveis. 3. ed. Salvador: JusPodivm, 2019. p. 108.

[389] LIEBMAN, Enrico Tullio. Limites da coisa julgada em matéria de imposto. *In:* LIEBMAN, Enrico Tullio. *Estudos sobre o processo civil brasileiro*. São Paulo: Saraiva, 1947. p. 176.

[390] THEODORO JÚNIOR, Humberto. Limites objetivos da coisa julgada no novo Código de Processo Civil. *In:* DIDIER JÚNIOR, Fredie; CABRAL, Antonio do Passo (coord.). *Coisa julgada e outras estabilidades processuais*. Salvador: JusPodivm, 2018. p. 179.

[391] THEODORO JÚNIOR, Humberto. Limites objetivos da coisa julgada no novo Código de Processo Civil. *In:* DIDIER JÚNIOR, Fredie; CABRAL, Antonio do Passo (coord.). *Coisa julgada e outras estabilidades processuais*. Salvador: JusPodivm, 2018. p. 179.

Sob essa perspectiva, é inclusive possível aproximar as noções de questão prejudicial às próprias razões de decidir expostas na fundamentação, evidenciando novamente a relevância deste elemento da decisão. Como identificado acima, a *ratio decidendi* se refere aos argumentos e elementos de fato que foram considerados essenciais para a formação da convicção do julgador, sem os quais não se teria alcançado a conclusão no julgamento. Entre essas razões, logicamente necessárias para o julgamento, está a resolução de questões prejudiciais, como condição para o julgamento do próprio pedido da parte.[392]

É possível identificar as questões prejudiciais no processo administrativo tributário pelos exemplos de questões principais dados acima. Para a resolução da questão principal quanto à não incidência do tributo sobre determinada parcela que tenha sido objeto de autuação, é necessário que o julgador identifique qual é o critério material da regra matriz de incidência tributária do tributo sob litígio, no caso concreto, e o valor das provas que confirmam a natureza jurídica da parcela paga. Trata-se de questão prejudicial que precisa ser resolvida pelo julgador administrativo, sem a qual a questão principal não consegue ser julgada. No mesmo sentido, para o debate sobre a exclusão de determinada verba da base de cálculo do tributo que tenha sido considerada como tributada, pelo auditor fiscal, para lavrar o lançamento de ofício, a identificação do critério quantitativo da regra matriz de incidência e a valoração das provas que confirmam a natureza jurídica da verba são questões prejudiciais. Por sua vez, para julgar a validade da multa aplicada por falta de apresentação de documentos na fase de fiscalização, é necessária a verificação da validade da prova relacionada ao comprovante de recebimento de intimação para a apresentação de documentos na fase de fiscalização.

Cumpre reiterar que, para ser admitida como questão prejudicial, que se tornou principal, ainda que não conste expressamente do pedido, exige-se que a questão tenha sido objeto de efeito contraditório prévio, bem como que o julgador tenha competência para se manifestar sobre a matéria (art. 503, §1º, II e III, CPC/2015). Com isso, não podem ser admitidas como questões prejudiciais discussões relacionadas a tributos de competência de outro ente federado. Por exemplo, não

---

[392] Afirmando que a *ratio decidendi* não é questão prejudicial: DIDIER JÚNIOR, Fredie. Algumas novidades sobre a disciplina normativa da coisa julgada no Código de Processo Civil brasileiro de 2015. *In:* DIDIER JÚNIOR, Fredie; CABRAL, Antonio do Passo (coord.). *Coisa julgada e outras estabilidades processuais.* Salvador: JusPodivm, 2018. p. 96

CAPÍTULO 2
CONTEÚDO E ESTRUTURA DA DECISÃO ADMINISTRATIVA TRIBUTÁRIA | 147

se considera uma questão prejudicial o julgador administrativo, no processo administrativo tributário federal, pronunciar-se sobre a forma de recolhimento do ICMS para fundamentar sua decisão. Assim, é possível sintetizar as questões preliminares e de mérito passíveis de ser objeto do processo administrativo tributário (PAT) quando formuladas na defesa administrativa do sujeito passivo:

Quadro 1 – Síntese das questões preliminares e de mérito passíveis de PAT quando formuladas em defesas administrativas do sujeito passivo

Questões preliminares: pontos que impedem a análise do mérito pelo julgador (matérias de ordem pública)	Preliminares formais (pressupostos processuais)	Pressupostos processuais subjetivos: competência do julgador, capacidade civil das partes e os elementos de representação.
		Pressupostos processuais objetivos: regularidade dos atos processuais (intimação, por exemplo), litispendência, decisão administrativa definitiva anterior, coisa julgada, convenção de arbitragem.
	Preliminares ao conhecimento de mérito (condições da ação)	Interesse processual: prescrição e decadência, concomitância, por exemplo.
		Legitimidade da parte: sujeição ativa e passiva da relação jurídica tributária (critério pessoal da regra matriz de incidência tributária). Quanto à sujeição passiva, discussões de responsabilidade tributária, imunidade subjetiva, isenção subjetiva, por exemplo.
Questões de mérito	Questões principais: resposta da tutela jurisdicional quanto ao cancelamento ou manutenção do ato administrativo tributário, no todo ou em parte.	Conteúdo material: relacionado ao próprio crédito constituído ou ao direito creditório pleiteado.
		Conteúdo formal: equívoco formal cometido na elaboração do ato.
	Questões prejudiciais: pontos que integram o processo lógico necessário para alcançar a decisão tomada (cuja resolução o julgamento do mérito depende), objeto de contraditório prévio e efetivo, abrangido na competência do julgador.	Pontos de fato ou de direito que são julgados como uma condição necessária para o julgamento da questão principal formulada no pedido.

Fonte: Elaborado pela autora.

Para melhor visualização dessas questões no PAT, veja-se um exemplo de defesa administrativa que formula pedidos subsidiários a serem decididos. Imagine-se a situação de o sujeito passivo ter sido notificado de um auto de infração para a cobrança de Imposto sobre a Renda (IR) sobre verbas recebidas sob o título *V*, à alíquota de *A%*. O sujeito passivo apresenta defesa administrativa buscando o cancelamento integral do ato administrativo tributário (pedido principal) sob o fundamento jurídico de que a verba *V* possui natureza indenizatória (questão principal). Para analisar essa questão, será necessário que sejam considerados diferentes fatos e argumentos (pontos), em especial as peculiaridades fáticas que envolvem o pagamento da verba *V*, para confirmar se ela é indenizatória (questões prejudiciais). Não se entendendo que a verba é indenizatória, o sujeito pede ainda o cancelamento de parte do auto de infração, uma vez que a alíquota aplicável *A%* estava equivocada (pedido subsidiário), sendo que a lei do IR prevê a aplicação da alíquota de *B%* (questão principal do pedido subsidiário). Serão analisados diferentes pontos para verificar se existem os pressupostos fáticos e jurídicos para a aplicação da alíquota de *B%* no caso, como critério quantitativo da regra matriz de incidência tributária (questões prejudiciais). Em análise da defesa, o julgador poderá julgar tão somente o pedido principal de cancelamento integral do auto de infração, sendo que, se eventualmente afastar esse pedido, deverá adentrar no pedido subsidiário e nas questões que o envolvem. Adiante neste livro, ao se tratar das estabilidades das decisões administrativas, serão identificados outros exemplos concretos.

Cumpre acrescentar que as questões suscitadas pelo sujeito passivo devem se pautar em torno de aspectos legais dos diplomas normativos, não podendo almejar a declaração de inconstitucionalidade das leis e dos atos normativos pelos julgadores administrativos. O art. 26-A do Decreto nº 70.235/1972, em consonância com a orientação já então firmada pela Súmula CARF nº 2, indica que, "no âmbito do processo administrativo fiscal, fica vedado aos órgãos de julgamento afastar a aplicação ou deixar de observar tratado, acordo internacional, lei ou decreto, sob fundamento de inconstitucionalidade".[393]

---

[393] BRASIL. Decreto nº 70.235, de 6 de março de 1972. Dispõe sobre o processo administrativo fiscal, e dá outras providências. Diário Oficial da União, 7 mar. 1972. Disponível em: http://www.planalto.gov.br/ccivil_03/decreto/D70235cons.htm. Acesso em: 6 dez. 2019. BRASIL. Ministério da Economia. Conselho Administrativo de Recursos Fiscais (CARF). *Súmula CARF nº 2*. Ementa: O CARF não é competente para se pronunciar sobre a inconstitucionalidade de lei tributária. Acórdãos Precedentes: Acórdão nº 101-94876, de

CAPÍTULO 2
CONTEÚDO E ESTRUTURA DA DECISÃO ADMINISTRATIVA TRIBUTÁRIA | 149

Com efeito, mesmo no exercício de função jurisdicional, a declaração de inconstitucionalidade de dispositivos normativos na seara da Administração Pública encontra entrave no Capítulo III da CF/1988, que indica que o controle concentrado e difuso de constitucionalidade de atos e leis compete aos órgãos do Poder Judiciário. No capítulo destinado à organização do Poder Judiciário, o art. 97 expressa que "somente pelo voto da maioria absoluta de seus membros ou dos membros do respectivo órgão especial poderão os tribunais declarar a inconstitucionalidade de lei ou ato normativo do Poder Público". Dessa forma, a inconstitucionalidade de diplomas legais não se fundamenta na "lesão ou ameaça de lesão" identificada no art. 5º, XXXV, da CF/1988, mas sim na própria disciplina do controle de constitucionalidade trazida pelo texto constitucional no capítulo específico do Poder Judiciário.[394]

Contudo uma relevante objeção da doutrina não é na própria declaração de inconstitucionalidade de um dispositivo ou ato pela Administração, mas na necessidade de se "afastar o absurdo da ideia que a Constituição Federal possa ser desconhecida ou mesmo substituída, modificada ou revogada por portarias, regulamentos e outros atos administrativos".[395] Nesse sentido, Aline Jackisch propõe que cabe aos julgadores administrativos tributários se utilizarem do postulado da interpretação conforme a Constituição, "segundo a qual deve ser reconhecida a constitucionalidade da norma sempre que existir uma interpretação possível neste sentido".[396] Assim, diante de manifesta inconstitucionalidade, a norma não poderia ser aplicada pelo julgador administrativo, sob pena de violação à Constituição.

25/02/2005 Acórdão nº 103-21568, de 18/03/2004 Acórdão nº 105-14586, de 11/08/2004 Acórdão nº 108-06035, de 14/03/2000 Acórdão nº 102-46146, de 15/10/2003 Acórdão nº 203-09298, de 05/11/2003 Acórdão nº 201-77691, de 16/06/2004 Acórdão nº 202-15674, de 06/07/2004 Acórdão nº 201-78180, de 27/01/2005 Acórdão nº 204-00115, de 17/05/2005.

[394] Em sentido contrário, garantindo o controle de constitucionalidade ao Poder Judiciário com fundamento no art. 5º, XXXV, da CF/1988, ver: ZAVASCKI, Teori Albino. *Eficácia das sentenças na jurisdição constitucional.* 3. ed. São Paulo: Revista dos Tribunais, 2014. p. 14. Ainda em sentido contrário, pela ampla possibilidade de afastar a aplicação da lei com base na inconstitucionalidade quando do exercício de função de julgamento na seara administrativa, ver: FIGUEIREDO, Lucia Valle. Processo administrativo tributário e controle de constitucionalidade pelos tribunais administrativos. *Revista de Direito Tributário*, São Paulo, nº 75, p. 160, 1998.

[395] BOTTALLO, Eduardo Domingos. Processo Administrativo Tributário. *In:* BARRETO, Aires F.; BOTTALLO, Eduardo Domingos (coord.). *Curso de iniciação em direito tributário.* São Paulo: Dialética, 2004. p. 245.

[396] JACKISCH, Aline. *A análise da inconstitucionalidade das normas no processo administrativo tributário.* 2015. Dissertação (Mestrado em Direito) – Universidade Federal do Rio Grande do Sul, Porto Alegre, 2015.

A dificuldade prática dessa proposta, entretanto, é identificar de forma objetiva quando o julgador poderia admitir a inconstitucionalidade como *manifesta*.

Nesse ponto, observa-se que o §6º do mencionado art. 26-A do Decreto nº 70.235/1972 elenca algumas hipóteses nas quais é cabível ao julgador administrativo afastar a aplicação dos diplomas normativos sob o fundamento de inconstitucionalidade, que poderiam ser consideradas como critérios objetivos para reconhecer esse vício de forma manifesta. Trata-se de diplomas que tenham sido objeto: de decisão definitiva plenária do STF declarando sua inconstitucionalidade, de dispensa legal de constituição ou de ato declaratório do Procurador-Geral da Fazenda Nacional (arts. 18 e 19 da Lei nº 10.522/2002), de súmula da Advocacia-Geral da União (art. 43 da Lei Complementar n. 73/1993) ou de pareceres do Advogado-Geral da União aprovados pelo Presidente da República (art. 40 da Lei Complementar nº 73/1993). Essas hipóteses são reiteradas no art. 62 do RICARF, que acrescenta expressamente o dever dos Conselheiros de reproduzir as "decisões definitivas de mérito, proferidas pelo Supremo Tribunal Federal e pelo Superior Tribunal de Justiça em matéria infraconstitucional", proferidos na sistemática dos recursos repetitivos (arts. 1.036 a 1.041 do CPC/2015 e arts. 543-B e 543-C do CPC/1972).

Existem, no entanto, limites para a revisão do ato administrativo tributário, como se apontará a seguir.

2.3.2 Limites para a revisão do ato administrativo tributário: distinção entre a tutela jurisdicional administrativa e a autotutela da Administração

Quando do exercício de sua função jurisdicional, o julgador administrativo não possui competência para modificar os elementos do ato administrativo tributário, tampouco para alterar sua motivação ou quaisquer de seus elementos essenciais.[397] Melhor: não cabe a ele modificar diretamente o ato administrativo tributário, mas tão somente conceder uma tutela jurisdicional diante do litígio instaurado pelo sujeito passivo, de forma integral ou parcial. Como visto, essa tutela poderá ser constitutiva ou condenatória.

---

[397] GLENDI, Cesare. *L'oggetto del processo tributario*. Padova: CEDAM, 1984. p. 414-421.

Nesse sentido, quando houver, por exemplo, defeito na motivação do ato administrativo tributário sob revisão, caberá ao julgador administrativo proferir decisão concedendo tutela constitutiva contrária à Administração Tributária, no sentido de se reconhecer a existência de nulidade material no ato para, por conseguinte, determinar seu cancelamento. É a mesma tutela que será concedida quando houver vício formal no ato administrativo tributário passível de ser sanado dentro das hipóteses e limites legais. No último caso, poderá o agente administrativo que esteja no exercício da função pública de arrecadação, fiscalização e cobrança do crédito tributário (auditor fiscal) realizar novo ato de lançamento no exercício da autotutela, em razão da previsão do art. 173, II, do CTN.[398]

A função de autotutela dos atos administrativos tributários é garantida tão somente àquele investido na função administrativa de fiscalização e cobrança, não ao julgador administrativo, investido em função distinta, jurisdicional.

Com efeito, como mencionado, o art. 145 do CTN diferencia as formas de revisão do ato administrativo tributário, no exercício da função jurisdicional (incisos I e II – impugnação do sujeito passivo e recurso de ofício) e no verdadeiro exercício de autotutela administrativa, de ofício, pelo auditor fiscal, dentro das hipóteses e limites do art. 149 do CTN (inciso III). Em conformidade com os limites estabelecidos no inciso III, essa modificação poderá ocorrer somente enquanto não definitivamente extinto o crédito tributário (pela decadência), nas hipóteses nele taxativamente elencadas.

Dessa forma, a função da autotutela se refere aos atos administrativos transmitidos de forma unilateral para a Administração Pública, passível de ser realizada pelos auditores fiscais considerando as limitações determinadas pelos arts. 145, 146 e 149 do CTN, não sendo aplicável em se tratando de decisão administrativa jurisdicional, proferida com a participação do sujeito passivo no exercício do contraditório e da ampla defesa.

Nesse sentido, propõe-se a leitura das Súmulas 346 e 473 do STF, que indicam a função administrativa de autotutela e o motivo de conveniência e oportunidade na revogação de atos jurídicos administrativos. Segundo a Súmula 346, de 1963, "a administração pública

---

[398] GLENDI, Cesare. *L'oggetto del processo tributario*. Padova: CEDAM, 1984. p. 527.

pode declarar a nulidade dos seus próprios atos".[399] Por sua vez, a Súmula 473, de 1969, tem o seguinte teor:

A administração pode anular seus próprios atos, quando eivados de vícios que os tornam ilegais, porque deles não se originam direitos; ou revogá-los, por motivo de conveniência ou oportunidade, respeitados os direitos adquiridos, e ressalvada, em todos os casos, a apreciação judicial.[400]

Esses enunciados foram publicados antes da vigência da ordem constitucional de 1988, mas foram reproduzidos no art. 53 da Lei nº 9.784/1999, segundo o qual "a Administração deve anular seus próprios atos, quando eivados de vício de legalidade, e pode revogá-los por motivo de conveniência ou oportunidade, respeitados os direitos adquiridos". O art. 54 da mesma lei estabelece, ainda, um prazo para essa revisão quando atos administrativos gerem efeitos favoráveis para os destinatários. O prazo é de 5 (cinco) anos, contados da data em que foram praticados, salvo comprovada má-fé, sendo que, em se tratando de efeitos patrimoniais contínuos, "o prazo de decadência contar-se-á da percepção do primeiro pagamento" (art. 54, §1º, da Lei nº 9.784/1999). Ainda que ultrapassado o prazo quinquenal, entendem alguns autores que poderia a Administração pleitear judicialmente o cancelamento do ato.[401]

Na seara tributária, a invalidação, revogação e revisão dos atos administrativos tributários possuem disciplina específica nos arts. 145, 146 e 149 do CTN, afastando essa disciplina geral.

De toda forma, como delimitado pelo próprio STF em julgamento proferido em sede de repercussão geral no RE 594.296, "ao Estado é facultada a revogação de atos que repute ilegalmente praticados; porém, se de tais atos já decorreram efeitos concretos, seu desfazimento deve ser

---

[399] BRASIL. Supremo Tribunal Federal (STF). Súmula nº 346. A Administração Pública pode declarar a nulidade dos seus próprios atos. Brasília, DF: Supremo Tribunal Federal, [1963].

[400] BRASIL. Supremo Tribunal Federal (STF). Súmula nº 473. A administração pode anular seus próprios atos, quando eivados de vícios que os tornam ilegais, porque deles não se originam direitos; ou revogá-los, por motivo de conveniência ou oportunidade, respeitados os direitos adquiridos, e ressalvada, em todos os casos, a apreciação judicial. Brasília, DF: Supremo Tribunal Federal, [1969].

[401] RAMOS, Elival da Silva. A valorização do processo administrativo. O poder regulamentar e a invalidação dos atos administrativos. *In*: SUNDFELD, Carlos Ari; MUÑOZ, Guillermo Andrés (org.). *As leis de processo administrativo* (Lei Federal 9.784/99 e Lei Paulista 10.177/98). São Paulo: Malheiros, 2000. p. 83.

CAPÍTULO 2
CONTEÚDO E ESTRUTURA DA DECISÃO ADMINISTRATIVA TRIBUTÁRIA | 153

precedido de regular processo administrativo", com o correspondente respeito ao princípio do contraditório e da ampla defesa. O Ministro Luiz Fux, ao acompanhar o voto do Ministro Dias Toffoli, resumiu em sua declaração de voto que "a regra de que cabe à Administração anular os seus atos e, depois, verificar as consequências em relação aos direitos atingidos, corresponde hoje ao postulado de que a Administração não pode anular os seus atos, salvo se os motivar".[402]

Não se nega, portanto, a possibilidade de a Administração Pública Tributária revisar e invalidar, de ofício, os atos administrativos tributários de lançamento de ofício por identificação de vícios, como indicado no art. 145, III, do CTN. Contudo esses vícios devem estar previstos na lei, observando os limites materiais e temporais indicados nos arts. 146 e 149 do CTN, sendo que, se o novo ato repercutir no campo dos direitos do indivíduo, será necessária a instauração de novo processo administrativo.[403]

Ademais, além dos limites revisionais, há que se examinar a distribuição do ônus da prova no processo administrativo tributário e o princípio da verdade material, o que será feito na próxima seção.

2.3.3 Ônus da prova e atribuições instrutórias do julgador administrativo: princípio da verdade material

Com exceção das questões de ordem pública, a cognição da decisão e os poderes instrutórios do julgador administrativo estão circunscritas às questões trazidas nos atos processuais pelas partes (sujeito passivo e Fazenda), sendo importante identificar a quem incumbe o ônus da prova no processo administrativo tributário (art. 373, CPC/2015).[404]

---

[402] BRASIL. Supremo Tribunal Federal (STF). *RE 594296*, Relator Ministro Dias Toffoli, Tribunal Pleno, julgado em 21/09/2011, Repercussão Geral. DJe-030 Divulgado em 10/02/2012. Publicado em 13/02/2012.

[403] Ver, nesse sentido, manifestação da Procuradoria Geral da República no Recurso Extraordinário 594296, indicada no relatório apresentado pelo Ministro Dias Toffoli. BRASIL. Supremo Tribunal Federal (STF). *RE 594296*, Relator Ministro Dias Toffoli, Tribunal Pleno, julgado em 21/09/2011, Repercussão Geral. DJe-030 Divulgado em 10/02/2012. Publicado em 13/02/2012. Íntegra disponível em: http://redir.stf.jus.br/paginadorpub/paginador. jsp?docTP=TP&docID=1729772. Acesso em: 2 set. 2019.

[404] Nesse sentido: FICARI, Valerio. I poteri del giudice tributario e l'oggetto del processo tributario. *In:* DELLA VALLE, Eugenio; FICARI, Valerio; MARINI, Giuseppe (a cura di). *Il processo tributario*. Milani: CEDAM, 2008. p. 163.

Nos processos relacionados a lançamento de ofício, o ônus da prova inicial é do agente fiscal competente para a lavratura do ato, que deve juntar todos os elementos de prova para demonstrar os motivos identificados na motivação do ato administrativo e evidenciar a validade do crédito tributário constituído.[405] Por sua vez, nos processos relacionados a pleito de repetição de indébito (restituição, compensação, ressarcimento), o ônus probatório recai sobre o sujeito passivo para demonstrar a origem e validade do crédito objeto de seu pleito. O ônus é do postulante ao crédito, tendo este o dever de apresentar todos os elementos necessários à prova de seu direito.[406]

Contudo, no curso do processo administrativo tributário, atribui-se ao julgador administrativo uma postura inquisitiva tanto na impulsão do processo (art. 2º, XII, Lei nº 9.784/1999) como em sua instrução, para a própria produção de provas (arts. 29 a 47, Lei nº 9.784/1999). Com isso, respeitados os limites da motivação do ato administrativo tributário sob revisão, o julgador administrativo tributário poderá de ofício determinar diligências (art. 18, Decreto nº 70.235/1972), bem como corrigir erros materiais ou lapsos manifestos nas decisões (art. 32, Decreto nº 70.235/1972).

Essa postura e atribuição instrutória do julgador administrativo, inclusive com a possibilidade de determinar a realização de diligências pelo órgão de fiscalização, é ordinariamente chamada pela doutrina de princípio da verdade material ou do formalismo moderado, como normas comuns do procedimento e do processo administrativo tributário juntamente com o dever de colaboração, de investigação, legalidade e oficialidade.[407] Como indica James Marins, a exigência de verdade material se refere à "busca pela aproximação entre a realidade dos fatos e a sua representação formal".[408] Trata-se de princípio aplicável à Administração Pública no plano subjetivo orgânico, tanto no exercício

---

[405] Quanto aos diferentes *standards* de prova, ver: ÁVILA, Humberto. Teoria da prova: *standards* de prova e os critérios de solidez da inferência probatória. *Revista de Processo*, v. 282, p. 113-139, 2018.

[406] A título de exemplo, ver: BRASIL. Ministério da Economia. Conselho Administrativo de Recursos Fiscais (CARF). *Acórdão nº 3401-003.096*. Processo nº 11516.721501/2014-43. Sessão 23/02/2016. Relator Rosaldo Trevisan. BRASIL. Ministério da Economia. Conselho de Administração de Recursos Fiscais (CARF). *Acórdão nº 3402-006.719*. Processo nº 13433.720026/2005-42. Sessão 19/06/2019 Relatora Maysa de Sá Pittondo Deligne.

[407] Conforme James Marins, com fulcro na visão de Humberto Ávila na teoria dos princípios: MARINS, James. *Direito processual tributário brasileiro*: administrativo e judicial. 10. ed. São Paulo: Revista dos Tribunais, 2017. p. 177.

[408] MARINS, James. *Direito processual tributário brasileiro*: administrativo e judicial. 10. ed. São Paulo: Revista dos Tribunais, 2017. p. 182.

da função administrativa, como da função jurisdicional, sendo que "o dever de investigação da Administração e o dever de colaboração por parte do particular têm por finalidade propiciar a aproximação da atividade formalizadora com a realidade dos acontecimentos".[409] Essa orientação principiológica do processo administrativo tributário admite, portanto, "a reconstrução dos fatos sociais no universo jurídico por intermédio de uma metodologia jurídica mais flexível, ou seja, menos apegada à forma", decorrente da relevância do valor jurídico extraído do fato que se pretende provar juridicamente, sem aptidão, contudo, para "validar" preclusões e atecnias.[410]

Essa característica do julgamento administrativo tributário se mostrava como um elemento distintivo relevante do exercício da função jurisdicional pela Administração Pública à luz do Código de Processo Civil aprovado pela Lei nº 5.869/1973 (CPC/1973), mas que foi reduzido com a ampliação da atribuição inquisitiva do juiz pelo CPC/2015.[411] Assim, sempre que necessário, o julgador administrativo poderá impulsionar a produção de provas relacionadas ao ato administrativo sob revisão de ofício, independentemente de provocação da parte. É dotado, portanto, de postura ativa no processo, em especial na investigação.[412]

Aqui é essencial salientar que as eventuais intervenções dos auditores fiscais no curso do processo, em razão da atuação inquisitória do julgador administrativo, não devem extrapolar os limites do objeto do processo fixados pelo ato administrativo tributário sob revisão e pela defesa administrativa apresentada pelo sujeito passivo. Ou seja, quando da realização de diligências, eventuais fatos e argumentos obtidos no trabalho fiscal que possam implicar a modificação na motivação do ato

---

[409] MARINS, James. *Direito processual tributário brasileiro*: administrativo e judicial. 10. ed. São Paulo: Revista dos Tribunais, 2017. p. 183.

[410] Nesse sentido, por exemplo: BRASIL. Ministério da Economia. Conselho Administrativo de Recursos Fiscais (CARF). *Acórdão nº 3402-006.859*. Processo nº 10980.902100/2010-10. Sessão 24/09/2019. Relatora Maysa de Sá Pittondo Deligne.

[411] THEODORO JÚNIOR, Humberto. *Curso de direito processual civil*. 60. ed. Rio de Janeiro: Forense, 2019. p. 443-449.

[412] CARDOSO, Alessandro Mendes; MELO, Anthéia Aquino. Princípio da verdade material e a produção de provas no processo administrativo tributário: atual entendimento do Conselho Administrativo de Recursos Fiscais – CARF. *In*: CARDOSO, Alessandro Mendes *et al.* (org.). *Processo administrativo tributário*. Belo Horizonte: D'Plácido, 2018. p. 549. Da mesma forma, no processo tributário italiano: RICCI, Gian Franco. *Principi di diritto processuale generale*. 6. ed. Torino: Giappichelli, 2015. p. 69. No processo administrativo francês: CAUBET-HILLOUTOU, Jean Noël; BUTERI, Karine. Le rôle des differentes acteurs du procès administratif dans l'instruction contradictoire. *In*: GOURDOU, Jean; LECUCQ, Olivier; MADEC, Jean-Yves (direc.). *Le principe du contradictoire dans le procès administratif*. Paris: L'Harmattan, 2010. p. 102-113.

administrativo tributário não podem ser alterados no próprio processo, seja pelo auditor fiscal, seja pelo julgador administrativo. Como indica o art. 18, §3º, do Decreto nº 70.235/1972, se nas diligências realizadas no curso do processo "forem verificadas incorreções, omissões ou inexatidões de que resulte agravamento da exigência inicial, inovação ou alteração da fundamentação legal da exigência", exige-se a lavratura de novo ato (auto de infração ou notificação de lançamento complementar), com a necessidade de se devolver "ao sujeito passivo, prazo para impugnação no concernente à matéria modificada". É evidente que essa atividade somente será cabível dentro das hipóteses autorizadas pela lei, taxativamente identificadas no art. 149 do CTN, observados os limites materiais do art. 146 do mesmo diploma.

De fato, a atribuição probatória mais flexível do julgador administrativo não se confunde com a função administrativa de autotutela garantida especificamente aos auditores fiscais, para a invalidação de atos administrativos unilaterais nas hipóteses taxativas do art. 149 do CTN. Feitas essas reflexões, passa-se à conclusão parcial deste capítulo.

2.4 Conclusão parcial: conteúdo e estrutura da decisão proferida no processo administrativo tributário

Conclui-se, portanto, que a decisão administrativa tributária é um ato jurídico jurisdicional, que possui como conteúdo uma tutela jurisdicional a ser identificada a partir dos pedidos formulados na defesa administrativa apresentada pelo sujeito passivo, tendo por causa de pedir o ato administrativo tributário, que identifica a pretensão fazendária. A finalidade da decisão administrativa é garantir a *tutela jurisdicional*, como resultado do processo no qual se exerce função jurisdicional.

Para sua edição, a decisão administrativa tributária deve necessariamente envolver o sujeito passivo, dando a ele a possibilidade de participação à luz do devido processo legal, do contraditório e da ampla defesa. Esses princípios exigem que a decisão administrativa não seja um ato unilateral, mas que enfrente, em sua fundamentação, os argumentos e provas apresentados pelas duas partes ao longo do processo. Uma vez que a decisão administrativa tributária não é exarada de forma unilateral, esse ato jurisdicional exige um regime jurídico de modificação distinto dos atos administrativos em geral, que são necessariamente unilaterais. Especificamente os atos administrativos tributários de lançamento de ofício possuem limites para sua revisão

CAPÍTULO 2
CONTEÚDO E ESTRUTURA DA DECISÃO ADMINISTRATIVA TRIBUTÁRIA | 157

e invalidação no CTN, dentro das hipóteses previstas nos arts. 145, 146 e 149.

O objeto do processo administrativo tributário é delimitado por dois atos processuais específicos: (i) o ato administrativo tributário, por seu motivo e motivação; e (ii) as questões de fato e de direito suscitadas pelo sujeito passivo em sua defesa administrativa apresentada em face deste ato, com o pedido específico. O relatório, os fundamentos e a conclusão são elementos essenciais da decisão administrativa. No relatório, são sintetizados os acontecimentos do processo e os argumentos das partes, com todas as questões de fato e de direito invocadas a serem enfrentadas no fundamento da decisão. Na motivação, a decisão administrativa tributária deve considerar os argumentos relevantes para a formação da convicção (*ratio decidendi*), resolvendo as questões prejudiciais necessárias ao julgamento do pedido (cancelar o ato administrativo tributário ou manter o ato administrativo tributário). Na conclusão, é fornecida a resposta à tutela jurisdicional pleiteada, com a resposta à questão principal trazida pelo sujeito passivo, podendo ser constitutiva ou condenatória. Quaisquer dessas tutelas envolvem, necessariamente, uma tutela declaratória que a antecede, relacionada ao direito pleiteado ou à relação jurídica tributária controversa.

Diferentemente da seara judicial, as razões que fundamentam a decisão administrativa tributária sempre foram admitidas como relevantes para o julgamento e, consequentemente, para a tutela jurisdicional a ser prestada. O art. 31 do Decreto nº 70.235/1972 exige que a decisão enfrente todos os atos administrativos tributários postos sob revisão e as "razões de defesa suscitadas pelo impugnante contra todas as exigências".

Nos processos relacionados a lançamento de ofício, o ônus da prova inicial é do agente fiscal competente para a lavratura do ato, enquanto nos processos relacionados a pleito de repetição de indébito (restituição, compensação, ressarcimento) o ônus probatório recai sobre o sujeito passivo, como postulante ao crédito.

Contudo, no curso do processo administrativo tributário, atribui-se ao julgador administrativo uma postura inquisitiva tanto na impulsão do processo como em sua instrução, à luz do princípio da verdade material ou formalismo moderado. Essa postura ativa do julgador, todavia, não se confunde com a atribuição de autotutela da Administração, conferida ao agente fiscal, para invalidar os atos administrativos tributários maculados pelos vícios formais ou taxativamente identificados no art. 149 do CTN.

Ao compreender, portanto, a decisão administrativa tributária como ato jurídico jurisdicional, envolvendo o sujeito passivo, de acordo com os princípios processuais, composta de relatório, fundamentos e conclusão, com ônus da prova divergente a depender do processo, abre-se a possibilidade de questionar sua eficácia. No próximo capítulo, portanto, será colocada a hipótese principal da tese aqui defendida.

CAPÍTULO 3

EFICÁCIA DA DECISÃO ADMINISTRATIVA TRIBUTÁRIA

O objetivo geral desta pesquisa é indicar as espécies de decisões administrativas tributárias que são passíveis de serem dotadas de estabilidade extraprocessual quanto às questões nela decididas, com eficácia material e futura para as partes envolvidas na lide administrativa (sujeito passivo e Fazenda). Busca-se confirmar a hipótese da tese proposta neste livro, identificando se somente a decisão administrativa tributária favorável ao sujeito passivo é passível de produzir esses efeitos. Além disso, mostra-se necessário solucionar o problema da extensão material ou objetiva da decisão administrativa tributária, para além das balizas do processo em que foi formada, demarcando as questões decididas pela autoridade julgadora administrativa que são dotadas de "força de lei" para as partes do processo.

Neste capítulo, serão abordadas as estabilidades processuais no PAT, as espécies de decisões administrativas tributárias e seu grau de estabilidade extraprocessual, bem como seus efeitos para além do processo, de forma a analisar sua eficácia.

3.1 Estabilidades processuais no processo administrativo tributário

Esta pesquisa se apoia na proposta, apresentada por Antonio do Passo Cabral, de dar tratamento teórico conjunto às estabilidades dos atos processuais.[413] Em raciocínio recepcionado pelo CPC/2015,

---

[413] Serão consideradas as questões trazidas pelo autor na obra *Coisa Julgada e Preclusões Dinâmicas*: entre continuidade, mudança e transição de posições processuais estáveis. 3.

que previu diferentes formas de estabilidade processual, admite-se que o "fenômeno das estabilidades processuais deve ser visto em conjunto", sendo um gênero que compreende diferentes espécies.[414] Por conseguinte, a ideia de que a coisa julgada seria a forma de estabilidade processual por excelência é afastada, para reconhecê-la como uma das diferentes espécies de estabilidade processual, cuja forma mais geral é a *preclusão*, gênero conceituado de forma distinta da doutrina tradicional, como a estabilidade interna ou externa ao processo (intraprocessual ou extraprocessual), com ou sem efeitos materiais (para a relação jurídica material controvertida).[415] Além das preclusões das situações jurídicas passíveis de serem requeridas pela parte, admite-se que a preclusão atinge também a atividade do juiz, sendo que, em consonância com ordenamentos estrangeiros, admitem-se preclusões da causa (*claim preclusion*), como a preclusão no debate de questões (*issue preclusion*).[416]

São diferentes as formas de estabilidade previstas no ordenamento jurídico pátrio "para a proteção do conteúdo de cada ato processual. Se tomarmos como exemplo as decisões judiciais, esta variação iria da preclusão à *res iudicata*, sendo a coisa julgada material considerada o mais alto grau de estabilidade dos atos estatais".[417] A graduação de cada forma de estabilidade se dá em razão de sua força e da necessidade de manutenção do que foi decidido.[418]

Nesse aspecto, cumpre observar que, independentemente da acepção de coisa julgada adotada pela doutrina pátria, todos reconhecem que esse instituto se relaciona "de algum modo à ideia de estabilidade

---

ed. Salvador: Juspodivum, 2019 e no texto As estabilidades processuais como categoria incorporada ao sistema do CPC. *In*: DIDIER JÚNIOR, Fredie; CABRAL, Antonio do Passo (coord.). *Coisa julgada e outras estabilidades processuais*. Salvador: JusPodivm, 2018. p. 25-60.

[414] CABRAL, Antonio do Passo. As estabilidades processuais como categoria incorporada ao sistema do CPC. *In*: DIDIER JÚNIOR, Fredie; CABRAL, Antonio do Passo (coord.). *Coisa julgada e outras estabilidades processuais*. Salvador: JusPodivm, 2018. p. 26.

[415] *Ibid*. p. 51. CABRAL, Antonio do Passo. *Coisa julgada e preclusões dinâmicas*: entre continuidade, mudança e transição de posições processuais estáveis. 3. ed. Salvador: JusPodivm, 2019. p. 329-330.

[416] CABRAL, Antonio do Passo. *Coisa julgada e preclusões dinâmicas*: entre continuidade, mudança e transição de posições processuais estáveis. 3. ed. Salvador: JusPodivm, 2019. p. 330-331.

[417] CABRAL, Antonio do Passo. As estabilidades processuais como categoria incorporada ao sistema do CPC. *In*: DIDIER JÚNIOR, Fredie; CABRAL, Antonio do Passo (coord.). *Coisa julgada e outras estabilidades processuais*. Salvador: JusPodivm, 2018. p. 42.

[418] CABRAL, Antonio do Passo. *Coisa julgada e preclusões dinâmicas*: entre continuidade, mudança e transição de posições processuais estáveis. 3. ed. Salvador: JusPodivm, 2019. p. 323.

do que foi decidido".[419] Ao evidenciar a importância de se aplicar o instituto da coisa julgada aos processos judiciais tributários, inclusive para os fatos geradores continuativos e para as ações executivas, Ruy Barbosa Nogueira indica que, como a tributação é um fenômeno complexo (sociológico, econômico e financeiro), a coisa julgada seria "ainda mais necessária para a segurança do povo contribuinte, para a paz entre o Estado-Fisco e o Cidadão-Contribuinte e para confiança dos contribuintes (...) como jurisdicionados".[420]

Nesse sentido, a coisa julgada se apresenta como uma espécie de estabilidade processual para a qual foi atribuído o maior grau de permanência do ordenamento jurídico pátrio, na perspectiva extra-processual com efeitos materiais, direcionada especificamente para as decisões judiciais. A coisa julgada agrega efeitos preclusivos relacionados à continuidade da decisão judicial de mérito (qualidades da imutabilidade e indiscutibilidade), conferindo estabilidade à relação jurídica processual e material, impedindo questionamentos futuros pelas partes sobre as questões decididas, e com regime de sua modificação por meio de ação própria e em hipóteses específicas (ação rescisória).[421]

Ao se referir à coisa julgada, Moreira afirma que "óbvias necessidades de ordem prática impõem que se assegure estabilidade à tutela jurisdicional".[422] Ainda que o autor se refira tão somente às decisões proferidas pelo Poder Judiciário, essa obviedade igualmente se aplica às tutelas jurisdicionais asseguradas na seara da Administração Pública Tributária. No entanto, questiona-se: o grau de força e necessidade de se manter o que foi decidido é igual para qualquer pronunciamento da Administração Pública Tributária no exercício de função jurisdicional? Antes de responder a esse questionamento, cumpre demonstrar a obviedade mencionada por Moreira para as decisões administrativas tributárias.

---

[419] SENRA, Alexandre. *A coisa julgada no Código de Processo Civil de 2015*: premissas, conceitos, momento de formação, suportes fáticos. Salvador: JusPodivm, 2017. p. 78.

[420] NOGUEIRA, Rui Barbosa. A coisa julgada em direito tributário. *Revista da Faculdade de Direito da Universidade de São Paulo*, São Paulo, v. 68, nº 1, p. 107, 1º jan. 1973.

[421] SOUZA, Henrique Coutinho de. *A ação rescisória em matéria tributária*: considerações sobre o direito de lançar à luz do princípio da segurança jurídica. 2018. Dissertação (Mestrado em Direito) – Universidade de São Paulo, São Paulo, 2018. p. 36.

[422] MOREIRA, José Carlos Barbosa. A eficácia preclusiva da coisa julgada material no sistema do processo civil brasileiro. *In: Temas de direito processual*. Primeira Série. São Paulo: Saraiva, 1977. p. 97.

De forma comum, as estabilidades processuais relacionadas ao exercício da função jurisdicional buscam assegurar a norma princípio da segurança jurídica, exigindo a contínua busca e garantia dos estados de cognoscibilidade, confiabilidade e calculabilidade, como desenvolvido por Humberto Ávila.[423] A qualidade da cognoscibilidade se refere à possibilidade de o sujeito identificar e compreender quais são as normas jurídicas que estão regendo seu comportamento.[424] A confiabilidade diz respeito à continuidade do ordenamento jurídico, relacionado à própria consistência do ordenamento, que busca estabilidade, integridade e coerência das normas jurídicas nele veiculadas.[425] A calculabilidade, por sua vez, corresponde à elevada capacidade de prever as consequências jurídicas de atos e fatos pela maioria das pessoas.[426] A última qualidade é denominada por muitos autores de previsibilidade. Contudo, como alerta Ávila, o termo previsibilidade é empregado como a total capacidade de antecipar as consequências jurídicas aliada a uma percepção da segurança jurídica como certeza, razão pela qual o autor preferiu o signo *calculabilidade*, adotado neste livro.[427]

Ao identificar as diferentes formas e espécies de estabilidades constantes do processo administrativo tributário, almeja-se o estado de cognoscibilidade do Direito, para que suas partes (os sujeitos passivos e a Administração Pública Tributária) identifiquem quais atos processuais ditam normas jurídicas tributárias e sancionatórias no exercício de função jurisdicional, e qual o seu grau de estabilidade.

Por sua vez, essa verificação da extensão ou grau das estabilidades processuais, em especial das decisões administrativas, assegura o estado de confiabilidade, em face da possibilidade de se garantir a estabilidade das relações jurídicas tributárias processuais e materiais na seara administrativa. Ademais, a busca desse ideal destaca a importância dos fundamentos jurídicos ou razões da decisão administrativa para a clara identificação das questões jurídicas nela decididas, envolvendo os argumentos e fundamentos jurídicos relevantes, considerados para respaldar a decisão e a correspondente orientação da conduta das partes, inclusive futuras. Isso, porque as decisões exaradas no exercício

---

[423] ÁVILA, Humberto. *Teoria da segurança jurídica*. 4. ed. São Paulo: Malheiros, 2016. p. 143-706.

[424] ÁVILA, Humberto. *Teoria da segurança jurídica*. 4. ed. São Paulo: Malheiros, 2016. p. 355.

[425] ÁVILA, Humberto. *Teoria da segurança jurídica*. 4. ed. São Paulo: Malheiros, 2016. p. 705.

[426] ÁVILA, Humberto. *Teoria da segurança jurídica*. 4. ed. São Paulo: Malheiros, 2016. p. 706.

[427] ÁVILA, Humberto. *Teoria da segurança jurídica*. 4. ed. São Paulo: Malheiros, 2016. p. 143-144.

da função jurisdicional, sejam as administrativas ou as judiciais, têm potencial efeito futuro, por dizerem a norma jurídica aplicável ao caso concreto a partir da lei, atingindo, ao menos de imediato, a conduta dos sujeitos aos quais se direcionam.[428] Mesmo as preclusões "representam regras de comportamento para as partes e para o juiz, numa perspectiva indutora de conduta", o que evidencia que "as regras preclusivas têm, no contexto do formalismo moderno, uma eficácia extraprocessual, abrangendo atos praticados após o término do processo".[429]

É com fulcro no ideal da calculabilidade que se evidencia a relevância de avaliar os efeitos das decisões administrativas para outros processos e para a relação jurídica tributária material, identificando seus efeitos para condutas passadas, para atos administrativos tributários pendentes de discussão administrativa e para condutas e atos futuros praticados pelas partes.

Nesse sentido, tal como já amplamente reconhecido para a coisa julgada, as estabilidades processuais dos atos processuais administrativos, cujo enfoque neste livro é dado às decisões administrativas tributárias, decorrem dos princípios da segurança jurídica e do Estado de Direito, sendo aplicáveis mesmo na ausência de lei específica ou regulamentação.[430] É certo que o legislador é "autorizado a estabelecer regimes mais ou menos rígidos para as estabilidades processuais, com requisitos detalhados para sua configuração e limites".[431]

---

[428] BALEEIRO, Aliomar. *Direito tributário brasileiro*. Atualizada por Misabel de Abreu Machado Derzi. 12. ed. Rio de Janeiro: Forense, 2013. p. 1214-1216. Reconhecendo a produção de efeitos futuros das decisões de mérito, quando atingem a relação jurídica tributária, ver: TORRES, Ricardo Lobo. *Curso de direito financeiro e tributário*. 8. ed. Rio de Janeiro: Renovar, 2001. p. 249; AMARO, Luciano. *Direito tributário brasileiro*. 15. ed. São Paulo: Saraiva, 2009. p. 341; TROIANELLI, Gabriel Lacerda. Interpretação da lei tributária: lei interpretativa, observância de normas complementares e mudança de critério jurídico. *Revista Dialética de Direito Tributário*, São Paulo, nº 176, p. 81, maio 2010; SOUSA, Rubens Gomes de. *Compêndio de Legislação Tributária*. São Paulo: Resenha Tributária, 1975. p. 193-194; ÁVILA, Humberto. *Teoria da segurança jurídica*. 4. ed. São Paulo: Malheiros, 2016. p. 472-478; SCHOUERI, Luís Eduardo. *Direito tributário*. 8. ed. São Paulo: Saraiva, 2018. p. 697; FLÁVIO NETO, Luís. Segurança jurídica, proteção da confiança, boa-fé e proibição de comportamentos contraditórios no Direito Tributário: *nemo potest venire contra factum proprium*. In: ZILVETI, Fernando Aurélio. *Revista Direito Tributário Atual*, São Paulo, nº 36, p. 232, 2016.

[429] CABRAL, Antonio do Passo. *Coisa julgada e preclusões dinâmicas*: entre continuidade, mudança e transição de posições processuais estáveis. 3. ed. Salvador: JusPodivm, 2019. p. 349.

[430] CABRAL, Antonio do Passo. *Coisa julgada e preclusões dinâmicas*: entre continuidade, mudança e transição de posições processuais estáveis. 3. ed. Salvador: JusPodivm, 2019. p. 321.

[431] CABRAL, Antonio do Passo. As estabilidades processuais como categoria incorporada ao sistema do CPC. In: DIDIER JÚNIOR, Fredie; CABRAL, Antonio do Passo (coord.). *Coisa julgada e outras estabilidades processuais*. Salvador: JusPodivm, 2018. p. 37.

Assim, é importante avaliar a disciplina legal das estabilidades no processo administrativo tributário, identificando se, na hipótese de ausência de regras processuais específicas, é possível delinear um "modelo de estabilidades, que poderia ser extraído de outros pontos do sistema, tanto de regras positivadas quando dos princípios gerais de regência".[432]

Portanto, partindo do gênero de estabilidades processuais, do qual a coisa julgada é apenas uma de suas espécies, identificam-se diferentes tipos de efeitos preclusivos no processo administrativo tributário, inclusive para as decisões administrativas tributárias, dotadas de características e efeitos próprios estabelecidos em lei. Diferenciam-se, ainda, o grau de força e a necessidade de se manter o que foi decidido pelas distintas espécies de decisões administrativas tributárias, favoráveis ou contrárias ao sujeito passivo.

A aplicabilidade do gênero das estabilidades processuais ao processo administrativo tributário é viável por partir das premissas delineadas neste livro. Ao se reconhecer que a Administração Pública Tributária desempenha função jurisdicional quando da revisão dos atos administrativos tributários, os atos processuais administrativos e as decisões administrativas atraem o regime jurídico aplicável ao processo e aos atos jurisdicionais.

Para uma melhor compreensão da distinção da aproximação aqui pretendida em relação à doutrina clássica, cumpre realizar considerações críticas quanto à forma como os efeitos das decisões administrativas tributárias têm sido abordados, sempre buscando aproximar ou afastar tais efeitos do instituto da coisa julgada. Em seguida, ainda com fulcro nas razões da doutrina tradicional, serão identificadas as diferentes hipóteses de estabilidade processual ordinariamente admitidas no processo administrativo tributário para, por fim, adentrar nos diferentes efeitos atribuíveis às espécies de decisão administrativa tributária.

---

[432] CABRAL, Antonio do Passo. As estabilidades processuais como categoria incorporada ao sistema do CPC. *In:* DIDIER JÚNIOR, Fredie; CABRAL, Antonio do Passo (coord.). *Coisa julgada e outras estabilidades processuais.* Salvador: JusPodivm, 2018. p. 37.

3.1.1 Efeitos das decisões administrativas na doutrina e na jurisprudência: críticas à abordagem da preclusão administrativa e da coisa julgada administrativa

Consoante histórico traçado por Heitor Vitor Mendonça Sica, a noção de preclusão foi introduzida na ciência jurídica por Giuseppe Chiovenda, em uma ordem de ideias que, desde sua origem, esteve atrelada à construção romana da coisa julgada.[433] Tradicionalmente, a preclusão é admitida como a perda, extinção ou consumação de uma faculdade processual no mesmo processo, seja das partes pela impossibilidade de praticar ato processual, seja do juiz de julgar questões.[434] Nessa linha, o gênero preclusão é invocado como um efeito dentro do processo, impedindo que um ato processual seja praticado ou renovado, sendo identificadas três espécies distintas: temporal (inobservância de prazo peremptório), lógica (conduta logicamente incompatível) e consumativa (por ter exaurido, praticado, o ato, anteriormente).[435] Nesse sentido, afirma Humberto Theodoro Júnior que a preclusão é um "fenômeno interno, que só diz respeito ao processo em curso e às suas partes", sendo que "nem sempre terá repercussões para as próprias partes em outros processos, onde a mesma questão venha a ser incidentalmente tratada, mas a propósito de lide diferente".[436] Os efeitos preclusivos do processo impedem, dessa forma, a revisão do ato praticado dentro do processo, sem reflexos para outros (efeito *intraprocessual* ou *endoprocessual*).

Sica, com fulcro nas críticas traçadas pela doutrina italiana, reprovava essa abordagem da preclusão, uma vez que o mesmo signo denota dois fenômenos distintos: (i) o que impede que a parte pratique o ato dentro do processo (por transcurso do tempo, depois de já tê-

---

[433] SICA, Heitor Vitor Mendonça. *Preclusão processual civil*. 2. ed. São Paulo: Atlas, 2008. p. 72-75.

[434] SICA, Heitor Vitor Mendonça. *Preclusão processual civil*. 2. ed. São Paulo: Atlas, 2008. p. 74; CABRAL, Antonio do Passo. As estabilidades processuais como categoria incorporada ao sistema do CPC. *In:* DIDIER JÚNIOR, Fredie; CABRAL, Antonio do Passo (coord.). *Coisa julgada e outras estabilidades processuais*. Salvador: JusPodivm, 2018. p. 43.

[435] CABRAL, Antonio do Passo. As estabilidades processuais como categoria incorporada ao sistema do CPC. *In:* DIDIER JÚNIOR, Fredie; CABRAL, Antonio do Passo (coord.). *Coisa julgada e outras estabilidades processuais*. Salvador: JusPodivm, 2018. p. 43-44.

[436] THEODORO JÚNIOR, Humberto. Coisa julgada. *In:* THEODORO JÚNIOR, Humberto. OLIVEIRA, Fernanda Alvim Ribeiro de. REZENDE, Ester Camila Gomes Norato (coord.). *Primeiras lições sobre o novo direito processual civil brasileiro* (de acordo com o Novo Código de Processo Civil Lei 13.105, de 16 de março de 2015). Rio de Janeiro: Forense, 2015. p. 351.

lo praticado, ou por incompatibilidade); e (ii) o que torna a questão imutável depois de decidida.[437] Porém, para o autor, as preclusões não têm o condão de tornar imutável o regramento material, mas tão somente as questões "preparatórias" para a decisão final.[438]

Por sua vez, a noção da coisa julgada foi desenvolvida como um instituto decorrente da preclusão processual, de forma a garantir a estabilidade da relação jurídica objeto da lide. Moreira distingue coisa julgada de preclusão para afirmar que a primeira é "uma das várias situações jurídicas dotadas de eficácia preclusiva".[439]

Não se pretende aqui adentrar na celeuma das diferentes acepções doutrinárias da coisa julgada e como ela deve ser aplicada no processo judicial tributário, o que já foi feito por extensa doutrina.[440]

---

[437] SICA, Heitor Vitor Mendonça. *Preclusão processual civil.* 2. ed. São Paulo: Atlas, 2008. p. 75-84 e 91.

[438] SICA, Heitor Vitor Mendonça. *Preclusão processual civil.* 2. ed. São Paulo: Atlas, 2008. p. 216-217.

[439] MOREIRA, José Carlos Barbosa. A eficácia preclusiva da coisa julgada material no sistema do processo civil brasileiro. *In: Temas de direito processual.* Primeira Série. São Paulo: Saraiva, 1977. p. 100.

[440] Entre outros, no processo civil: ALVIM, Thereza Celina Diniz de Arruda. *As questões prévias e os limites objetivos da coisa julgada.* São Paulo: Revista dos Tribunais, 1977; WAMBIER, Teresa Arruda Alvim; MEDIDA, José Miguel Garcia. *O dogma da coisa julgada, hipóteses de relativização.* São Paulo: revista dos Tribunais, 2003; MOREIRA, José Carlos Barbosa. Considerações sobre a chamada 'relativização' da coisa julgada material. *In: Temas de direito processual.* Nona Série. São Paulo: Saraiva, 2007. p. 235-266; ALVIM, Thereza Celina Diniz de Arruda. Repensando a coisa julgada. *Revista Autônoma de Processo,* v. 2, p. 307-322, 2007; LOPES, Bruno Vasconcelos Carrilho. *Limites objetivos e eficácia preclusiva da coisa julgada.* 2010. 158 f. Tese (Doutorado em Direito). Universidade de São Paulo, São Paulo, 2010; MOREIRA, José Carlos Barbosa. Ainda e sempre a coisa julgada. *In: Doutrinas essenciais de processo civil.* vol. 6, p. 679, out. 2011; WAMBIER, Teresa Arruda Alvim. O que é abrangido pela coisa julgada no direito processual civil brasileiro: a norma vigente e as perspectivas de mudança. *Revista de Processo,* v. 39, nº 230, p. 75-89, abr. 2014. Especificamente na seara do processo tributário, entre outros, ver: SOUSA, Rubens Gomes de. Coisa julgada (Dir. Fiscal). *In:* SANTOS, J. M. de Carvalho (org.). *Repertório enciclopédico do direito brasileiro.* Rio de Janeiro: Borsoi, s/d. v. IX. p. 290-301; e SOUSA, Rubens Gomes de. A coisa julgada no direito tributário. *Revista de Direito Administrativo,* Rio de Janeiro, v. 5, p. 48-76, jul. 1946; NOGUEIRA, Rui Barbosa. A coisa julgada em direito tributário. *Revista da Faculdade de Direito da Universidade de São Paulo,* São Paulo, v. 68, nº 1, p. 91-113, 1º jan. 1973. ALCKMIN, Rodrigues. Tributo – Coisa julgada. *Revista de Direito Administrativo,* Rio de Janeiro, v. 134, p. 41-46, jan. 1978; WAMBIER, Teresa Arruda Alvim. Anotações sobre a coisa julgada em matéria tributária. *Revista da Academia Paranaense de Letras Jurídicas,* Curitiba: Juruá, v. 1, p. 173-180, 2001; VALVERDE, Gustavo Sampaio. *Coisa julgada em matéria tributária.* São Paulo: Quartier Latin, 2004; SCAFF, Fernando Facury. Efeitos da coisa julgada em matéria tributária e livre concorrência. *In:* ROCHA, Valdir de Oliveira (coord.). *Grandes questões atuais do direito tributário.* São Paulo: Dialética, 2005. p. 110-135; SOUZA, Fernanda Donnabella Camano de. *Os limites objetivos e "temporais" da coisa julgada em ação declaratória no direito tributário.* São Paulo: Quartier Latin, 2006; RODRIGUES, Walter Piva. *Coisa julgada tributária.* São Paulo: Quartier Latin, 2008; STUMPF, Silvia Roberta. *Coisa julgada tributária e controle de constitucionalidade.* 2012. Dissertação (Mestrado

CAPÍTULO 3
EFICÁCIA DA DECISÃO ADMINISTRATIVA TRIBUTÁRIA | 167

Busca-se, tão somente, apontar críticas quanto à forma como esse instituto vem sendo invocado, pela doutrina e pela jurisprudência, para tratar dos efeitos das decisões administrativas, juntamente com o instituto da preclusão.

Conforme definido no art. 502 do CPC/2015, "denomina-se coisa julgada material a autoridade que torna imutável e indiscutível a decisão de mérito não mais sujeita a recurso".[441] Nas lições de Humberto Theodoro Júnior, a coisa julgada material, referenciada no texto legal, é formada quando o mérito é enfrentado pela sentença, revelando a lei das partes e produzindo "seus efeitos no mesmo processo ou em qualquer outro", por já ter sido definitivamente apreciada e julgada.[442] A coisa julgada formal, por sua vez, ocorre quando o mérito não for apreciado, atuando dentro do processo em que a decisão foi proferida "sem impedir que o objeto do julgamento volte a ser discutido em outro processo".[443] Portanto, a coisa julgada formal garante a estabilidade da relação jurídica processual, ao passo que a coisa julgada material estabiliza as relações jurídicas processuais e materiais objeto da lide.

Assim, na visão tradicional, a coisa julgada formal é um "evento intraprocessual", interno ao processo, que busca assegurar a impossibilidade de impugnação da decisão tomada no processo, mas não necessariamente em outros. Por sua vez, a coisa julgada material atinge o próprio conteúdo do ato decisório sobre o mérito, sendo "projetada *ad extra*, para fora do processo em que proferida a decisão".[444] Com fulcro nessa distinção, somente a "coisa julgada material" seria a decisão com capacidade de produzir efeitos extraprocessuais sobre as questões principais decididas, não obstante outras manifestações de mérito possam ser proferidas no próprio curso do processo judicial. Ademais,

---

em Direito) – Universidade Federal do Rio Grande do Sul, Porto Alegre, 2012.

[441] BRASIL. Lei nº 13.105, de 16 de março de 2015. Código de Processo Civil. *Diário Oficial da União*, 17 mar. 2015. Disponível em: http://www.planalto.gov.br/ccivil_03/_ato2015-2018/2015/lei/l13105.htm. Acesso em: 6 dez. 2019.

[442] THEODORO JÚNIOR, Humberto. Coisa julgada. *In*: THEODORO JÚNIOR, Humberto. OLIVEIRA, Fernanda Alvim Ribeiro de. REZENDE, Ester Camila Gomes Norato (coord.). *Primeiras lições sobre o novo direito processual civil brasileiro* (de acordo com o Novo Código de Processo Civil Lei 13.105, de 16 de março de 2015). Rio de Janeiro: Forense, 2015. p. 346.

[443] THEODORO JÚNIOR, Humberto. Coisa julgada. *In*: THEODORO JÚNIOR, Humberto. OLIVEIRA, Fernanda Alvim Ribeiro de. REZENDE, Ester Camila Gomes Norato (coord.). *Primeiras lições sobre o novo direito processual civil brasileiro* (de acordo com o Novo Código de Processo Civil Lei 13.105, de 16 de março de 2015). Rio de Janeiro: Forense, 2015. p. 346

[444] Conforme: CABRAL, Antonio do Passo. A coisa julgada formal faz sentido no sistema do CPC/2015? *In*: DIDIER JÚNIOR, Fredie; CABRAL, Antonio do Passo (coord.). *Coisa julgada e outras estabilidades processuais*. Salvador: JusPodivm, 2018. p. 142.

apesar de sua clara natureza jurídica de preclusão, a coisa jugada formal não é assim considerada pela doutrina, que busca distinguir o tratamento doutrinário das duas figuras.[445]

Ao tratar especificamente das decisões administrativas tributárias, a doutrina pátria parte desta acepção tradicional buscando, de forma uníssona, aproximar, ou afastar, suas qualidades e efeitos comparativamente ao instituto da coisa julgada.

De um lado, alguns autores afastam categoricamente o instituto da coisa julgada das decisões administrativas, por se tratar de um atributo inerente aos pronunciamentos do Poder Judiciário. Essa posição é adotada seja por autores que reconhecem a existência de efetivo processo administrativo, como Hely Lopes Meirelles, Rubens Gomes de Sousa e Paulo César Conrado, seja por aqueles que afastam a ideia de jurisdição administrativa, como Sergio André Rocha.[446] Para este, a decisão definitiva implica tão somente a *preclusão lógica* do direito de manifestação de forma diversa daquela apresentada nos autos do processo administrativo, independentemente de se tratar de uma decisão favorável ao sujeito passivo.[447]

Em seu turno, Rubens Gomes de Sousa sustenta a impossibilidade da coisa julgada administrativa em razão da revogabilidade dos atos administrativos e do controle jurisdicional da Administração (monopólio da jurisdição). De toda forma, o autor reconhece a *força vinculativa* das decisões administrativas, com *caráter de permanência* como quaisquer atos administrativos vinculados, indicando que sua revogação ou modificação só pode ser efetuada mediante determinadas condições e dentro de limites previamente estabelecidos.[448] Contudo, à época (1946), essa revisão poderia ser ampla, uma vez que ainda estava em

---

[445] Críticas de: CABRAL, Antonio do Passo. A coisa julgada formal faz sentido no sistema do CPC/2015? *In*: DIDIER JÚNIOR, Fredie; CABRAL, Antonio do Passo (coord.). *Coisa julgada e outras estabilidades processuais.* Salvador: JusPodivm, 2018. p. 145-156.

[446] SOUSA, Rubens Gomes de. A coisa julgada no direito tributário. *Revista de Direito Administrativo,* Rio de Janeiro, v. 5. p. 64, jul. 1946. MEIRELLES, Hely Lopes. *Direito administrativo brasileiro.* 43. ed. São Paulo: Malheiros, 2018. p. 849-850; CONRADO, Paulo César. *Processo tributário.* São Paulo: Quartier Latin, 2004. p. 108; ROCHA, Sérgio André. *Processo administrativo fiscal*: controle administrativo do lançamento tributário. São Paulo: Almedina, 2018. p. 263. Com as mesmas razões de Hely Lopes Meirelles, ver: NEDER, Marcos Vinicius; LÓPEZ, Maria Teresa Martínez. *Processo administrativo fiscal federal comentado.* São Paulo: Dialética, 2002. p. 353-354.

[447] ROCHA, Sérgio André. *Processo administrativo fiscal*: controle administrativo do lançamento tributário. São Paulo: Almedina, 2018. p. 263.

[448] SOUSA, Rubens Gomes de. A coisa julgada no direito tributário. *Revista de Direito Administrativo,* Rio de Janeiro, v. 5. p. 71, jul. 1946.

CAPÍTULO 3
EFICÁCIA DA DECISÃO ADMINISTRATIVA TRIBUTÁRIA | 169

vigor o art. 1º, parágrafo único, do Decreto nº 20.848/1931, referenciado pelo autor em seu texto, segundo o qual "a decisão proferida contra a Fazenda Pública pode ser *reformada por ato espontâneo da administração*".[449] Trata-se de disposição que foi expressamente revogada pelo Decreto nº 11/1991, sendo de duvidosa constitucionalidade à luz da CF/1988.[450] E, sob o amparo da ordem constitucional de 1988, esse posicionamento de Sousa merece ser revisto. Ora, as decisões administrativas, proferidas à luz do contraditório e da ampla defesa, possuem os mesmos efeitos dos atos administrativos? Considerando a peculiaridade das decisões jurisdicionais administrativas, proferidas em exercício de função jurisdicional, a resposta deve ser negativa.

De outro lado, alguns autores aproximam os institutos da preclusão e da coisa julgada na seara administrativa, por vezes, até mesmo admitindo a existência da coisa julgada administrativa.

Na linha proposta por Paulo de Barros Carvalho, Alberto Xavier, Eduardo Domingos Bottallo e Marçal Justen Filho, os efeitos preclusivos administrativos atribuídos às decisões administrativas são equiparados à coisa julgada formal.[451] Nas palavras de Paulo de Barros Carvalho, a decisão administrativa tributária "não consiste em mera reforma do lançamento, mas em verdadeira anulação da norma individual e concreta introduzida no ordenamento por aquele ato. Com essa espécie de decisão, o lançamento extingue-se, deixa de existir". Por conseguinte, a decisão adquire "a *qualidade de uma verdadeira 'coisa julgada formal'* no sentido de que não se admite que qualquer sujeito, inconformado com a apreciação feita pelos órgãos de autocontrole administrativo, vá em busca de socorro judicial, no intuito de anular decisão desses órgãos".[452] Assim, ainda que a decisão tenha enfrentado o mérito, seus efeitos são qualificados como preclusivos ou como coisa julgada formal, no sentido

---

[449] Ver histórico traçado no item 1.1.1.2 do Capítulo 1.

[450] BRASIL. Decreto nº 20.848, de 23 de dezembro de 1931. Limita o número de pedidos de reconsideração nas instâncias administrativas. *Diário Oficial da União* – Seção 1 – 4/1/1932, p. 98 (Publicação Original). Disponível em: https://www2.camara.leg.br/legin/fed/decret/1930-1939/decreto-20848-23-dezembro-1931-515931-norma-pe.html. Acesso em: 12 jan. 2019.

[451] XAVIER, Alberto. *Do lançamento*: teoria geral do ato, do procedimento e do processo tributário. Rio de Janeiro: Forense, 1997. p. 268; BOTTALLO, Eduardo Domingos. *Curso de processo administrativo tributário*. 2. ed. São Paulo: Malheiros, 2009. p. 188; JUSTEN FILHO, Marçal. *Curso de direito administrativo*. 10. ed. São Paulo: Revista dos Tribunais, 2014. p. 378-379.

[452] CARVALHO, Paulo de Barros. As decisões do Carf e a extinção do crédito tributário. *Revista Dialética de Direito Tributário*, São Paulo, nº 212. p. 97-98, mai. 2013. Sem destaques no original.

de evitar a produção de efeitos materiais extraprocessuais, para além do processo em que foi exarada. Não atinge, portanto, a relação jurídica tributária base do litígio, mas tão somente o crédito tributário objeto do ato administrativo sob revisão, passível de ser extinto pela decisão administrativa, na forma do art. 156, IX, do CTN, quando favorável ao sujeito passivo.

Celso Antônio Bandeira de Mello busca aproximar a ideia da coisa julgada às decisões administrativas, indicando que podem ser qualificadas como coisa julgada administrativa.[453] Entretanto entende, da mesma forma dos autores anteriores, que os efeitos atribuídos a essa "coisa julgada" seriam meramente intraprocessuais, sem identificar claramente a possibilidade de efeitos para além do processo no qual a decisão foi proferida. O autor não faz distinção entre coisa julgada material e coisa julgada formal, mas aproxima os efeitos da coisa julgada administrativa àquela tradicionalmente admitida como formal.

Nesse mesmo sentido foi o entendimento do Parecer Normativo da Coordenação-Geral de Tributação (COSIT) n° 2/2016, no qual a Secretaria da Receita Federal do Brasil (SRF) atribui efeitos meramente intraprocessuais para quaisquer decisões administrativas definitivas, na forma do art. 42 do Decreto n° 70.235/1972, qualificados como "coisa julgada administrativa".[454] O parecer parte do conceito de coisa julgada administrativa defendido por Celso Antônio Bandeira de Mello, para afirmar que, uma vez definitivas as decisões, "*por uma questão lógica*, não há possibilidade de recurso administrativo, uma vez que ocorreu a 'coisa julgada administrativa'".[455] Ao interpretar a aplicação do art. 45 do Decreto n° 70.235/1972, o Parecer firma que as decisões administrativas finais somente produzem efeitos para a lide dentro dos processos administrativos em que foram exaradas e especificamente quanto aos atos que foram objeto de revisão, garantindo-lhes, assim, efeitos preclusivos intraprocessuais.[456]

---

[453] MELLO, Celso Antônio Bandeira de. *Curso de direito administrativo*. 34. ed. São Paulo: Malheiros, 2019. p. 471-473.

[454] BRASIL. Ministério da Fazenda. Parecer Normativo COSIT n° 2, de 23 de agosto de 2016. Assunto. Normas gerais de direito tributário. *Diário Oficial da União*, 24 ago. 2016. Disponível em: http://normas.receita.fazenda.gov.br/sijut2consulta/link.action?visao=ano tado&idAto=26859. Acesso em: 7 dez. 2019.

[455] BRASIL. Ministério da Fazenda. Parecer Normativo COSIT n° 2, de 23 de agosto de 2016. Assunto. Normas gerais de direito tributário. *Diário Oficial da União*, 24 ago. 2016. Disponível em: http://normas.receita.fazenda.gov.br/sijut2consulta/link.action?visao=ano tado&idAto=26859. Acesso em: 7 dez. 2019. Item 3, p. 2.

[456] "4.2. Para a parte que exonerou o sujeito passivo, o art. 45 do Decreto n° 70.235, de 1972, dispõe que cabe à autoridade preparadora a exoneração dos gravames decorrentes de

CAPÍTULO 3
EFICÁCIA DA DECISÃO ADMINISTRATIVA TRIBUTÁRIA | 171

A existência da "coisa julgada administrativa" com eficácia meramente interna ao processo, sem estabilidades para outros processos ou para casos futuros, pode ser identificada igualmente na jurisprudência judicial e administrativa do CARF.[457]

Nesse raciocínio, não há reflexos da decisão para o futuro ou para outros processos administrativos do mesmo sujeito em curso relacionados à matéria de mérito idêntica. Cada lide administrativa do sujeito passivo é considerada como autônoma, para a revisão de cada lançamento de ofício nele constituído. Ainda que dois processos possuam idêntica causa de pedir, envolvendo a revisão de dois atos administrativos fundados nos mesmos motivos (em pressupostos de fato e de direito idênticos), com argumentações iguais nas motivações, eles podem ser suscetíveis a conclusões diametralmente opostas, por terem sido formalizados em processos diferentes, somente por se referirem a tributos ou períodos de apuração distintos, que não necessariamente atingiram os pressupostos de fato dos atos. Eventuais decisões favoráveis ao entendimento externado pelo sujeito passivo são aplicadas, restritamente, aos processos nos quais foram exaradas e aos atos nele revisados, não atingindo, necessariamente, outros processos, mesmo que fundados em questões idênticas.

Especificamente nesse sentido, é possível encontrar posicionamento do CARF ignorando expressamente o mérito decidido em decisões administrativas definitivas favoráveis ao sujeito passivo, e admitindo a modificação, em outros processos administrativos, da

---

litígio com decisão favorável ao sujeito passivo. Ora, é perceptível que compete a ela, nesse caso, *apenas concretizar a parte da decisão tomada no processo administrativo fiscal favorável ao sujeito passivo (verificar o quantum daquele lançamento que não mais é devido)*. Logo, foi a autoridade julgadora que exonerou o sujeito passivo." (BRASIL. Decreto nº 70.235, de 6 de março de 1972. Dispõe sobre o processo administrativo fiscal, e dá outras providências. Diário Oficial da União, 7 mar. 1972. Disponível em: http://www.planalto.gov.br/ccivil_03/decreto/D70235cons.htm. Acesso em: 6 dez. 2019, sem destaques no original).

[457] Na seara judicial ver, entre outros: BRASIL. Superior Tribunal de Justiça (STJ). *REsp 1240691/RS*, Relator Ministro Herman Benjamin, Segunda Turma, julgado em 20/04/2017, DJe 04/08/2017; BRASIL. Superior Tribunal de Justiça (STJ). REsp 759190/MT, Rel. Ministro Luiz Fux, Primeira Turma, julgado em 11/03/2008, DJe 23/04/2008; BRASIL. Tribunal Federal de Recursos (TFR). *MAS 72812/SP*, 1ª Turma, DJ 14.11.74, Rel. Min. Moacir Catunda; BRASIL. Tribunal Regional Federal da 4ª Região (TRF4). AC/MS 96041590-4/PR, 1ª Turma, DJ 16.06.1999, Rel. Fernando Quadros da Silva; BRASIL. Superior Tribunal de Justiça (STJ). *MS 009-DF*. 1ª Seção, Relator Ministro Pedro Acioli, DJ 18.12.89; BRASIL. Superior Tribunal de Justiça (STJ). *MS 223-DF*. 1ª Seção, Relator Ministro Garcia Vieira, DJU 16.04.90. Na seara administrativa, entre outros específicos que serão analisados adiante, ver: BRASIL. Ministério da Economia. Conselho Administrativo de Recursos Fiscais (CARF). *Acórdão nº 202-16210*. Processo nº 10855.002338/1998-40. Publicação: 15/03/2005 Relator Antônio Carlos Bueno Ribeiro.

interpretação de lei dada naquela decisão. Afirma-se que "eventuais conclusões de procedimentos fiscais anteriores efetuados em face da contribuinte (...), ainda que em decisão administrativa definitiva, *não vinculam a autoridade fiscal em ações fiscais posteriores*, relativas a outros fatos geradores".[458] A possibilidade de aplicação de efeitos extraprocessuais de uma decisão definitiva para atingir outros processos é admitida, apenas, quando o ato do outro processo envolva o mesmo tributo e fatos geradores idênticos, como ocorrido no Acórdão do CARF nº 2201-003.425.[459] Ainda assim, de forma controversa, com posições divergentes pela inaplicabilidade da decisão definitiva e com aplicabilidade restrita ao processo em que foi proferida e ao ato nela revisado.

Contudo outra linha teórica reconhece que as decisões administrativas tributárias podem produzir efeitos materiais semelhantes ao da coisa julgada material. É a proposta de José Souto Maior Borges ao tratar dos efeitos das decisões proferidas em soluções de consulta.[460] O autor aborda as decisões contenciosas de forma indireta, buscando equiparar seus efeitos àqueles produzidos pelas decisões proferidas nos procedimentos de consulta. Afirma, de forma geral, que, quando analisa a relação jurídica tributária, a decisão administrativa é *"análoga à coisa julgada judicial*, da qual se diz que faz do preto branco e do quadrado redondo".[461] Todavia os procedimentos de consulta são solucionados por meio de ato administrativo unilateral da Administração Pública Tributária, sem efetivo contraditório e ampla defesa, não podendo ser equiparados aos processos administrativos tributários.[462]

De forma mais específica quanto aos efeitos da decisão administrativa proferida no contencioso administrativo, Heleno Taveira Torres suscita a dúvida quanto à possibilidade de se manter o entendimento acima mencionado de Rubens Gomes de Sousa no sentido da

---

[458] BRASIL. Ministério da Economia. Conselho Administrativo de Recursos Fiscais (CARF). *Acórdão nº 3402-005.586*. Processo nº 10111.000229/2005-63. Data da Sessão 25/09/2018 Relatora Maria Aparecida Martins de Paula. Sem destaques no original.

[459] BRASIL. Ministério da Economia. Conselho Administrativo de Recursos Fiscais (CARF). *Acórdão nº 2201-003.425*. Processo nº 12448.735359/2011-92. Data da Sessão 08/02/2017 Relator Carlos Henrique de Oliveira.

[460] BORGES, José Souto Maior. Sobre a preclusão da faculdade de rever resposta pró-contribuinte em consulta fiscal e descabimento de recurso pela Administração Fiscal. *Revista Dialética de Direito Tributário*, São Paulo, nº 154, p. 83, jul. 2008.

[461] BORGES, José Souto Maior. Sobre a preclusão da faculdade de rever resposta pró-contribuinte em consulta fiscal e descabimento de recurso pela Administração Fiscal. *Revista Dialética de Direito Tributário*, São Paulo, nº 154, p. 83, jul. 2008.

[462] Ver item 2.1 do Capítulo 2.

CAPÍTULO 3
EFICÁCIA DA DECISÃO ADMINISTRATIVA TRIBUTÁRIA | 173

inexistência de coisa julgada administrativa à luz do art. 5º, LV, da CF/1988. Reconhecendo a existência de um verdadeiro litígio resolvido no processo administrativo e invocando a necessidade de observância do princípio da segurança jurídica, afirma o autor que "é chegado o tempo de se rever o posicionamento sobre as hipóteses nas quais a coisa julgada administrativa possa ser aplicada, com *eficácia vinculante* para todas as esferas da administração tributária respectiva".[463] Todavia a eficácia pretendida por Torres não se refere tão somente às partes do processo administrativo tributário, mas a todos os administrados. Ainda que essa possa ser uma repercussão da hipótese proposta na tese aqui defendida, os efeitos da decisão administrativa tributária para outros sujeitos que não participaram do processo merecem análise própria, que foge ao enfoque por ora pretendido.

Admitindo a existência de coisa julgada na seara administrativa e a possibilidade de atribuir efeitos materiais às decisões, apontam-se julgados do CARF garantindo efeitos de coisa julgada material administrativa para decisões administrativas tributárias contrárias ao sujeito passivo (favorável à pretensão fazendária), ainda que passíveis de reforma pelo Poder Judiciário.[464] Por outro lado, identificam-se manifestações jurisprudenciais administrativas isoladas que invocam o instituto da coisa julgada administrativa para tratar dos efeitos materiais da decisão administrativa definitiva favorável ao sujeito passivo. É o que se depreende, primeiramente, do Acórdão nº 2201-003.538, que trata especificamente de processo de dedução de valores pagos de Imposto de Renda da Pessoa Física (IRPF) a título de pensão alimentícia.[465] Como consta do acórdão, o sujeito passivo recebeu inúmeros autos de infração relacionados à mesma matéria de direito (mesmos pressupostos de fato e de direito), com diferentes processos administrativos fundados na mesma causa de pedir (motivação do ato administrativo tributário).

---

[463] TORRES, Heleno Taveira. Coisa julgada administrativa como precedente e segurança jurídica. *Conjur*, 21 ago. 2019. Disponível em: https://www.conjur.com.br/2019-ago-21/consultor-tributario-coisa-julgada-administrativa-precedente-seguranca-juridica. Acesso em: 21 ago. 2019.

[464] A título de exemplo: BRASIL. Ministério da Economia. Conselho Administrativo de Recursos Fiscais (CARF). *Acórdão nº 2302-003.516*. Processo nº 15956.720067/2012-94. Data da Sessão 02/12/2014 Relator Arlindo da Costa e Silva; e BRASIL. Ministério da Economia. Conselho Administrativo de Recursos Fiscais (CARF). *Acórdão nº 2401-004.298*. Processo nº 11634.720457/2011-65. Data da Sessão 14/04/2016. Relator Arlindo da Costa e Silva.

[465] BRASIL. Ministério da Economia. Conselho Administrativo de Recursos Fiscais (CARF). *Acórdão nº 2201-003.538*. Processo nº 13769.720304/2013-80. Data da Sessão 16/03/2017. Relator Marcelo Milton da Silva Risso. Sem destaques no original.

Contudo o debate administrativo continuou, mesmo após a prolação de decisão administrativa definitiva de mérito em primeira instância administrativa em um desses processos, que reconhecia a validade da dedução da pensão alimentícia paga nas circunstâncias fáticas descritas pelo sujeito passivo em sua defesa (determinação por decisão judicial para pagamento de pensão para ex-cônjuge). Com isso, uma vez que "a mesma matéria ora suscitada já foi decidida, em definitivo, em favor do Recorrente", entendeu o Conselheiro relator Marcelo Milton da Silva Risso que "as questões resolvidas na esfera administrativa, por decisão definitiva, não podem ser novamente discutidas no mesmo âmbito, de modo que, por analogia, considera-se a ocorrência de *coisa julgada administrativa*". Afirma-se que "não foi alterada a situação que o obriga a prover pensão alimentícia para sua ex-cônjuge, o que se repete e continuará se repetindo ao longo dos anos", razão pela qual existiria um "vínculo de similitude entre as causas, de forma que o direito material seja o mesmo discutido em duas demandas". Com isso, "impende ao julgador considerar, previamente, a decisão transitada em julgado antes de apreciar a outra, idêntica", garantindo a uniformidade de julgamentos com base nos princípios da segurança jurídica e da economia processual.

Essa decisão é relevante por ilustrar um dos problemas comuns na seara tributária, mencionados desde a introdução deste livro, relacionado à multiplicidade de processos em curso em face do mesmo sujeito passivo, com base nas mesmas questões de direito. Diferentes processos possuem trâmites autônomos, separados, ainda que envolvam a mesma lide administrativa, o mesmo pedido, a mesma causa de pedir e, portanto, a mesma discussão de mérito instaurada pelo mesmo sujeito passivo. Com isso, é possível que as decisões exaradas nesses processos sejam diametralmente opostas, como ocorreu no caso acima, com a prolação de decisão administrativa de primeira instância em um processo em sentido oposto às decisões administrativas de primeira instância, definitivas, em outro processo que reconheceram o mesmo direito do sujeito passivo. Acresce-se que o acórdão reconhece a produção de efeitos materiais da decisão administrativa irreformável (em entendimento não majoritário, frise-se, uma vez que o Colegiado acompanhou o relator, por maioria, pelas conclusões). Entretanto, o julgado não conceitua com clareza a coisa julgada administrativa, considerando-a como uma qualidade atribuída a qualquer pronunciamento definitivo exarado pela Administração, não suscetível de recurso administrativo. Ademais, a decisão evidencia a produção de efeitos extraprocessuais da decisão, exigindo que não sejam lavradas novas autuações sobre a mesma situação jurídica. Contudo não é claro se esse seria o único efeito material na relação jurídica tributária processual, ou se igualmente pode ser admitido o cancelamento de todos os litígios idênticos objeto de processos ainda em curso. Por fim, o acórdão não estabelece os limites futuros da decisão administrativa, nem identifica em quais circunstâncias e de que forma esse pronunciamento poderia ser modificado pela Administração Pública Tributária.

Outro julgado que evidencia a preocupação com os efeitos materiais e extraprocessuais das decisões administrativas irreformáveis é o Acórdão nº 3402-005.145.[466] Neste, não obstante o Conselheiro relator Diego Diniz Ribeiro tenha entendido pela necessidade de aplicação da decisão administrativa irreformável proferida, em razão da identidade de matéria de direito e de partes, saiu vencido pelas conclusões, indicando em seu voto que o Colegiado, por maioria de votos, entendeu que, em tese, "poderia julgar de forma diferente daquele precedente paradigmático, haja vista que se está diante de outro lote de processos (ainda que referentes aos mesmíssimos fatos e com as mesmíssimas partes litigantes)". Observa-se que, no acórdão, a decisão irreformável de mérito é identificada com o signo *precedente paradigmático*, mesmo que o relator não tenha buscado imprimir efeitos para além da lide, para outros sujeitos passivos em situação análoga.

Esse contexto doutrinário e jurisprudencial apenas ilustra o alerta feito por Antonio do Passo Cabral no sentido de que a doutrina brasileira possui um "cacoete" acadêmico de sempre buscar aproximar as figuras das decisões jurisdicionais à coisa julgada, sendo que "ou há coisa julgada, e, portanto se torna um conteúdo estável no processo, ou não há coisa julgada, e tudo está aberto podendo ser revisto".[467] Todos os autores acima identificados buscam analisar se a decisão administrativa poderia ser admitida como coisa julgada, por vezes sem fazer uma clara distinção entre a atividade administrativa desempenhada (nos procedimentos de consulta, por exemplo) e a atividade jurisdicional. Pretendem, ainda, enquadrar a decisão administrativa como coisa

---

[466] BRASIL. Ministério da Economia. Conselho Administrativo de Recursos Fiscais (CARF). *Acórdão nº 3402-005.145*. Processo nº 11080.729500/2013-23. Data da Sessão 18/04/2018 Relator Diego Diniz Ribeiro.

[467] CABRAL, Antonio do Passo. *Coisa julgada e preclusões dinâmicas*: entre continuidade, mudança e transição de posições processuais estáveis. 3. ed. Salvador: JusPodivm, 2019. p. 317.

julgada a partir de um raciocínio indutivo: a partir do conceito de coisa julgada como forma de estabilidade por excelência, intenta-se, por indução, aplicá-la para a decisão administrativa sem se preocupar com as diferentes espécies de decisão e as diferentes hipóteses de preclusão existentes no processo administrativo tributário.[468] Para aqueles que aproximam os efeitos das decisões administrativas aos efeitos dos atos administrativos em geral, não se reconhece nenhum efeito futuro passível de ser produzido pela decisão administrativa, apenas de cancelar ou confirmar o ato revisado. E as manifestações doutrinárias influem diretamente na jurisprudência que não possui posição coesa sobre a questão.

Nesse sentido, entende-se mais apropriado analisar as decisões administrativas sob o prisma das estabilidades processuais como um gênero, não verificando se os efeitos dessas decisões seriam admitidos como coisa julgada ou não, mas apontando os diferentes efeitos preclusivos passíveis de serem identificados no processo administrativo tributário. Parte-se, com isso, de uma "abordagem menos 'cognitivista' das estabilidades processuais", cujo cerne "não é a declaração sobre o mérito, mas a 'normatividade' (...) do vínculo" e seu caráter de *regulação de conduta*, com seus correspondentes impactos em outros atos e processos.[469]

O signo *efeitos preclusivos* será utilizado ao longo deste livro não em sua acepção restritiva, normalmente dada pela doutrina clássica para se referir aos "efeitos preclusivos da coisa julgada", indicados no art. 508 do CPC/2015.[470] De fato, a eficácia preclusiva da coisa julgada à qual a doutrina reiteradamente se refere é "o impedimento que surge, com o trânsito em julgado, à discussão e apreciação das questões suscetíveis de incluir, por sua solução, no teor do pronunciamento judicial, ainda

---

[468] Vício metodológico apontado em: CABRAL, Antonio do Passo. As estabilidades processuais como categoria incorporada ao sistema do CPC. *In:* DIDIER JÚNIOR, Fredie; CABRAL, Antonio do Passo (coord.). *Coisa julgada e outras estabilidades processuais.* Salvador: JusPodivm, 2018. p. 29.

[469] CABRAL, Antonio do Passo. As estabilidades processuais como categoria incorporada ao sistema do CPC. *In:* DIDIER JÚNIOR, Fredie; CABRAL, Antonio do Passo (coord.). *Coisa julgada e outras estabilidades processuais.* Salvador: JusPodivm, 2018. p. 33-34.

[470] "Art. 508. Transitada em julgado a decisão de mérito, considerar-se-ão deduzidas e repelidas todas as alegações e as defesas que a parte poderia opor tanto ao acolhimento quanto à rejeição do pedido." (BRASIL. Lei nº 13.105, de 16 de março de 2015. Código de Processo Civil. *Diário Oficial da União,* 17 mar. 2015. Disponível em: http://www.planalto. gov.br/ccivil_03/_ato2015-2018/2015/lei/l13105.htm. Acesso em: 6 dez. 2019).

que não examinadas pelo juiz".[471] Aqui, por outro lado, os efeitos preclusivos são considerados como um gênero no qual diferentes efeitos das decisões jurisdicionais poderão ser enquadrados. Inclusive, o efeito preclusivo da coisa julgada na concepção da doutrina clássica, quanto às questões que poderiam ser invocadas no processo, apresenta-se como uma espécie de preclusão no processo judicial, especificamente uma "preclusão extraprocessual decorrente de omissões".[472]

Assim, é importante identificar as diferentes hipóteses de estabilidade processual localizadas no processo administrativo tributário para diferenciar os efeitos preclusivos identificados nas decisões administrativas (intraprocessuais e extraprocessuais, passíveis de inclusive atingirem o mérito).[473]

3.1.2 Hipóteses de estabilidade processual no processo administrativo tributário reconhecidas pela doutrina clássica

Não se pretende aqui ignorar as figuras processuais estáveis já reconhecidas pela doutrina clássica ao tratar especificamente do processo administrativo tributário. São reconhecidas diferentes hipóteses de preclusão relacionadas à estabilidade dos atos processuais ou das próprias decisões administrativas, sendo importante identificar como esses efeitos preclusivos se enquadram na visão das estabilidades processuais como gênero.

Seguindo a linha tradicional da doutrina sobre a preclusão, identificam-se nas leis que disciplinam o processo administrativo tributário formas de estabilidade intraprocessual que impedem que determinado ato processual seja praticado ou renovado no mesmo processo administrativo, nas três espécies distintas (temporal, lógica e consumativa).[474]

---

[471] CABRAL, Antonio do Passo. *Coisa julgada e preclusões dinâmicas*: entre continuidade, mudança e transição de posições processuais estáveis. 3. ed. Salvador: JusPodivm, 2019. p. 100.

[472] CABRAL, Antonio do Passo. *Coisa julgada e preclusões dinâmicas*: entre continuidade, mudança e transição de posições processuais estáveis. 3. ed. Salvador: JusPodivm, 2019. p. 327.

[473] CABRAL, Antonio do Passo. As estabilidades processuais como categoria incorporada ao sistema do CPC. *In:* DIDIER JÚNIOR, Fredie; CABRAL, Antonio do Passo (coord.). *Coisa julgada e outras estabilidades processuais.* Salvador: JusPodivm, 2018. p. 35. No mesmo sentido, em outro texto do autor no mesmo livro: CABRAL, Antonio do Passo. A coisa julgada formal faz sentido no sistema do CPC/2015? *In:* DIDIER JÚNIOR, Fredie; CABRAL, Antonio do Passo (coord.). *Coisa julgada e outras estabilidades processuais.* Salvador: JusPodivm, 2018. p. 149-152.

[474] Tratando todas as hipóteses de preclusão de forma conjunta: RICCI, Gian Franco. *Principi di diritto processuale generale.* 6. ed. Torino: Giappichelli, 2015. p. 170-175.

Semelhante ao que ocorre no processo judicial, a Lei nº 70.235/ 1972 estabelece prazos próprios para a realização dos atos processuais, sendo que a inobservância dos prazos peremptórios enseja a *preclusão temporal*. Os prazos processuais administrativos atualmente aplicáveis, contados da data da intimação da parte, podem ser assim sintetizados: (i) 30 (trinta) dias para o sujeito passivo: (i.1) instaurar o contencioso administrativo pela apresentação de impugnação administrativa ou de manifestação de inconformidade (art. 15 do Decreto nº 70.235/1972, e art. 74, §11º, da Lei nº 9.430/1996); (i.2) apresentar recurso voluntário em face da decisão de primeira instância administrativa (art. 56 do Decreto nº 70.235/1972); (ii) 15 (quinze) dias para o sujeito passivo ou a Fazenda Pública interporem recurso especial à CSRF, na forma do RICARF (art. 37, §2º, do Decreto nº 70.235/1972 e arts. 67 a 70 do RICARF).[475]

O RICARF prevê recursos passíveis de serem interpostos no prazo de 5 (cinco) dias da data da intimação do interessado (Embargos de declaração – art. 65, §1º, RICARF – e agravo em face do não seguimento de recurso especial – art. 71, §1º, RICARF). Inexiste previsão de prazo peremptório para a interposição de recurso de ofício (art. 34, Decreto nº 70.235/1972).

Assim, ocorre a preclusão temporal quando a parte não observa o prazo para interpor defesa ou recurso administrativo. Em razão da intempestividade do ato processual, ela é impedida de apresentar a peça processual em momento posterior no mesmo processo. Trata-se de uma espécie de *preclusão intraprocessual* que acarreta o não conhecimento da peça processual apresentada fora do prazo (art. 63, I, da Lei nº 9.784/1999).[476] As defesas administrativas intempestivas não instauram o contencioso administrativo (impugnação em face de auto de infração ou a manifestação de inconformidade em face de despacho decisório). Por sua vez, a peça recursal intempestiva encerra a discussão administrativa, tornando definitiva a última decisão administrativa tributária proferida no processo (art. 42, Decreto nº 70.235/1972).

---

[475] BRASIL. Decreto nº 70.235, de 6 de março de 1972. Dispõe sobre o processo administrativo fiscal e dá outras providências. *Diário Oficial da União*, 7 mar. 1972. Disponível em: http:// www.planalto.gov.br/ccivil_03/decreto/D70235cons.htm. Acesso em: 6 dez. 2019. BRASIL. Ministério da Fazenda. Portaria MF nº 343, de 9 de junho de 2015. Aprova o Regimento Interno do Conselho Administrativo de Recursos Fiscais (CARF) e dá outras providências. *Diário Oficial da União*, 10 jun. 2015. Disponível em: http://normas.receita.fazenda.gov.br/ sijut2consulta/link.action?visao=anotado&idAto=65007. Acesso em: 7 dez. 2019.

[476] "Art. 63. O recurso não será conhecido quando interposto: I – for do prazo;" (BRASIL. Lei nº 9.784, de 29 de janeiro de 1999. Regula o processo administrativo no âmbito da Administração Pública Federal. *Diário Oficial da União*, 1º fev. 1999. Disponível em: http:// www.planalto.gov.br/ccivil_03/leis/l9784.htm. Acesso em: 6 dez. 2019).

Ainda considerando as contribuições da doutrina em torno da preclusão, é possível identificar hipóteses de *preclusão lógica*, como aquela prevista no art. 507 do CPC/2015, que veda "à parte discutir no curso do processo as questões já decididas a cujo respeito se operou a preclusão".[477] É hipótese de *preclusão intraprocessual* que ocorre, por exemplo, quando o sujeito passivo realiza o pagamento de parte do crédito tributário exigido no Auto de Infração, mediante guia de recolhimento própria, mas pretende manter a discussão administrativa em relação a todo o valor autuado, e não apenas em relação à parcela que não foi paga. A parcela que foi objeto de pagamento é atingida pela preclusão lógica, com a extinção do crédito tributário e a impossibilidade da discussão administrativa.

Identificam-se, ainda, hipóteses de *preclusão consumativa* no processo administrativo tributário que podem atingir a pretensão das partes (sujeitos passivos e Administração Pública Tributária), já tratadas anteriormente neste livro.[478]

Com efeito, sob pena de preclusão consumativa, todas as questões de fato e de direito relevantes para o julgamento devem ser veiculadas na primeira peça de defesa apresentada pelo sujeito passivo no processo administrativo. Como já dito, o contencioso administrativo somente é instaurado por meio da peça de defesa, ato processual que deve identificar todas as questões de fato e de direito pertinentes à *pretensão resistida* do sujeito passivo (art. 16, III, Decreto nº 70.235/1972). O não enfrentamento de alguma questão existente à época da interposição da defesa enseja a preclusão consumativa daquela matéria, cujo enfrentamento pelo julgador é obstado em momento posterior do processo. Sob essa perspectiva, o art. 16, §4º, do Decreto nº 70.235/1972 indica que as provas documentais devem ser apresentadas na impugnação, "precluindo o direito de o impugnante fazê-lo em outro momento processual".[479] Trata-se, portanto, de uma forma de *preclusão intraprocessual*.

Assim, ocorre a preclusão consumativa quando o sujeito não invoca a discussão de mérito ou de fato na primeira peça de defesa

---

[477] BRASIL. Lei nº 13.105, de 16 de março de 2015. Código de Processo Civil. *Diário Oficial da União*, 17 mar. 2015. Disponível em: http://www.planalto.gov.br/ccivil_03/_ato2015-2018/2015/lei/l13105.htm. Acesso em: 6 dez. 2019.

[478] Ver item 2.3 do Capítulo 2.

[479] Quanto aos tipos de prova admitidos no Direito, ver: ÁVILA, Humberto. Teoria da Prova: *Standards* de prova e os critérios de solidez da inferência probatória. *Revista de Processo*, v. 282, p. 113-139, 2018.

(impugnação ou manifestação de inconformidade) e pretende inovar na discussão em sede de recurso voluntário. Essa preclusão evita supressão de instâncias de julgamento, sem prejuízo ao contraditório e à ampla defesa, sendo que os argumentos passíveis de serem discutidos em sede de recurso são somente os argumentos debatidos pela instância inferior (efeito devolutivo).

Especificamente em matéria de prova, essa preclusão é relativizada pela lei quando: "a) fique demonstrada a impossibilidade de sua apresentação oportuna, por motivo de força maior; b) refira-se a fato ou a direito superveniente"; ou "c) destine-se a contrapor fatos ou razões posteriormente trazidas aos autos e para a exposição das questões entendidas como pertinente para debate" (art. 16, §4º, Decreto nº 70.235/1972). A tendência dos julgadores administrativos é de "atenuar, via construções jurisprudenciais, os rigores desta norma", para verificar "aquilo que é realmente verdade", em especial à luz do princípio da verdade material, que orienta o processo administrativo tributário.[480] Acresce-se a essa disposição da lei específica do processo administrativo a previsão do art. 278 do CPC/2015, segundo o qual "a nulidade dos atos deve ser alegada na primeira oportunidade em que couber à parte falar nos autos, sob pena de preclusão." O parágrafo único desse dispositivo afasta essa preclusão consumativa para além das hipóteses identificadas na lei do processo administrativo, quando se tratar de nulidade passível de ser decretada de ofício pelo julgador.[481] Assim, não há que se falar em preclusão quando se verificar nulidade relacionada a questões preliminares formais (pressupostos processuais) e a questões preliminares ao conhecimento de mérito (condições da ação).[482]

---

[480] NEDER, Marcos Vinicius; LÓPEZ, Maria Teresa Martínez. *Processo administrativo fiscal federal comentado.* São Paulo: Dialética, 2002. p. 205. Nesse sentido, em especial ao princípio da verdade material, ver: CARDOSO, Alessandro Mendes; MELO, Anthéia Aquino. Princípio da verdade material e a produção de provas no processo administrativo tributário: atual entendimento do Conselho Administrativo de Recursos Fiscais – CARF. *In*: CARDOSO, Alessandro Mendes *et al.* (org.). *Processo administrativo tributário.* Belo Horizonte: D'Plácido, 2018. p. 545-572. Ver, ainda, item 2.3.3 do Capítulo 2.

[481] O art. 278 do CPC/2015 afasta a preclusão quando a parte provar "legítimo impedimento", identificados expressamente no art. 16, §4º, do Decreto nº 70.235/1972.

[482] Quanto às questões preliminares, ver item 2.3.1 do Capítulo 2. Discussão quanto à ausência de limite temporal para o julgamento das questões de ordem pública em: MESQUITA, José Ignácio Botelho de *et al.* Questões de ordem pública: revisíveis *ad infinitum*? *In*: ASSIS, Araken de *et al.* (coord.). *Direito civil e processo*: estudos em homenagem ao professor Arruda Alvim. São Paulo: Revista dos Tribunais, 2007. p. 1522-1532.

CAPÍTULO 3
EFICÁCIA DA DECISÃO ADMINISTRATIVA TRIBUTÁRIA | 181

Nesse mesmo sentido, identifica-se a preclusão consumativa da Fazenda Pública em relação ao ato administrativo tributário sob revisão na atividade de julgamento (auto de infração ou despacho decisório). Cabe ao auditor fiscal insculpir a *pretensão do fisco* no ato administrativo, com todas as questões de direito e de fato relevantes para formar sua motivação, na forma do art. 50, da Lei nº 9.784/1999, não sendo cabível modificar os elementos da motivação do ato em momento processual posterior. Os efeitos intraprocessuais dessa preclusão são claros: não é possível, no curso do contencioso administrativo, alterar a motivação do ato administrativo tributário original para respaldar exigência fiscal.

Aqui é essencial relembrar que, ainda que o ato sob revisão no processo administrativo tributário seja um ato tipicamente administrativo, ele passa a ser admitido como um ato processual, que deu ensejo ao processo administrativo tributário, a partir do momento que o contencioso administrativo é instaurado.[483] Isso, porque é nele que a pretensão jurídica da Fazenda é exposta, para constituir o crédito tributário (auto de infração) ou para negar um direito de crédito do sujeito passivo (despacho decisório). Assim, é no ato administrativo originário que devem constar todos os elementos para o exercício do contraditório e da ampla defesa pelo sujeito passivo, não podendo estes serem modificados pela Administração no curso do processo.

Em um processo de pleito de direito de crédito do sujeito passivo, a desconstrução da pretensão jurídica fiscal exposta no despacho decisório (concessão de tutela constitutiva favorável ao sujeito passivo) pode implicar o cancelamento daquele ato, para que novo despacho seja proferido, sob pena de cerceamento do direito de defesa do sujeito passivo.[484] Isso, porque, afastada a questão de fato ou de direito apresentada pela fiscalização no despacho decisório original para ensejar a negativa do direito ao crédito, pode ser necessária a prolação de novo despacho com a análise jurídica de sua liquidez e certeza.[485] Como exemplo, cite-se o despacho decisório proferido que nega o direito ao

---

[483] Ver item 2.3 do Capítulo 2.

[484] Especificamente quanto ao cerceamento de direito de defesa, ver: BRASIL. Ministério da Economia. Conselho Administrativo de Recursos Fiscais (CARF). *Acórdão nº 3202-001.608*. Processo nº 10940.900089/2006-43. Data da Sessão 18/03/2015 Relatora Irene Souza da Trindade Torres Oliveira; e BRASIL. Ministério da Economia. Conselho Administrativo de Recursos Fiscais (CARF). *Acórdão nº 303-33.805*. Processo nº 16327.002874/1999-71. Data da Sessão 05/12/2006 Relator Tarásio Campelo Borges.

[485] Nesse sentido: BRASIL. Ministério da Economia. Conselho Administrativo de Recursos Fiscais (CARF). *Acórdão nº 3402-006.834*. Processo nº 13889.000149/2004-24. Data da Sessão 22/08/2019 Relatora Maysa de Sá Pittondo Deligne.

crédito com a motivação de que houve a prescrição do direito do sujeito de pleitear a restituição ou a compensação. Se a decisão administrativa entende que esse argumento de direito não deve prosperar, não cabe à autoridade fiscal ou à autoridade julgadora, no curso do processo administrativo, negar o direito ao crédito por outro motivo. Com isso, a lavratura de novo ato administrativo tributário será necessária para que, reconhecendo que o pedido não estava prescrito, sejam verificados os elementos relacionados à liquidez e certeza do crédito pleiteado. Dessa forma, será possível instaurar novo contencioso administrativo em face desse novo ato administrativo tributário, também à luz do contraditório e da ampla defesa.

Por outro lado, especificamente em se tratando de lançamento de ofício (auto de infração), é possível identificar um reflexo extraprocessual específico dessa preclusão consumativa. Isso, porque, como visto, se a fiscalização se equivocou na análise jurídica perpetrada no lançamento (vício material ou erro de direito), sem qualquer mácula nos fatos analisados, impede-se que novo ato administrativo seja lavrado com base nos mesmos elementos de fato e de direito objeto do ato anteriormente cancelado, em razão da vedação do art. 146 do CTN.[486] Com isso, especificamente diante de um lançamento de ofício, o equívoco cometido pela fiscalização no enquadramento jurídico dos fatos em sua motivação enseja o cancelamento da autuação por meio de decisão administrativa favorável ao sujeito passivo dotada de eficácia preclusiva consumativa.[487] A revisão do critério jurídico adotado pela autoridade fiscal, constante da motivação do ato administrativo tributário sob julgamento, não poderá ocorrer, seja no bojo de processo administrativo acerca do lançamento original (efeito intraprocessual), seja de ofício pela emanação de novo lançamento relacionado aos mesmos fatos (efeito extraprocessual).

Nesse aspecto, é importante apontar a hipótese de *preclusão substantiva ou material* mais tradicional reconhecida pela doutrina, referente à extinção do crédito tributário constituído pelo ato administrativo tributário sob revisão no processo administrativo tributário. Como indicado no art. 156, IX, do CTN, "a decisão administrativa irreformável, assim entendida a definitiva na órbita administrativa, que não

---

[486] Consoante desenvolvido no item 2.3 do Capítulo 2.
[487] Contrariamente, no sentido de não se admitir a alteração de critério jurídico como preclusão, ver: SEIXAS FILHO, Aurélio Pitanga. *Estudos de procedimento administrativo fiscal*. Rio de Janeiro: Freitas Bastos, 2000. p. 157-182.

CAPÍTULO 3
EFICÁCIA DA DECISÃO ADMINISTRATIVA TRIBUTÁRIA | **183**

mais possa ser objeto de ação anulatória" é uma forma de extinção do crédito tributário. Esse é um efeito preclusivo intraprocessual passível de ser produzido pela decisão administrativa proferida em sentido favorável ao sujeito passivo: extinguir o crédito tributário objeto do ato administrativo tributário que tenha sido objeto de revisão e julgamento. Trata-se, portanto, de efeito substancial ou material da decisão, que extingue o objeto da relação jurídica tributária sob litígio, passando a decisão a apresentar, "com este conteúdo, foros de definitividade".[488] Essa decisão pode ter enfrentado o mérito ou, tão somente, aspectos formais do ato administrativo.

Quando a decisão administrativa tributária enfrentar, *tão somente*, aspectos ou elementos formais do ato administrativo tributário sob revisão, admite-se a produção de efeitos extraprocessuais na forma do art. 173, II, do CTN. Especificamente nessa hipótese, em se tratando de ato administrativo de lançamento, restaura-se o prazo decadencial da Administração Pública Ativa para proceder com novo lançamento a fim de corrigir o equívoco formal no prazo de 5 (cinco) anos contados "da data em que se tornar definitiva a decisão que houver anulado, *por vício formal*, o lançamento anteriormente efetuado".[489]

Esse dispositivo causa controvérsia, em termos acadêmicos, por se tratar de uma hipótese de suspensão e interrupção do prazo de decadência, tratada por Luciano Amaro como um verdadeiro "dislate".[490] Para Paulo de Barros Carvalho, trata-se de dispositivo que contraria o próprio instituto da decadência, enquanto Sacha Calmon Navarro Coêlho evidencia que consiste em hipótese descabida do erro de "beneficiar o seu fautor", o que não poderia ser admitido.[491] Contudo sua aplicação aos casos concretos não encontra óbices, sendo relevante identificar o que se entende por vício formal.

São admitidos como vícios formais nos atos administrativos tributários os equívocos cometidos pelos agentes administrativos no

---

[488] BOTTALLO, Eduardo Domingos. Processo Administrativo Tributário. *In:* BARRETO, Aires F.; BOTTALLO, Eduardo Domingos (coord.). *Curso de iniciação em direito tributário.* São Paulo: Dialética, 2004. p. 246.

[489] BRASIL. Lei nº 5.172, de 25 de outubro de 1966. Dispõe sobre o Sistema Tributário Nacional e institui normas gerais de direito tributário aplicáveis à União, Estados e Municípios. *Diário Oficial da União,* 27 out. 1966. Disponível em: http://www.planalto.gov.br/ccivil_03/leis/l5172.htm. Acesso em: 6 dez. 2019.

[490] AMARO, Luciano. *Direito tributário brasileiro.* 15. ed. São Paulo: Saraiva, 2009. p. 407.

[491] CARVALHO, Paulo de Barros. *Curso de direito tributário.* 23. ed. São Paulo: Saraiva, 2011. p. 547; COÊLHO, Sacha Calmon Navarro. *Curso de direito tributário brasileiro.* 10. ed. Rio de Janeiro: Forense, 2009. p. 777-778.

procedimento de fiscalização que antecedeu sua lavratura ou aqueles cometidos no próprio ato administrativo tributário sob revisão.[492] Trata-se de erros formais relacionados aos requisitos para a lavratura dos atos administrativos tributários de origem do processo administrativo (auto de infração ou despacho decisório), elencados no art. 10 do Decreto nº 70.235/1972.[493] Não consiste, portanto, em vício relacionado à própria insuficiência da fundamentação do ato, que deve ser admitido como vício material.[494] No entanto, especificamente no que diz respeito aos atos originários do processo, a decisão administrativa favorável ao sujeito passivo que declara a nulidade do ato por vício formal enseja o cancelamento do ato para a retificação dos equívocos cometidos por meio da lavratura de novo ato, a ser elaborado no prazo decadencial previsto no CTN. Com isso, é viabilizada nova instauração do contencioso administrativo.

Sintetizam-se, abaixo, os efeitos preclusivos no processo administrativo reconhecidos na abordagem doutrinária tradicional:

Quadro 2 – Hipóteses de preclusão processual à luz da doutrina clássica

(continua)

Hipótese de preclusão	A que/quem se direciona	Fato que enseja a preclusão	Consequência	Fundamento legal
Temporal (intraprocessual)	Parte (sujeito passivo)	Interpor a primeira defesa administrativa no processo fora do prazo legal.	Não conhecimento do ato processual: não instaura o contencioso administrativo.	Art. 63, I, da Lei nº 9.784/1999
Temporal (intraprocessual)	Partes processuais	Interpor recurso administrativo no processo fora do prazo legal (recurso voluntário, embargos de declaração ou recurso especial).	Não conhecimento do ato processual: torna definitiva a **última** decisão administrativa tributária proferida no processo.	Art. 42 do Decreto nº 70.235/1972

---

[492] PAULSEN, Leandro. *Direito tributário*: Constituição e Código Tributário à luz da doutrina e da jurisprudência. 14. ed. Porto Alegre: Livraria do Advogado; ESMAFE, 2012. p. 1166.

[493] Nesse sentido ver: BRASIL. Ministério da Economia. Conselho Administrativo de Recursos Fiscais (CARF). *Acórdão nº 9101-002.146*. Processo nº 10280.005071/2001-42. Data da Sessão 07/12/2015. Relator Rafael Vidal De Araujo.

[494] Em sentido contrário: BRASIL. Ministério da Economia. Conselho Administrativo de Recursos Fiscais (CARF). *Acórdão nº 9202-008.027*. Processo nº 15983.000814/2009-41. Data da Sessão 23/07/2019. Redator Designado Mário Pereira de Pinho Filho.

CAPÍTULO 3
EFICÁCIA DA DECISÃO ADMINISTRATIVA TRIBUTÁRIA | 185

(continua)

Hipótese de preclusão	A que/quem se direciona	Fato que enseja a preclusão	Consequência	Fundamento legal
Lógica (intraprocessual)	Partes processuais	Realizar o pagamento de parte do crédito tributário exigido no Auto de Infração, mediante guia de recolhimento própria, mas pretende manter a discussão administrativa em relação a todo o valor autuado, e não apenas em relação à parcela que não foi paga.	Não conhecimento da matéria invocada relacionada à parcela paga.	Art. 507 do CPC/2015
Consumativa (intraprocessual)	Parte (sujeito passivo)	Deixar de invocar questões de fato e de direito relevantes para o julgamento, inclusive nulidades e/ou não apresentar as provas documentais na primeira peça de defesa apresentada no processo administrativo tributário.	Não conhecimento das matérias inovadoras. Exceções: (i) quanto às provas: (i.1) demonstrar a impossibilidade da apresentação oportuna, por motivo de força maior; (i.2) refira-se a fato ou a direito superveniente; (i.3) destine-se a contrapor fatos ou razões posteriormente trazidas aos autos e para a exposição das questões entendidas como pertinente para debate; (i.4) princípio da verdade material; (ii) quanto às nulidades passíveis de serem decretada de ofício pelo julgador.	Art. 16 do Decreto nº 70.235/1972 e art. 278 do CPC/2015
Consumativa (intraprocessual)	Parte (Fazenda)	Deixar de trazer todas as questões de direito e de fato relevantes na motivação do ato administrativo originário (Despacho decisório – resposta ao pleito de direito de crédito).	Impossibilidade de modificar os elementos da motivação do ato em momento processual posterior ensejando o cancelamento do ato administrativo com motivação deficiente (Despacho Decisório) para que seja proferido novo ato e instaurado novo contencioso administrativo.	Art. 50 da Lei nº 9.784/1999 e art. 5º, LV, da CF/1988

(conclusão)

Hipótese de preclusão	A que/quem se direciona	Fato que enseja a preclusão	Consequência	Fundamento legal
Consumativa (intraprocessual e extraprocessual)	Parte (Fazenda)	Deixar de trazer todas as questões de direito e de fato relevantes na motivação do ato administrativo originário (lançamento).	Impossibilidade de modificar os elementos da motivação do ato em momento processual posterior ensejando o cancelamento do ato no processo (intraprocessual), com a possibilidade de produzir os seguintes efeitos extraprocessuais: (i) em se tratando de vício material (erro de direito), a impossibilidade da lavratura de novo auto de infração quanto aos mesmos fatos geradores; (ii) em se tratando de vício sanável (erro de fato), viável a realização de novo lançamento desde que não extinto o crédito tributário.	Arts. 2º, XIII, e 50, da Lei nº 9.784/1999, arts. 146, 149, VIII e parágrafo único, e 156, IX, do CTN
Material (intraprocessual e extraprocessual)	Decisão	Provimento favorável ao sujeito passivo (vício de forma ou de mérito).	Extinguir o crédito tributário objeto do ato administrativo tributário que tenha sido objeto de revisão e julgamento, com a possibilidade de produzir efeitos extraprocessuais se a decisão houver anulado o lançamento por vício formal, sendo autorizada a realização de novo lançamento (instauração de novo processo) para corrigir o equívoco formal no prazo de 5 anos contados da data em que se tornar definitiva a decisão administrativa.	Art. 156, IX, e art. 173, II, do CTN

Fonte: Elaborado pela autora.

Contudo, diante dessa abordagem tradicional da doutrina, cabe indagar: o único efeito extraprocessual cabível para a decisão administrativa tributária que identificou um erro de direito cometido pela fiscalização seria a vedação da lavratura de novo auto de infração referente ao mesmo fato? E, se a decisão adentrou nos elementos da própria relação jurídica tributária em litígio, ela não produziria efeitos na orientação das condutas das passadas e futuras partes? O único efeito material de uma decisão administrativa favorável ao sujeito passivo seria a preclusão intraprocessual prevista no art. 156, IX, do CTN? E a decisão favorável ao entendimento fazendário? Qual a eficácia extraprocessual das decisões administrativas tributárias?

Para responder a esses questionamentos é importante que sejam diferenciadas, primeiramente, as espécies de decisão administrativa tributária, para em seguida avaliar as hipóteses de suas estabilidades extraprocessuais. Isso, porque as decisões administrativas favoráveis aos sujeitos passivos possuem grau de estabilidade distinto daquelas decisões a eles contrárias. Ademais, as diferentes questões enfrentadas nessas decisões podem ser dotadas de estabilidades distintas, com necessidades divergentes de manutenção do que foi decidido.

Com isso, identificam-se a seguir as espécies de decisão administrativa tributária, buscando diferenciar o grau de estabilidade processual de cada uma delas.

3.2 Espécies de decisão administrativa tributária e seu grau de estabilidade extraprocessual

Como já identificado em trabalho anterior, para a ciência do Direito, o ato de classificar possui a singular importância de especificar o regime jurídico aplicável a cada espécie identificada em determinado gênero, viabilizando o estudo aprofundado de fenômenos genéricos em qualquer ramo da ciência.[495] Com isso, da mesma forma que "se classificam os tributos em espécies porque elas recebem um tratamento jurídico diferenciado", nas palavras de Schoueri, é relevante também classificar as decisões administrativas tributárias para identificar o regime jurídico aplicável a cada espécie.[496]

Essa classificação das decisões deve guardar coerência com o Direito positivo e as regras ditadas pela Lógica, como qualquer

---

[495] DELIGNE, Maysa de Sá Pittondo. *Competência tributária residual e as contribuições destinadas à seguridade social.* Belo Horizonte: D'Plácido, 2015. p. 89-91.

[496] SCHOUERI, Luís Eduardo. *Direito tributário.* 8. ed. São Paulo: Saraiva, 2018. p. 167.

classificação realizada no âmbito da ciência do Direito. Com efeito, para proceder com a segregação dos grupos dentro de uma divisão lógica, com a correspondente identificação das espécies, é necessária a escolha de um critério de distinção específico (*fundamentum divisionis*). Tratando-se, especificamente, de uma classificação jurídica, é importante que o critério distintivo eleito seja um critério jurídico, tenha por base o Direito. Além disso, visando à coerência lógica da proposta classificatória, é necessário que sejam observadas as regras ditadas pela Lógica, na denominada teoria das classes.

Como identificado por Tárek Moysés Moussallem, são cinco as regras que devem ser observadas por qualquer cientista quando da divisão classificatória, quais sejam: (a) cada operação deve trazer somente um *fundamentum divisionis*; (b) as classes coordenadas devem se excluir mutuamente; (c) as classes coordenadas devem esgotar coletivamente a superclasse; (d) as operações sucessivas da divisão devem ser efetuadas por etapas graduais; e (e) as diferenças devem resultar da definição do dividido.[497] Com fulcro nessas regras, busca-se afastar a denominada falácia da divisão cruzada, que ocorre quando mais de um critério de distinção é eleito, de forma concomitante, pelo cientista.[498]

Dentro do escopo deste livro, identifica-se a classe geral de decisões administrativas tributárias, na qual se enquadram todas as decisões proferidas por órgão jurisdicional da Administração Pública Tributária, com competência para resolver as lides tributárias.

Para a identificação do grau de estabilidade das decisões administrativas tributárias, inclusive seus efeitos preclusivos intra ou extraprocessuais, é importante que elas sejam pronunciamentos já definitivos, assim entendidos como aqueles para os quais não cabe recurso. Isso, porque, antes disso, as decisões tomadas na seara administrativa não possuem grau de estabilidade, uma vez que podem ser modificadas por meio de recursos próprios previstos na legislação, à luz do devido processo legal, e não trazem uma posição conclusiva de mérito.

---

[497] MOUSSALLEM, Tárek Moysés. Classificação dos tributos (uma visão analítica). *In:* DE SANTI, Eurico Marcos Diniz (coord.). *Congresso nacional de estudos tributários.* São Paulo: Noeses. 2007. v. 4. p. 611-612.

[498] BARRETO, Paulo Ayres. *Contribuições:* regime jurídico, destinação e controle. 2. ed. São Paulo: Noeses, 2011. p. 48-49.

Com isso, não são consideradas aqui as decisões administrativas tributárias interlocutórias, tomadas para a conversão do julgamento do processo em diligência ou que se refiram a pronunciamento de nulidade de atos processuais ou procedimentais no curso do processo administrativo, consoante disciplina do art. 59 do Decreto nº 70.235/1972 (tais como, por exemplo, os atos procedimentais relacionados à intimação das partes). Com efeito, essas decisões administrativas não são definitivas, tão somente determinando a realização de ato processual (diligência) ou a correção de ato maculado por nulidade para dar continuidade ao regular curso processual, em conformidade com a orientação no sentido de que as incorreções, irregularidades e omissões que não maculam os atos de nulidade serão sanadas sempre que possível (art. 60, Decreto nº 70.235/1972).

Nesse sentido, o grupo das decisões administrativas tributárias definitivas é identificado pelo art. 42 do Decreto nº 70.235/1972, referindo-se às decisões de: (i) primeira instância, quando esgotado o prazo para recurso voluntário sem que este tenha sido interposto, inclusive os pronunciamentos parciais, na parte que não for objeto de recurso voluntário ou não estiver sujeita a recurso de ofício; (ii) segunda instância de que não caiba recurso ou, se cabível, quando decorrido o prazo sem sua interposição; e (iii) instância especial.

Cumpre salientar que a lei não faz qualquer distinção quanto ao grau de definitividade da decisão a depender da instância em que o pronunciamento foi proferido. Assim, independentemente da instância em que tenha sido exarada, a decisão será definitiva com os mesmos efeitos e o mesmo grau de estabilidade, segundo tão somente a matéria enfrentada (favorável ao sujeito passivo ou a ele contrária).

Nesse ponto, não se sustentam as críticas doutrinárias em torno das diferenças dos julgadores que compõem as instâncias de julgamento, sendo que a primeira possui somente fiscais de carreira (Delegacias de Julgamento), e a segunda possui representantes dos contribuintes com mandatos previstos em decreto ministerial (CARF).[499]

---

[499] A título de exemplo, ver: BORGES, José Alfredo. Possibilidade de a Fazenda Pública questionar em juízo as decisões definitivas do conselho de contribuintes. *Revista Internacional de Direito Tributário*, Belo Horizonte, v. 8, p. 365-371, jul./dez. 2007; LEITÃO, Maria Beatriz Mello. A possibilidade de revisão pelo Poder Judiciário das decisões do Conselho de Contribuintes contrárias à Fazenda Pública. *In*: ROCHA, Sérgio André (coord.). *Processo administrativo tributário*: estudos em homenagem ao Professor Aurélio Pitanga Seixas Filho. São Paulo: Quartier Latin, 2007. p. 519-520.

A distinção na composição das instâncias julgadoras não reflete na força das decisões administrativas tributárias para a Administração Pública. Com efeito, não se vislumbra na lei ou na CF/1988 qualquer distinção entre as formas de composição de turmas de julgamento, tratando-se de pessoas para as quais foi atribuída a competência de julgamento na seara administrativa, dotadas, portanto, de atribuição para exercício de função jurisdicional.[500]

A origem e o histórico pessoal do julgador não devem influir em seus julgamentos, tratando-se de função pública marcada pela impessoalidade e pela imparcialidade.[501] Da mesma forma que na seara administrativa, a origem diversa dos julgadores não é um elemento distintivo objetivo para a diferenciação destes na seara do Poder Judiciário, passíveis de serem oriundos não apenas da carreira da magistratura (juízes de carreira), mas também da iniciativa privada ou de órgãos das procuradorias públicas. De fato, o art. 94 da CF/1988 assegura "um quinto dos lugares dos Tribunais Regionais Federais, dos Tribunais dos Estados, e do Distrito Federal e Territórios" para a composição de membros "do Ministério Público, com mais de dez anos de carreira, e de advogados (não concursados) de notório saber jurídico e de reputação ilibada, com mais de dez anos de efetiva atividade profissional". E essa norma não estabelece diferença entre os "Desembargadores do quinto" e os "Desembargadores de carreira" dentro dos Tribunais, sendo todos qualificados, tão somente, como "Desembargadores", habilitados a exercer a função jurisdicional para a qual foram nomeados.

Da mesma forma os Conselheiros integrantes do Conselho Nacional de Justiça (CNJ) podem ser advogados não concursados. Contudo, naquele órgão, o art. 11, §3º do Regimento Interno aprovado pela Resolução nº 67/2009, garante aos Conselheiros que não integram as carreiras da magistratura "os mesmos direitos, prerrogativas, deveres, impedimentos constitucionais e legais, suspeições e incompatibilidades que regem a carreira da magistratura, no que couber, enquanto perdurar o mandato".[502]

---

[500] Nesse sentido se manifesta Ricardo Mariz de Oliveira no prefácio do livro NEDER, Marcos Vinicius; LÓPEZ, Maria Teresa Martínez. *Processo administrativo fiscal federal comentado.* São Paulo: Dialética, 2002.

[501] Conforme desenvolvido no item 1.1.1.1. do Capítulo 1.

[502] BRASIL. Resolução nº 67, de 3 de março de 2009. Aprova o Regimento Interno do Conselho Nacional de Justiça e dá outras providências. *Diário Oficial da União*, Disponível em: https://atos.cnj.jus.br/files/compilado181839202003205e7508ffd0bb8.pdf Acesso em: 8 abr. 2020.

Por óbvio, não se afasta aqui a necessidade de uma criteriosa e rigorosa seleção dos julgadores administrativos, em todas as instâncias, sejam eles oriundos da iniciativa privada ou da carreira fiscal. Devem ser almejados critérios objetivos que assegurem uma escolha técnica de julgadores com maturidade teórica para garantir a impessoalidade e a imparcialidade nas decisões.[503] Contudo o que não se aceita é que o simples fato da origem do julgador (fisco ou contribuinte) necessariamente influa em suas posições de forma parcial, favorecendo os interesses de sua classe de origem, ou enseje uma diferenciação na força dos pronunciamentos jurisdicionais por ele proferidos.

Uma vez que a carga de trabalho exigida por todos os Conselheiros deve ser igual, cabe, ainda, assegurar a igualdade de condições entre os julgadores, semelhante ao que se assegura aos Conselheiros do CNJ, por exemplo, com uma equiparação não apenas de salários, mas também dos benefícios, afastamentos legais etc.

Acresce-se que, atualmente, as decisões definitivas pronunciadas no processo administrativo tributário não são passíveis de recurso hierárquico para o Ministro de Estado. Isso, porque a instância especial atribuída ao Ministro no art. 26 do Decreto nº 70.235/1972 foi revogada tacitamente pela nova redação do art. 37 do mesmo decreto, dada pela Lei nº 11.941/2009, ao prever a hipótese de recurso especial às turmas da CSRF. De toda forma, ainda que se admitisse que não houve a revogação tácita do recurso hierárquico indicado no referido art. 26, trata-se de previsão que não cabe ser aplicada, por ser contrária à orientação constitucional do processo administrativo; se assim fosse, acabaria por desprestigiar "todo o sistema processual concebido para o exercício do direito de defesa do contribuinte".[504] Nas palavras de Celso Antônio Bandeira de Mello:

> (...) a autoridade unipessoal alocada em patamar superior (não importa quão alto seja seu escalão) não pode rever ou determinar a revisão do decidido pelo órgão colegial, pois a colegialidade e a participação do administrado, evidentemente, foram instituídas na proposição de que esta é a estrutura que confere a habilitação ideal para enfrentamento das questões que lhes hajam sido afetas.[505]

---

[503] Signo *maturidade* como tomada de consciência consoante adotado por: ALMEIDA, Fernando Menezes de. *Formação da teoria do direito administrativo no Brasil*. São Paulo: Quartier Latin, 2015. p. 436-438.

[504] Essa e outras críticas em: NEDER, Marcos Vinicius; LÓPEZ, Maria Teresa Martínez. *Processo administrativo fiscal federal comentado*. São Paulo: Dialética, 2002. p. 355.

[505] MELLO, Celso Antônio Bandeira de. *Curso de direito administrativo*. 34. ed. São Paulo: Malheiros, 2019. p. 472.

Assim, identifica-se o grupo das decisões definitivas proferidas em quaisquer das instâncias de julgamento (primeira, segunda ou especial), não passíveis de recurso hierárquico, que têm o condão de produzir efeitos intraprocessuais e extraprocessuais. Dentro desse grupo, mostra-se relevante verificar o conteúdo da decisão, identificando se o provimento foi favorável ao sujeito passivo ou a ele contrário (favorável à Administração Tributária). Trata-se de critério relevante para identificar o grau de estabilidade das decisões administrativas tributárias, ainda que não o seja para aquelas proferidas na seara judicial, para as quais não é essencial identificar a parte a quem o provimento foi direcionado e qual a natureza do provimento dado.[506]

Isso, porque, como já firmado anteriormente, no processo administrativo tributário as decisões administrativas tributárias proferidas em sentido favorável ao sujeito passivo não são suscetíveis de reforma pelo Poder Judiciário.[507] Com efeito, o art. 5º, XXXV, da CF/1988, retomou com a disciplina constitucional anterior a 1977, prevendo que "a lei não excluirá da apreciação do Poder Judiciário *lesão ou ameaça a direito*". Trata-se de garantia de direito individual atribuída "aos brasileiros e aos estrangeiros residentes no País", como uma forma de concretizar os direitos fundamentais de "inviolabilidade do direito à vida, à liberdade, à igualdade, à segurança e à propriedade" (*caput* do art. 5º, CF/1988). Nesse sentido, a Administração Pública Tributária não possui legitimidade processual para a revisão judicial de ato próprio favorável à pretensão do sujeito passivo. O direito de acesso ao Poder Judiciário é uma garantia individual do sujeito, não voltada ao Estado e, consequentemente, à Administração Pública Tributária.[508]

---

[506] O teor e o conteúdo da decisão judicial não se confundem com sua estabilidade, como afirma SOUZA, Henrique Coutinho de. *A ação rescisória em matéria tributária*: considerações sobre o direito de lançar à luz do princípio da segurança jurídica. 2018. Dissertação (Mestrado em Direito) – Universidade de São Paulo, São Paulo, 2018. p. 33.

[507] Ver item 1.1.1.2 do Capítulo 1, inclusive com os argumentos contrários da doutrina quanto a essa afirmação.

[508] Entre outros: CARVALHO, Paulo de Barros. As decisões do Carf e a extinção do crédito tributário. *Revista Dialética de Direito Tributário*, São Paulo, nº 212, p. 97-98, maio 2013; e CARVALHO, Paulo de Barros. *Curso de direito tributário*. 23. ed. São Paulo: Saraiva, 2011. p. 472; COÊLHO, Sacha Calmon Navarro. *Curso de direito tributário brasileiro*. 10. ed. Rio de Janeiro: Forense, 2009. p. 785; GODOI, Marciano Seabra de. Sobre a possibilidade de a Fazenda Pública reverter, em juízo, decisões definitivas dos conselhos de contribuintes. *In*: ROCHA, Valdir de Oliveira (coord.). *Grandes questões aduais de direito tributário*: 9º volume. São Paulo: Dialética, 2005. p. 410; e XAVIER, Alberto. *Do lançamento*: teoria geral do ato, do procedimento e do processo tributário. Rio de Janeiro: Forense, 1997. p. 268. Ver ainda: BRASIL. Superior Tribunal de Justiça (STJ). *MS 8.810*/DF, Relator Ministro Humberto Gomes de Barros, Primeira Seção, julgado em 13/08/2003, DJ 06/10/2003.

CAPÍTULO 3
EFICÁCIA DA DECISÃO ADMINISTRATIVA TRIBUTÁRIA | 193

Portanto, essa distinção é relevante para a própria diferenciação do grau de estabilidade das decisões administrativas tributárias, uma vez que, enquanto as decisões favoráveis aos sujeitos passivos são dotadas de estabilidade ampla, não passível de reforma pelo Poder Judiciário, as decisões a eles contrárias são dotadas de estabilidade relativa, em face da potencial possibilidade de reforma pelo Judiciário.

E a própria lei do processo administrativo tributário identifica esse primeiro critério de distinção entre as decisões administrativas tributárias definitivas: *o critério subjetivo*. Os arts. 43 e 45 do Decreto nº 70.235/1972 diferenciam a "decisão definitiva contrária ao sujeito passivo", favorável à pretensão fazendária identificada no ato administrativo tributário (ou, simplesmente, favoráveis ao fisco), da "decisão definitiva favorável ao sujeito passivo", que deu provimento à pretensão apresentada pelo sujeito passivo.

Em seguida, dentro de cada grupo, o art. 173, II, do CTN, aponta um segundo critério relevante para distinguir o regime jurídico a ser aplicável para as decisões, qual seja, o *critério material*, relacionado à matéria enfrentada na decisão. Com efeito, é possível distinguir as *decisões materiais ou declaratórias* que enfrentam questões relacionadas aos elementos da regra matriz de incidência tributária e a relação jurídica tributária, inclusive com a interpretação da lei aplicável ao caso concreto, das *decisões formais ou procedimentais*, que se referem tão somente às questões meramente formais do ato administrativo tributário específico objeto de revisão. Como mencionado no tópico anterior, somente para as decisões favoráveis aos sujeitos passivos em matéria formal há reabertura do prazo decadencial para a lavratura de novo auto de infração.

Com isso, dentro das duas classes das decisões administrativas tributárias definitivas (contrárias aos sujeitos passivos e favoráveis aos sujeitos passivos), identifica-se um segundo critério aplicável com a segregação em dois novos grupos, das decisões materiais (relacionadas aos aspectos materiais do ato administrativo tributário sob revisão, inclusive à própria relação jurídica tributária) e das decisões formais (relacionadas aos aspectos formais do ato administrativo tributário sob revisão).

Veja-se a seguir um esquema ilustrativo das espécies de decisões administrativas tributárias definitivas:

Figura 1 – Espécies de decisões administrativas tributárias

Decisão administrativa tributária definitiva
- Favorável ao sujeito passivo
  - De conteúdo material (1)
  - De conteúdo formal (2)
- Desfavorável ao sujeito passivo
  - De conteúdo material (3)
  - De conteúdo formal (4)

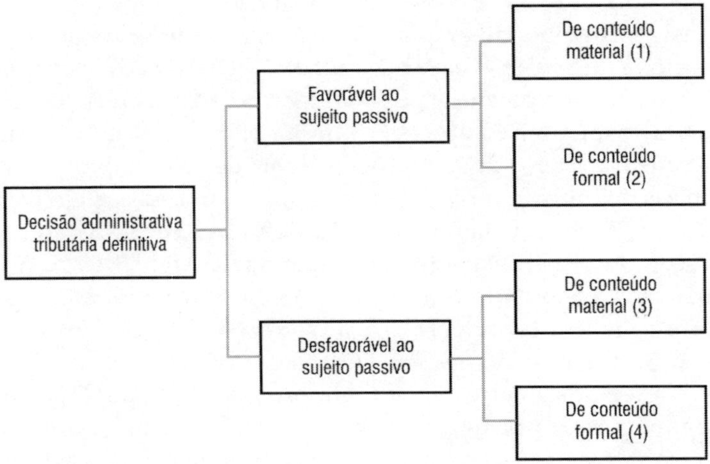

Fonte: Elaborado pela autora.

Como já evidenciado no tópico anterior, o art. 173, II, do CTN, prevê a hipótese de efeito preclusivo extraprocessual das decisões administrativas tributárias favoráveis ao sujeito passivo, admitida pela doutrina tradicional, não sendo necessária maior consideração quanto à espécie de decisão identificada no item (2) da Figura 1. Da mesma forma, desnecessárias maiores considerações quanto à decisão desfavorável ao sujeito passivo de conteúdo formal, identificada no item (4), não produzindo efeitos preclusivos específicos. Tal como a decisão de mérito desfavorável ao sujeito passivo, sua ciência pelo sujeito passivo enseja no encerramento da discussão administrativa e eventual discussão na seara judicial do ato (prazos prescricionais para o exercício do direito e encerramento da causa de suspensão da exigibilidade), como será melhor detalhado adiante, ao tratar da decisão identificada no item (3) acima.

É cabível, contudo, tecer considerações mais detalhadas quanto às decisões de conteúdo meritório ou material dos itens (1) e (3) da mesma figura, para que sejam avaliados os diferentes graus das estabilidades processuais a elas aplicáveis.

3.2.1 Decisões administrativas tributárias definitivas contrárias aos sujeitos passivos de conteúdo material (favoráveis ao fisco): estabilidade extraprocessual relativa

As decisões administrativas tributárias contrárias aos sujeitos passivos confirmam a pretensão jurídica apresentada pelo agente fiscal no ato administrativo tributário revisado no processo administrativo. Assim, em se tratando o ato originário de um lançamento, essas decisões ratificam a motivação nele expressas para respaldar as razões para a exigência do crédito tributário nele constituído. Por sua vez, estando sob revisão um despacho decisório, a decisão administrativa tributária confirma a ausência de direito creditório em favor do sujeito passivo, inclusive do valor do débito indevidamente compensado pelo sujeito passivo, que passa a ser exigível.

Para quaisquer dessas hipóteses, a decisão definitiva produz efeitos extraprocessuais quanto ao exercício do direito de ação das partes. A partir da data em que o sujeito passivo é intimado da decisão definitiva a ele desfavorável, instauram-se os prazos prescricionais para o exercício do direito: (i) pela Fazenda Pública, de exigir o crédito tributário confirmado pela decisão administrativa, por meio de ação de execução fiscal própria (art. 174, CTN, e LEF); (ii) do sujeito passivo de requerer judicialmente a nulidade da decisão administrativa e o reconhecimento do crédito pleiteado (art. 169, CTN).[509]

Especificamente para os lançamentos de ofício tributários, a conclusão do contencioso administrativo por meio da decisão administrativa desfavorável encerra a causa de suspensão da exigibilidade do art. 151, III, do CTN, podendo o crédito tributário ser cobrado.[510] Antes do ajuizamento da execução fiscal, são realizados procedimentos preparatórios, como a cobrança amigável em 30 (trinta) dias e a inscrição do crédito em dívida ativa, sendo que eventuais depósitos administrativos

---

[509] Críticas doutrinárias em torno da aplicação do parágrafo único do art. 169, do CTN e manifestações no sentido de sua aplicação não apenas para pedidos de restituição, mas também para compensações, ver: PAULSEN, Leandro. *Direito tributário*: Constituição e Código Tributário à luz da doutrina e da jurisprudência. 14. ed. Porto Alegre: Livraria do Advogado; ESMAFE, 2012. p. 1030-1031. No sentido da inconstitucionalidade do parágrafo único do art. 169, ver: BALEEIRO, Aliomar. *Direito tributário brasileiro*. Atualizada por Misabel de Abreu Machado Derzi. 12. ed. Rio de Janeiro: Forense, 2013. p. 1313.

[510] NEDER, Marcos Vinicius; LÓPEZ, Maria Teresa Martínez. *Processo administrativo fiscal federal comentado*. São Paulo: Dialética, 2002. p. 353.

realizados no processo podem ser convertidos em renda (art. 43 do Decreto nº 70.235/1972[511] e art. 156, VI, do CTN).

Relevante peculiaridade das decisões administrativas tributárias definitivas proferidas em sentido contrário aos interesses do sujeito passivo, com a manutenção do ato administrativo tributário de ofício, é que elas podem implicar lesão ou ameaça de lesão aos direitos dos sujeitos passivos. São decisões, portanto, passíveis de revisão pelo Poder Judiciário, nos termos do art. 5º, XXXV, da CF/1988.

Uma vez suscetíveis de novo debate jurisdicional, as decisões administrativas tributárias desfavoráveis materiais, dotadas de caráter declaratório na orientação de conduta das partes, terão *estabilidade extraprocessual relativa*, que não poderá se tornar plena nem mesmo quando transcorrido o prazo para a interposição de ação judicial.

Isso, porque, em se tratando de lesão ou ameaça de lesão a direito individual, a própria Administração Pública Tributária pode mudar sua posição, *unilateralmente*, no sentido de assegurar o direito do sujeito passivo, quando identificados argumentos em sentido contrário. Assim, as decisões administrativas tributárias materiais que declaram a existência de uma relação jurídica tributária, admitida como válida após o contencioso administrativo, poderão orientar as condutas das partes enquanto não tiver sido modificado o entendimento pelo Poder Judiciário ou pela própria Administração Pública Tributária.

Nesse sentido, o grau de estabilidade dessa decisão depende da própria consistência teórica do pronunciamento. De fato, a depender da consistência dos argumentos arrolados na motivação da decisão, dos fundamentos jurídicos fornecidos e dos fatos futuros praticados pelo sujeito passivo, a mesma qualificação jurídica poderá ser utilizada pelos agentes fiscais em atos tributários futuros. Porém, por representarem lesão ou ameaça a lesão a direito do sujeito passivo, as decisões administrativas tributárias a eles contrárias produzem efeitos materiais

---

[511] "Art. 43. A decisão definitiva contrária ao sujeito passivo será cumprida no prazo para cobrança amigável fixado no artigo 21, aplicando-se, no caso de descumprimento, o disposto no §3º do mesmo artigo. §1º A quantia depositada para evitar a correção monetária do crédito tributário ou para liberar mercadorias será convertida em renda se o sujeito passivo não comprovar, no prazo legal, a propositura de ação judicial. §2º Se o valor depositado não for suficiente para cobrir o crédito tributário, aplicar-se-á à cobrança do restante o disposto no *caput* deste artigo; se exceder o exigido, a autoridade promoverá a restituição da quantia excedente, na forma da legislação específica." (BRASIL. Decreto nº 70.235, de 6 de março de 1972. Dispõe sobre o processo administrativo fiscal e dá outras providências. *Diário Oficial da União*, 7 mar. 1972. Disponível em: http://www.planalto. gov.br/ccivil_03/decreto/D70235cons.htm. Acesso em: 6 dez. 2019).

relativos, podendo ser inclusive objetos de revisão pela própria Administração Tributária, caso esta entenda pelo reconhecimento ou homologação do direito anteriormente controvertido.

Nesse sentido se enquadra a proposta de Eduardo Domingos Bottallo, de que as decisões administrativas tributárias serão uma "proposta de composição" e que não acarretam "o surgimento de situação definitiva para o contribuinte, no sentido de sobrepor-se, inelutavelmente, à sua vontade".[512] Ainda que o autor se referisse a todas as decisões administrativas tributárias, observa-se que foram reconhecidos os efeitos tão somente das decisões desfavoráveis aos interesses do sujeito passivo (favoráveis ao fisco). Marcos Vinicius Neder e Maria Teresa Martínez López igualmente se referiam a essa espécie de decisão ao afirmarem que "a decisão final no processo administrativo vincula a Administração, mas não o contribuinte que, ainda, pode recorrer ao Poder Judiciário para o controle da legalidade do ato".[513]

Sob essa perspectiva, o *grau de estabilidade* da decisão administrativa tributária contrária ao sujeito passivo é *relativo*, inexistindo vinculação material perene para quaisquer das partes, inclusive para a Administração Pública. Pode a Administração espontaneamente rever seu posicionamento, caso seja no sentido de assegurar o direito do sujeito passivo, de forma a afastar a lesão ao direito caso sejam identificados novos argumentos. A Administração apenas garante maior grau de estabilidade a seu posicionamento quando reconhece e homologa o direito do sujeito, como será identificado a seguir.

3.2.2 Decisões administrativas tributárias definitivas favoráveis aos sujeitos passivos de conteúdo material: estabilidade extraprocessual plena

No processo administrativo tributário, as decisões administrativas tributárias proferidas em sentido favorável ao sujeito passivo não são suscetíveis de reforma pelo Poder Judiciário, por não se tratar de lesão ou ameaça de lesão a direito individual fundamental. Essa concepção, repetida diversas vezes ao longo deste texto, mostra-se

---

[512] BOTTALLO, Eduardo Domingos. Processo administrativo tributário. *In:* BARRETO, Aires F.; BOTTALLO, Eduardo Domingos (coord.). *Curso de iniciação em direito tributário.* São Paulo: Dialética, 2004. p. 246.

[513] NEDER, Marcos Vinicius; LÓPEZ, Maria Teresa Martínez. *Processo administrativo fiscal federal comentado.* São Paulo: Dialética, 2002. p. 353.

crucial para reconhecer a relevância das decisões administrativas tributárias favoráveis aos sujeitos passivos como meio efetivo e final de resolução de conflitos tributários.

Com efeito, a decisão administrativa tributária favorável ao sujeito passivo foge ao controle jurisdicional do Poder Judiciário, uma vez que a própria Administração Pública, no exercício de função jurisdicional, por meio de instrumentos previstos em lei (processo), resolveu o litígio de forma a reconhecer e homologar os direitos dos sujeitos passivos. Ou seja, o Estado resolveu um conflito de interesses a ele apresentado concluindo pelo reconhecimento de direitos pleiteados pelo sujeito passivo.

Nesse sentido, afirma-se que, efetivamente, *inexiste interesse processual da Administração para modificar suas próprias decisões perante o Poder Judiciário*. A garantia do acesso ao Judiciário é um direito fundamental do cidadão, atribuído "aos brasileiros e aos estrangeiros residentes no País", como forma de concretizar outros direitos fundamentais identificados no *caput* do art. 5°, CF/1988. Trata-se, portanto, de garantia individual do sujeito, do cidadão, não voltada ao Estado, à Administração Pública Tributária.[514]

Admitir que a Administração Pública pudesse se voltar contra essa decisão é reconhecer que o "Estado" pudesse movimentar a máquina do "Estado" para modificar um pronunciamento dado pelo próprio "Estado". Feriria, com isso, o princípio da proteção da boa-fé em seu aspecto de proibição de *venire contra actum proprium*.[515]

Por essa razão, o grau de estabilidade dessa espécie de decisão administrativa tributária é distinto da decisão contrária ao sujeito

---

[514] Entre outros: CARVALHO, Paulo de Barros. As decisões do Carf e a extinção do crédito tributário. *Revista Dialética de Direito Tributário*, São Paulo, nº 212. p. 97-98, mai. 2013 e *Curso de direito tributário*. 29. ed. São Paulo: Saraiva, 2018. p. 472; COÊLHO, Sacha Calmon Navarro. *Curso de direito tributário brasileiro*. 10. ed. Rio de Janeiro: Forense, 2009. p. 785; GODOI, Marciano Seabra de. Sobre a possibilidade de a Fazenda Pública reverter, em juízo, decisões definitivas dos conselhos de contribuintes. *In*: ROCHA, Valdir de Oliveira (coord.). *Grandes questões atuais de direito tributário*. São Paulo: Dialética, 2005. v. 9. p. 410; XAVIER, Alberto. *Do lançamento*: teoria geral do ato, do procedimento e do processo tributário. Rio de Janeiro: Forense, 1997. p. 268. Ver ainda: BRASIL. Superior Tribunal de Justiça (STJ). *MS 8.810*/DF, Relator Ministro Humberto Gomes de Barros, Primeira Seção, julgado em 13/08/2003, DJ 06/10/2003.

[515] SANTI, Eurico Marcos Diniz de; ZUGMAN, Daniel Leib. Decisões administrativas definitivas não podem ser rediscutidas no poder judiciário. *In*: X Congresso Nacional de Estudos *Tributários*: Sistema tributário brasileiro e as relações internacionais. São Paulo: Noeses, 2013. p. 298. Ver ainda: BOTTALLO, Eduardo Domingos. Processo Administrativo Tributário. *In*: BARRETO, Aires F.; BOTTALLO, Eduardo Domingos (coord.). *Curso de iniciação em direito tributário*. São Paulo: Dialética, 2004. p. 247.

CAPÍTULO 3
EFICÁCIA DA DECISÃO ADMINISTRATIVA TRIBUTÁRIA | 199

passivo: uma vez que não é suscetível de modificação pelo Poder Judiciário, essa decisão será dotada de *eficácia preclusiva extraprocessual material plena* tanto para a relação processual (outros processos em curso com o mesmo objeto) como para a relação jurídica material controvertida. Adentra-se, a seguir, em cada um desses efeitos.

3.3 Efeitos extraprocessuais das decisões administrativas tributárias definitivas favoráveis aos sujeitos passivos de conteúdo material

Adotada a concepção de que a decisão administrativa tributária que decide em favor do sujeito passivo possui eficácia preclusiva extraprocessual material plena, seus efeitos devem ser apontados, o que será feito nos próximos tópicos.

3.3.1 Efeitos em outros processos administrativos em curso referentes às mesmas partes

Ao disciplinar especificamente as decisões administrativas tributárias definitivas favoráveis aos sujeitos passivos, o art. 45 do Decreto nº 70.235/1972 veicula um efeito preclusivo extraprocessual para outros processos em curso do mesmo sujeito passivo. Expressa o dispositivo que, "no caso de decisão definitiva favorável ao sujeito passivo, cumpre à autoridade preparadora exonerá-lo, de ofício, dos gravames decorrentes do litígio".[516] Ou seja, especificamente para as decisões administrativas tributárias favoráveis ao sujeito passivo com conteúdo material, a lei determina que a Administração Pública Tributária, como parte vencida, exonere o sujeito passivo não apenas *dos gravames indicados no ato administrativo tributário revisado (como exigido pelo art. 156, IX, do CTN), mas também todos aqueles que sejam decorrentes do litígio* resolvido de forma definitiva.

O signo *gravames* adotado pelo dispositivo deve ser concebido em uma acepção *lata* do termo, referindo-se à própria situação vivenciada pelo sujeito passivo no litígio administrativo, com a restrição de seu direito fundamental à propriedade. Trata-se de um signo não utilizado

---

[516] BRASIL. Decreto nº 70.235, de 6 de março de 1972. Dispõe sobre o processo administrativo fiscal e dá outras providências. *Diário Oficial da União*, 7 mar. 1972. Disponível em: http://www.planalto.gov.br/ccivil_03/decreto/D70235cons.htm. Acesso em: 6 dez. 2019.

no CTN, mas que igualmente foi empregado nessa acepção ampla, no art. 64 da Lei nº 9.784/1999, para se referir à impossibilidade de *reformatio in pejus* das decisões administrativas, com o agravamento da situação do sujeito.[517] Indica o dispositivo que "o órgão competente para decidir o recurso poderá confirmar, modificar, anular ou revogar, total ou parcialmente, a decisão recorrida, se a matéria for de sua competência", sendo que se "puder decorrer *gravame à situação* do recorrente, este deverá ser cientificado para que formule suas alegações antes da decisão". Com isso, a expressão "gravames decorrentes do litígio" se refere a todas as exigências pecuniárias respaldadas na motivação que foi enfrentada pela decisão administrativa, seja do ato revisado, seja de outros lavrados pelos mesmos motivos, abrangendo valores de tributos (exigidos ou não repetidos ao sujeito passivo) e penalidades pecuniárias. O termo gravame, portanto, não possui acepção restrita, não é relativo tão somente às penalidades pecuniárias (multa).

Dessa forma, a decisão administrativa que concede a tutela jurisdicional de forma favorável ao sujeito passivo enseja o cancelamento total ou parcial do ato administrativo tributário revisado, conforme pedidos formulados pelo sujeito passivo em sua defesa. No entanto as razões utilizadas como fundamento para resolver o litígio serão aplicáveis, igualmente, aos outros atos administrativos tributários fundados na mesma causa de pedir (motivação do ato administrativo tributário cancelado), conforme exigido pelo art. 45 do Decreto nº 70.235/1972, por se referirem ao *mesmo litígio já definitivamente resolvido pela decisão administrativa tributária.*

Esse raciocínio é depreendido com ainda mais clareza da leitura conjunta do art. 45 do Decreto nº 70.235/1972 e do art. 31 do mesmo diploma, que trata dos elementos da decisão administrativa. Como visto neste livro, o art. 31 determina a fundamentação como elemento essencial da decisão administrativa tributária, na qual devem ser enfrentadas todas as razões expostas na motivação do ato administrativo tributário sob revisão e na defesa administrativa apresentada.[518] E é na fundamentação da decisão administrativa que o litígio a que se refere o art. 45 será definitivamente julgado. O referido dispositivo exige que todos os gravames decorrentes do litígio sejam

---

[517] FIGUEIREDO, Lucia Valle. *Curso de direito administrativo.* 9. ed. São Paulo: Malheiros, 2008. p. 457.

[518] Ver item 2.2.1 do Capítulo 2.

exonerados com fulcro na fundamentação da decisão administrativa tributária definitiva favorável ao sujeito passivo. Essa extinção irá atingir o ato administrativo tributário revisado ou outros atos administrativos lavrados com base na mesma motivação contra o sujeito passivo.

Com isso, esse dispositivo normativo é suficiente para reconhecer a produção de efeitos extraprocessuais materiais da decisão administrativa tributária favorável ao sujeito passivo em outros processos em curso do mesmo sujeito passivo, que envolvam o mesmo litígio (mesma causa de pedir, mesmo objeto), que tenham sido instaurados pela Administração Pública Tributária ou ainda estejam em curso. Com fulcro no art. 45 do Decreto nº 70.235/1972, as mesmas razões de julgamento adotadas para a resolução de um litígio devem ser aplicadas, de ofício, para outros litígios idênticos entre as mesmas partes.

Como indicado nesse dispositivo, a aplicação de ofício da decisão será realizada pela autoridade fiscal de origem (autoridade preparadora), com fulcro na função de autotutela do art. 149, I, do CTN ("o lançamento é efetuado e revisto de ofício pela autoridade administrativa (...) quando a lei assim o determine"). Esse direcionamento para a autoridade preparadora mostra-se coerente com o fato de os julgadores administrativos não terem mais atividade jurisdicional a desempenhar, uma vez que a tutela jurisdicional já foi prestada pela decisão administrativa definitiva. Com efeito, o julgador administrativo estará "impedido de rejulgar pedido baseado em mesma causa de pedir entre as mesmas partes".[519] Ademais, é o agente fiscal na unidade preparadora de origem quem terá conhecimento de quais foram os diferentes atos administrativos tributários lavrados com a mesma motivação. Com isso, é possível encerrar os litígios de forma eficaz, sem necessidade de qualquer interferência no mérito pela autoridade julgadora.

Dessa forma, nos processos administrativos em curso relacionados ao mesmo litígio, caberá à autoridade julgadora administrativa encaminhar o processo à autoridade fiscal de origem para aplicar as razões de decidir da decisão administrativa tributária definitiva favorável ao sujeito passivo. Em se tratando de atos lavrados com os mesmos motivos (pressupostos de fato e pressupostos de direito) e, portanto, a mesma motivação que tenha sido julgada na decisão administrativa definitiva favorável ao sujeito passivo, a aplicação

---

[519] MARINONI, Luiz Guilherme. *Coisa julgada sobre questão*. São Paulo: Thomson Reuters, 2018. p. 302.

de suas razões de decidir é um verdadeiro **dever** das autoridades administrativas, por exigência legal do art. 45 do Decreto nº 70.235/1972, e não mera faculdade.

E aqui é essencial salientar que a motivação (e os correspondentes pressupostos de fato e de direito) poderá ser idêntica em dois ou mais atos administrativos tributários, ainda que se refiram a períodos de apuração distintos ou tributos distintos. A única exigência é que o tributo esteja abrangido pela competência do órgão jurisdicional administrativo que proferiu a decisão (por exemplo, as decisões administrativas tributárias definitivas proferidas pelo CARF só serão aplicáveis para conflitos relativos a tributos federais que se utilizarem da mesma motivação).

A fim de elucidar essa aplicação do art. 45 do Decreto nº 70.235/ 1972, recorre-se ao seguinte exemplo.

Em janeiro de 2008, o contribuinte **C1** foi notificado de dois despachos decisórios negando em parte seu ressarcimento de créditos do Imposto sobre Produtos Industrializados (IPI) referentes aos 3º e 4º trimestres de 2007. Os despachos foram emitidos sob o único fundamento, apresentado na motivação: a produção e a exportação de produtos classificados na Tabela de Incidência do IPI (TIPI) como não tributados (NT) não geram direito ao crédito presumido de IPI de que trata o art. 1º da Lei nº 9.363/1996. Com esse mesmo fundamento, foi lavrado auto de infração para a exigência do IPI quanto aos anos de 2008 a 2010, sendo o contribuinte intimado em janeiro de 2011.

C1 entendia que o crédito de IPI tomado seria válido, uma vez que, para o gozo do incentivo, o art. 1º da Lei nº 9.363/1996 não exige que o produto exportado seja tributado pelo IPI, ou que a empresa seja contribuinte do IPI, por fazer referência ao termo "mercadorias" e não "produtos industrializados". Diante desse litígio, para a discussão da mesma matéria jurídica, o contribuinte apresentou tempestivas defesas administrativas (manifestações de inconformidade para os dois processos de ressarcimento e impugnação para o auto), instaurando as lides administrativas. Em 2009, a defesa do processo de ressarcimento do 3º trimestre de 2007 foi julgada improcedente pela Delegacia de Julgamento, sendo interposto tempestivo recurso voluntário. O recurso foi julgado procedente em 2010, em decisão contra a qual foi interposto recurso especial pela Fazenda, ao qual foi negado provimento em abril de 2011. Na decisão da CSRF, entendeu-se, expressamente, que se deve "permitir o direito ao crédito presumido de IPI, como forma de ressarcimento do PIS e da COFINS nas exportações de produtos que constam da TIPI com a notação NT (não tributados)".[520]

O contribuinte foi intimado dessa decisão em 7 de maio de 2011, tornando-se definitiva na seara administrativa na forma do art. 42, III, do Decreto nº 70.235/1972. Em maio de 2011, os processos de IPI de *C1*, lavrados com fundamento idêntico, estavam com os seguintes *status* processuais:

PAF 1 – Despacho Decisório 3º trimestre 2007: manifestação de inconformidade julgada improcedente e recurso voluntário julgado procedente. Negado provimento ao recurso especial da Fazenda, tornando-se definitiva em 07/05/2011.

PAF 2 – Despacho Decisório 4º trimestre 2007: manifestação de inconformidade e recurso voluntário julgados improcedentes. Aguardando julgamento do recurso especial do contribuinte.

PAF 3 – Auto de Infração anos calendários 2008 a 2010: aguardando julgamento da impugnação.

Veja-se que são três atos administrativos tributários referentes ao mesmo tributo, hipoteticamente devido pelo mesmo sujeito passivo, mas de períodos de apuração distintos e que estão fundados *na mesma motivação, sendo, portanto, processos respaldados na mesma causa de pedir*. Os pedidos, por sua vez, são idênticos para os *PAF 1* e *PAF 2* (reconhecer o crédito pleiteado e cancelar o despacho decisório), sendo distintos para o *PAF 3*, cujo pedido é para cancelar o ato administrativo tributário lavrado. Assim, com o julgamento definitivo favorável ao sujeito passivo do *PAF 1*, as razões de decidir adotadas pelo acórdão da CSRF *devem ser* aplicadas, de ofício, para o *PAF 2* e para o *PAF 3*, com o reconhecimento do crédito pleiteado no *PAF 2* e o cancelamento do auto de infração para o *PAF 3*.

Outro exemplo pode ser elaborado para ilustrar a possibilidade de a mesma causa de pedir se referir a tributos diferentes. Por cumprir todos os requisitos trazidos no art. 14, do CTN, uma entidade beneficente de assistência social *S1* não recolhe, desde sua constituição, a Contribuição Social sobre o Lucro Líquido (CSLL), o Programa de Integração Social (PIS), a Contribuição para o Financiamento da Seguridade Social (COFINS) e as contribuições previdenciárias, em

---

[520] BRASIL. Ministério da Economia. Conselho Administrativo de Recursos Fiscais (CARF). *Acórdão nº 9303-01.402*, de 04/04/2011. Relator Conselheiro Gilson Macedo Rosenburg Filho. Redatora designada Conselheira Maria Teresa Martínez López.

razão da imunidade do art. 195, §6º, do CTN. Após sofrer procedimento de fiscalização, a empresa foi notificada que sua condição de imune foi invalidada em razão de um diretor da empresa não possuir certidão de regularidade fiscal, exigida por uma instrução normativa da SRF. Com isso, foram lavrados 3 (três) autos de infração para exigência da CSLL (*A1*), do PIS/COFINS (*A2*) e das contribuições previdenciárias (*A3*) com base na mesma motivação (descumprimento dos requisitos da imunidade). Somente o *A1* alcançava soma superior a R\$2.500.000,00 (dois milhões e quinhentos mil reais). Trata-se, portanto, de três autos distintos, para os quais foram instaurados três processos administrativos distintos (***PAF 1, PAF 2*** e ***PAF 3***). O processo referente ao *A1* (***PAF 1***) foi julgado com agilidade, sendo negado provimento à impugnação apresentada pelo sujeito passivo, com a apresentação tempestiva de recurso voluntário. O processo referente ao *A3* (***PAF 3***), por sua vez, foi julgado por outra Delegacia de Julgamento, que proferiu decisão administrativa definitiva em primeira instância (uma vez que o valor não era sujeito a recurso de ofício), reconhecendo que a ausência de certidão de regularidade fiscal de diretor não é motivo para a revogação da imunidade tributária. O processo referente ao *A2* (***PAF 2***) ainda aguarda julgamento em primeira instância.

Diante do exemplo apresentado, cabe ser aplicada a decisão administrativa definitiva favorável ao sujeito passivo proferida no ***PAF 3*** aos outros 2 (dois) processos, referentes ao mesmo litígio e à mesma causa de pedir, em cumprimento do dever de ofício do art. 45 do Decreto nº 70.235/1972, com a aplicação daquelas razões. Como delineado anteriormente, a instância em que foi formada essa decisão (no caso, primeira instância) não é considerada relevante pela lei para diferenciar os efeitos passíveis de serem produzidos.

Assim, o litígio é o conflito de pretensões, sendo a pretensão fiscal identificada na motivação do ato administrativo tributário, e a do sujeito passivo identificada dos fundamentos e no pedido da defesa administrativa. Todos os atos lavrados com a mesma pretensão terão o mesmo resultado se favorável ao sujeito passivo, na forma exigida pelo art. 45, do Decreto nº 70.235/72.

Firma-se, portanto, esse efeito preclusivo extraprocessual material identificado no art. 45 do Decreto nº 70.235/1972, relacionado à indiscutibilidade das razões da decisão por serem definitivas.[521] Cabe

---

[521] Trazendo a indiscutibilidade como um efeito do trânsito em julgado da sentença judicial e elemento declaratório da decisão, ver: MESQUITA, José Ignácio Botelho de. *A coisa julgada*. Rio de Janeiro: Forense, 2004. p. 13-14.

agora adentrar nos efeitos incidentes sobre a relação jurídica tributária material controvertida produzidos pelas decisões administrativas tributárias favoráveis aos sujeitos passivos.

3.3.2 Efeitos nas relações jurídicas tributárias

Como desenvolvido no item anterior, o art. 45 do Decreto nº 70.235/1972 esclarece quais são os efeitos preclusivos extraprocessuais da decisão administrativa tributária favorável ao sujeito passivo para outros litígios já existentes perante a Administração Tributária. Não esclarece, contudo, quais seriam os efeitos materiais dessas decisões sobre a própria relação jurídica material controvertida. Em face da ausência de disciplina na lei especial, é cabível a aplicação subsidiária do CPC/2015, que disciplina de forma específica esses efeitos.

Com efeito, uma vez que a decisão administrativa tributária favorável ao sujeito passivo é a *única* espécie de decisão passível de solucionar o litígio de forma definitiva na seara administrativa, com estabilidade processual plena, também se mostra como a única espécie de decisão que pode ser dotada de *"força de lei"* entre as partes, nos termos do art. 503 do CPC/2015, que expressa:

> Art. 503. A *decisão* que julgar total ou parcialmente o mérito tem *força de lei* nos limites da questão principal expressamente decidida.
>
> §1º O disposto no *caput* aplica-se à resolução de questão prejudicial, decidida expressa e incidentemente no processo, se:
>
> I – dessa resolução depender o julgamento do mérito;
>
> II – a seu respeito tiver havido contraditório prévio e efetivo, não se aplicando no caso de revelia;
>
> III – o juízo tiver competência em razão da matéria e da pessoa para resolvê-la como questão principal.
>
> §2º A hipótese do §1º não se aplica se no processo houver restrições probatórias ou limitações à cognição que impeçam o aprofundamento da análise da questão prejudicial.[522]

Cumpre apontar que esse dispositivo não faz referência tão somente às decisões judiciais, como o feito no art. 504, do CPC/2015,

---

[522] BRASIL. Lei nº 13.105, de 16 de março de 2015. Código de Processo Civil. *Diário Oficial da União*, 17 mar. 2015. Disponível em: http://www.planalto.gov.br/ccivil_03/_ato2015-2018/2015/lei/l13105.htm. Acesso em: 6 dez. 2019. Sem grifos no original.

analisado adiante, mas a quaisquer decisões de mérito proferidas no exercício de função jurisdicional, sem referência específica ao signo *coisa julgada*, mas tão somente à *decisão* ou à *lide*. É possível, portanto, sua aplicação subsidiária ao processo administrativo tributário desde que se refira à decisão administrativa definitiva com julgamento favorável ao sujeito passivo, imodificável pelo Poder Judiciário.

Como força de lei, as razões da decisão administrativa passam a integrar a própria norma geral e abstrata que foi objeto de interpretação quando da atividade de aplicação, orientando as condutas das partes, sejam aquelas realizadas no passado como as condutas futuras. Nesse sentido, a decisão administrativa tributária definitiva favorável ao sujeito passivo produz efeitos sobre a relação jurídica material.

Assim, na relação jurídica tributária material, as questões de mérito enfrentadas na decisão administrativa irão orientar as condutas futuras das partes. Com isso, fatos geradores passados praticados pelo sujeito passivo (parte do processo), atingidos pela motivação da decisão administrativa tributária definitiva, não poderão ser objeto de ato administrativo tributário de lançamento de ofício com fulcro naquela mesma motivação. Especificamente nas relações jurídicas tributárias materiais de trato continuado e sucessivo, cujos fatos geradores se esgotam imediatamente em determinado momento, mas se repetem no tempo de maneira uniforme e continuada, as condutas das partes são orientadas, inclusive, para o futuro.[523]

Cumpre salientar que o dispositivo acima transcrito estabelece limites materiais para essa estabilidade, identificando que somente as questões principais e prejudicais que tenham sido objeto de contraditório serão dotadas de força de lei. Contudo "existe uma simbiose inseparável entre as questões fáticas e jurídicas compreendidas no complexo de fundamentações no qual deve ser verificada a estabilidade",[524] não sendo possível uma separação categórica de questões.

Inclusive, mesmo na seara judicial, esse dispositivo tem sido interpretado no sentido de garantir efeitos estabilizadores para aquelas

---

[523] ZAVASCKI, Teori Albino. Coisa julgada em matéria constitucional: eficácia das sentenças nas relações jurídicas de trato continuado. *In*: ZAVASCKI, Teori Albino. *Eficácia das sentenças na jurisdição constitucional*. São Paulo: RT, 2001. p. 4 Disponível em: http://www.abdpc.org.br/abdpc/artigos/Teori%20Zavascki%20-%20formatado.pdf. Acesso em: 1º out. 2018.

[524] CABRAL, Antonio do Passo. *Coisa julgada e preclusões dinâmicas*: entre continuidade, mudança e transição de posições processuais estáveis. 3. ed. Salvador: JusPodivm, 2019. p. 509.

CAPÍTULO 3
EFICÁCIA DA DECISÃO ADMINISTRATIVA TRIBUTÁRIA | 207

questões preliminares alegadas de forma incidental no processo, ainda que sejam suficientes para encerrar o processo.[525] Nesse sentido, passam a ser consideradas para fins da coisa julgada judicial todas as razões de mérito cujo enfrentamento tenha sido lógica e juridicamente necessário para resolução do litígio.[526] Passa-se, portanto, a aproximar as questões principais, como aquelas formuladas no pedido da parte, das questões que se tornaram principais "pela necessidade lógica de enfrentamento pelo julgador" em sua decisão (questões prejudiciais).[527]

Acresce-se que na decisão administrativa tributária o dispositivo não é identificado como elemento essencial, sendo descabido atrair para o processo administrativo tributário a discussão travada na seara judicial quanto à restrição da estabilidade do julgado tão somente ao dispositivo de mérito. É descabido, ainda, afastar a estabilidade sobre todos os motivos da decisão, como ocorre na seara judicial,[528] considerando que eles constam de sua fundamentação, com os critérios decisórios adotados, inclusive a valoração das provas e dos argumentos das partes, considerados relevantes para a tutela jurisdicional administrativa prestada. E essa prestação, juntamente com os fundamentos que a amparam, orientam as condutas das partes na relação jurídica material, sobre a qual a matéria tributária estava controvertida na relação jurídica processual.

Em face da dificuldade prática na separação das questões jurídicas objeto da decisão, aliada à relevância da motivação das decisões administrativas tributárias na própria orientação de condutas das partes, é relevante identificar quais são os elementos vinculantes depreendidos da decisão administrativa tributária que integram o conteúdo estabilizado, o que se busca fazer a seguir.

---

[525] MARINONI, Luiz Guilherme. *Coisa julgada sobre questão*. São Paulo: Thomson Reuters, 2018. p. 241-274.

[526] THEODORO JÚNIOR, Humberto. Limites objetivos da coisa julgada no novo Código de Processo Civil. *In*: DIDIER JÚNIOR, Fredie; CABRAL, Antonio do Passo (coord.). *Coisa julgada e outras estabilidades processuais*. Salvador: JusPodivm, 2018. p. 179.

[527] THEODORO JÚNIOR, Humberto. Limites objetivos da coisa julgada no novo Código de Processo Civil. *In*: DIDIER JÚNIOR, Fredie; CABRAL, Antonio do Passo (coord.). *Coisa julgada e outras estabilidades processuais*. Salvador: JusPodivm, 2018. p. 179.

[528] Em razão da previsão do art. 504, I, do CPC/2015: "Art. 504. Não fazem coisa julgada: I – os motivos, ainda que importantes para determinar o alcance da parte dispositiva da sentença; II – a verdade dos fatos, estabelecida como fundamento da sentença." (BRASIL. Lei nº 13.105, de 16 de março de 2015. Código de Processo Civil. *Diário Oficial da União*, 17 mar. 2015. Disponível em: http://www.planalto.gov.br/ccivil_03/_ato2015-2018/2015/lei/l13105.htm. Acesso em: 6 dez. 2019.)

3.3.3 Conteúdos estabilizados das decisões administrativas tributárias

Ao tratar dos elementos da decisão que são vinculantes, Eugenio Bulygin divide a decisão em duas partes: as considerações, na qual a motivação é expressa com as premissas, e a resolução ou conclusão, que representa a norma individual que se refere ao comportamento do indivíduo ou aplicação de sanção. As razões vinculantes constam não apenas do dispositivo, mas também das normas gerais nela indicadas como premissa.[529]

Esse é o raciocínio que igualmente se propõe na análise da estabilidade das decisões administrativas tributárias. Como visto, o art. 31 do Decreto nº 70.235/1972 exige que a decisão enfrente, em sua fundamentação, todas as razões trazidas pelas partes no processo, por meio de um discurso argumentativo pelo qual são construídas normas jurídicas individuais relacionadas ao ato administrativo tributário revisado. Essas normas construídas e as razões relevantes para a convicção do julgador orientam as condutas das partes, passadas ou futuras.

Nessa perspectiva, o conteúdo das decisões administrativas tributárias que será estabilizado deve se referir àquelas questões admitidas como essenciais para formar a convicção do julgador (*ratio decidendi*), identificando aqueles elementos de fato e de direito passíveis de orientar a conduta das partes na relação jurídica tributária. Como definido, a *ratio decidendi* se refere aos pontos, assim entendidos como os argumentos e elementos de fato que foram considerados essenciais para a formação da convicção do julgador, sem os quais ele não teria alcançado a conclusão no julgamento.[530] Assim, tal como ocorrido na seara judicial como dito, aproximam-se no processo administrativo tributário as questões principais, como aquelas formuladas no pedido da parte, das questões que se tornaram principais em razão da necessidade lógica de enfrentamento pelo julgador em sua decisão (questões prejudiciais e, eventualmente, as preliminares de mérito).

Buscando identificar os elementos vinculantes da decisão, suscetíveis a orientar a conduta das partes, Tércio Sampaio Ferraz Júnior propõe uma diferenciação entre os elementos permanentes e

---

[529] BULYGIN, Eugenio. *Essays in Legal Philosophy*. Oxford: Oxford University Press, 2015. p. 77.

[530] Ver item 2.2.2 do Capítulo 2.

os elementos cambiantes da relação jurídica material tributária.[531] São permanentes os elementos da regra matriz de incidência tributária (antecedente e consequente normativos), entre os quais a hipótese de incidência, as hipóteses de imunidade, isenção, responsabilidade, a vigência da lei tributária substantiva ou a sua revogação etc.[532] Com efeito, ainda que passível de ser discutida em sede de questão preliminar para o enfrentamento do mérito, a imunidade é um elemento permanente da relação jurídica tributária, por se referir seja à sujeição passiva, seja aos elementos materiais da hipótese de incidência.[533] Por sua vez, seriam elementos temporários ou mutáveis da relação jurídica as questões relacionadas aos fatos, como a avaliação de bens, as condições personalíssimas do contribuinte em seus reflexos tributários e outras da mesma natureza.[534]

Assim, para aqueles elementos permanentes, sempre seria cabível se falar em orientação de condutas das partes da relação jurídica tributária material. Por sua vez, para os elementos mutáveis, a orientação de conduta depende da questão que foi analisada pela decisão. O reconhecimento da validade de uma prova produzida no processo, por exemplo, poderia eventualmente ensejar a orientação de conduta do sujeito passivo.

Com isso, todas as questões, sejam elas preliminares, principais ou prejudiciais, que sejam enfrentadas expressamente nas razões de decidir da decisão, que tenham sido objeto de efetivo contencioso no processo e que se voltem à identificação dos elementos permanentes da relação jurídica material tributária, orientam as condutas das partes. Por sua vez, pontos fáticos que sejam resolvidos como questões prejudiciais (na análise da validade das provas, por exemplo) podem eventualmente confirmar condutas passadas praticadas pelas partes, impedindo a lavratura de atos administrativos tributários que atinjam a mesma circunstância fática (mesmo pressuposto de fato).

Cumpre reiterar que somente as questões que são expressamente analisadas pelas autoridades julgadoras nas decisões administrativas

---

[531] FERRAZ JÚNIOR, Tércio Sampaio. Coisa julgada em matéria fiscal (identidade de objeto). *Revista de Direito Tributário*, São Paulo, Revista dos Tribunais, v. 42, nº 12, p. 73, 1988.

[532] Elementos da regra matriz de incidência detalhados em: DELIGNE, Maysa de Sá Pittondo. *Competência tributária residual e as contribuições destinadas à seguridade social*. Belo Horizonte: D'Plácido, 2015. p. 164-184.

[533] BUENO, Cassio Scarpinella. Coisa julgada em matéria tributária: reflexões sobre a Súmula 239 do STF. *Revista Tributária das Américas*, São Paulo, RT, v. 5, nº 9, p. 95, jan./jun. 2014.

[534] FERRAZ JÚNIOR, Tércio Sampaio. Coisa julgada em matéria fiscal (identidade de objeto). *Revista de Direito Tributário*, São Paulo, Revista dos Tribunais, v. 42, nº 12, p. 73, 1988.

tributárias finais poderão ser dotadas de estabilidade. Com efeito, ainda que tenha ocorrido o contraditório, a questão que não tenha sido expressamente objeto de decisão não poderá ser dotada de estabilidade.[535]

Acresce-se que será necessário avaliar hipóteses nas quais a definitividade da decisão tenha ocorrido de forma parcelada ou "em capítulos". Com efeito, é possível que somente parte das questões julgadas pela decisão de primeira instância sejam sujeitas a recurso voluntário, em razão do montante exonerado, ensejando a estabilidade parcial da decisão. Da mesma forma ocorrerá quando somente parcela da matéria julgada em sede de recurso voluntário for objeto de recurso especial. Será necessário, portanto, avaliar a ocorrência da definitividade "em capítulos", de maneira semelhante ao raciocínio da coisa julgada em capítulos admitida no CPC/2015.[536]

Especificamente nas relações jurídicas tributárias de trato continuado e sucessivo, a orientação para o futuro merece uma preocupação distinta. Trata-se daquelas relações que envolvem muitos dos tributos existentes no sistema tributário brasileiro, cujos fatos geradores se esgotam imediatamente em determinado momento, mas se repetem no tempo de maneira uniforme e continuada. Exemplos de tributos desta natureza são o PIS e a COFINS (cujo fato gerador é auferir *receita*), apurados por competência mensal, o IR (com fato gerador de auferir renda) e a CSLL (com fato gerador de auferir *lucro*), apurados trimestralmente ou anualmente, entre outros.[537]

Nesse ponto, é necessário primeiramente adentrar na polêmica em torno da Súmula nº 239 do STF, que expressa que a "decisão que declara indevida a cobrança do imposto em determinado exercício não faz coisa julgada em relação aos posteriores".[538] O enunciado genérico dessa súmula, publicada em 1963, suscitou inúmeras discussões doutrinárias. O entendimento aplicado à luz da doutrina clássica é no sentido de que, havendo "um dado lançamento que se houve por nulo

---

[535] MARINONI, Luiz Guilherme. *Coisa julgada sobre questão*. São Paulo: Thomson Reuters, 2018. p. 241-268.

[536] Conforme THEODORO JÚNIOR, Humberto. *Curso de direito processual civil*. 60. ed. Rio de Janeiro: Forense, 2019. p. 1141-1144.

[537] O PIS é um dos tributos mencionados no Parecer PGFN/CRJ/Nº 492/2011, que trata deste tema.

[538] BRASIL. Supremo Tribunal Federal (STF). *Súmula nº 239*. Decisão que declara indevida a cobrança do imposto em determinado exercício não faz coisa julgada em relação aos posteriores. Brasília, DF: Supremo Tribunal Federal, [1963].

em certo exercício, claro que na renovação do lançamento no exercício seguinte não estará obstada pelo julgado".[539] Ou seja, quando um ato específico de lançamento tributário é posto sob julgamento e esse ato específico é anulado ou declarado nulo, "o que foi decidido com relação àquele específico ato não tem o condão de vincular o que será decidido com relação a atos futuros, mesmo que similares".[540] Assim, mesmo que os atos possam ter motivos e motivações idênticas ao que já foi julgado, não seria a eles aplicável a coisa julgada. Isso, porque "uma questão sobre irregularidades verificadas num dado lançamento é restrita ao exercício, não alcançando a sentença nela proferida aos exercícios posteriores em que o lançamento poderá não ter os mesmos vícios".[541] Por outro lado, tratando-se de uma ação judicial de cunho declaratório, se não houver especificação ou limitação expressa da causa de pedir a um exercício financeiro específico, a decisão permanece inalterada enquanto se mantiverem as circunstâncias que levaram à conclusão.[542]

Contudo, ao contrário do que se pretende sustentar com base nessa súmula do STF, a tutela jurisdicional concedida na seara administrativa sempre será cumulada com uma tutela declaratória, seja ela constitutiva ou condenatória.[543] Com isso, para que possa ser mantido ou anulado o ato administrativo tributário, o julgador administrativo deve prestar uma tutela declaratória, analisando os elementos da própria relação jurídica tributária. Sob essa perspectiva é possível reconhecer efeitos prospectivos (futuros) às decisões administrativas tributárias, por enfrentarem, em sua fundamentação, os próprios elementos da relação jurídica tributária controvertida.

Inclusive, essa é a leitura proposta pelo STF nas recentes aplicações da súmula 239, entendendo por sua inaplicabilidade na hipótese de a decisão tratar da própria existência da relação jurídica tributária.

---

[539] TORRES, Heleno Taveira. Coisa julgada administrativa como precedente e segurança jurídica. *Conjur*, 21 ago. 2019. Disponível em: https://www.conjur.com.br/2019-ago-21/consultor-tributario-coisa-julgada-administrativa-precedente-seguranca-juridica. Acesso em: 21 ago. 2019.

[540] BUENO, Cassio Scarpinella. Coisa julgada em matéria tributária: reflexões sobre a Súmula 239 do STF. *Revista Tributária das Américas*, São Paulo, RT, v. 5, nº 9, p. 79, jan./jun. 2014.

[541] BUENO, Cassio Scarpinella. Coisa julgada em matéria tributária: reflexões sobre a Súmula 239 do STF. *Revista Tributária das Américas*, São Paulo, RT, v. 5, nº 9, p. 80-81, jan./jun. 2014; referente a transcrição do voto da decisão que deu origem à súmula (BRASIL. Supremo Tribunal Federal (STF). *AI 11227* Embargos, Relator Ministro Castro Nunes, Tribunal Pleno, julgado 05/06/1944, DJ 10/02/1945. p. 816).

[542] NEVES, Celso. Coisa julgada no direito tributário. *Revista de Direito Público*, ano VII, nº 29, p. 242, 1974.

[543] Ver item 2.3 do Capítulo 2.

Entende-se que a estabilidade da decisão deve ser mantida enquanto não ocorrerem alterações nas circunstâncias fáticas ou jurídicas existentes quando prolatada a decisão, se ela enfrentar a própria relação jurídica tributária, como "uma inconsistência da regra-matriz por ausência de conformação com o pressuposto de validade".[544-545]

Afastada a aplicação da literalidade da Súmula nº 239 do STF, cumpre ainda analisar a aplicação específica para as relações jurídicas de trato continuado do art. 505 do CPC/2015. Segundo esse dispositivo, a decisão jurisdicional definitiva favorável ao sujeito passivo somente será aplicável enquanto não houver modificação no estado de fato ou de direito, sujeita a denominada ação modificativa:

> Art. 505. Nenhum juiz decidirá novamente as questões já decididas relativas à mesma lide, salvo:
>
> I – se, tratando-se de relação jurídica de trato continuado, sobreveio modificação no estado de fato ou de direito, caso em que poderá a parte pedir a revisão do que foi estatuído na sentença;
>
> II – nos demais casos prescritos em lei.[546]

Como consignado pelo STJ, a decisão "tem eficácia vinculante para o futuro enquanto se mantiverem inalterados o estado de direito e o suporte fático sobre os quais se estabeleceu o juízo de certeza (...) nos exatos limites da lide".[547]

Na seara administrativa, inexiste procedimento específico para pleitear a revisão do que foi estabelecido na decisão administrativa tributária definitiva com estabilidade plena, sendo que essa modificação

---

[544] BRASIL. Supremo Tribunal Federal (STF). *ARE 86.473*, Relator Ministro Roberto Barroso, dec. monocrática, julgado em 9/02/2015, DJE 25/02/2015. Ver ainda: BRASIL. Supremo Tribunal Federal (STF). *AI 791071* AgR-ED, Relator Ministro Dias Toffoli, Primeira Turma, julgado 18/02/2014, DJE 18/03/2014; BRASIL. Supremo Tribunal Federal (STF). *ARE 704846* ED, Relator Ministro Dias Toffoli, Primeira Turma, julgado 28/05/2013, DJE 08/08/2013.

[545] Matéria que será objeto de debate no Tema 881 de Repercussão Geral reconhecida. (BRASIL. Supremo Tribunal Federal (STF). *RE 949297* RG, Relator Ministro Edson Fachin, julgado em 24/03/2016, DJe-097 13/05/2016). Pendente de julgamento conforme extrato de andamentos. Disponível em: http://www.stf.jus.br/portal/jurisprudenciaRepercussao/verAndamentoProcesso.asp?incidente=4930112&numeroProcesso=949297&classeProcesso=RE&numeroTema=881. Acesso em: 20 out. 2019).

[546] BRASIL. Lei nº 13.105, de 16 de março de 2015. Código de Processo Civil. *Diário Oficial da União*, 17 mar. 2015. Disponível em: http://www.planalto.gov.br/ccivil_03/_ato2015-2018/2015/lei/l13105.htm. Acesso em: 6 dez. 2019.

[547] BRASIL. Superior Tribunal de Justiça (STJ). *AgRg no REsp 1442087*/MG, Relator Ministro Humberto Martins, Segunda Turma, julgado em 23/06/2015, DJe 30/06/2015.

CAPÍTULO 3
EFICÁCIA DA DECISÃO ADMINISTRATIVA TRIBUTÁRIA | 213

deverá ser realizada de forma a consagrar a segurança da relação jurídica tributária, como se passa a analisar a seguir.

3.3.4 Como operar mudanças na estabilidade das decisões administrativas tributárias

Consoante desenvolvido nas seções anteriores, inexiste na legislação pátria procedimento específico para a modificação das decisões administrativas tributárias dotadas de estabilidade plena. Como atos jurisdicionais administrativos, essas decisões não poderão atrair o regime jurídico de modificação dos atos administrativos, de forma unilateral pela Administração. Assim, para as decisões administrativas tributárias é descabido se falar na possibilidade de modificação de suas razões por motivos de oportunidade e conveniência. Por outro lado, diferentemente da coisa julgada material judicial, para a qual há um procedimento específico de modificação (ação rescisória), as decisões administrativas tributárias favoráveis ao sujeito passivo com conteúdo material não possuem uma disciplina em lei para sua modificação pela Administração Pública Tributária.[548]

Nesse aspecto, a proposta de Sérgio Ferraz e Adilson Abreu Dallari de um processo administrativo revisional é consistente exatamente por almejar garantir o contraditório e a ampla defesa das partes que participaram da elaboração da decisão definitiva. A revisional administrativa seria "verdadeira ação rescisória administrativa, fundada na infração à lei, como até previsto no Código de Processo Civil" e "com a participação de todos os interessados antes envolvidos".[549] Preserva-se, com isso, o exercício do contraditório e da ampla defesa dos sujeitos passivos para a modificação das decisões administrativas, que não serão surpreendidos com um ato administrativo tributário modificando o entendimento anteriormente externado. Contudo esse processo revisional seria aplicável tão somente para as decisões administrativas tributárias favoráveis aos sujeitos passivos, imodificáveis, mantendo a coerência com a proposta de tese que aqui se defende.

---

[548] Quanto à ação rescisória, ver: YARSHELL, Flávio Luiz. Breves notas sobre a disciplina da ação rescisória no CPC 2015. *In:* GRINOVER, Ada Pellegrini (org.). *O Novo Código de Processo Civil*: questões controvertidas. São Paulo: Atlas, 2015. p. 155-169.

[549] FERRAZ, Sérgio; DALLARI, Adilson Abreu. *Processo administrativo*. 3. ed. São Paulo: Malheiros, 2012. p. 71 e 77.

Ora, com efeito, como ato jurisdicional que depende para sua emissão da participação ativa das partes do processo administrativo tributário, com fulcro no devido processo legal, no contraditório e na ampla defesa, a decisão administrativa tributária exige um regime jurídico de modificação distinto dos atos administrativos tributários, emitidos de forma unilateral pelo Estado. Como decisões jurisdicionais, a forma de modificação de seu conteúdo deveria ser aproximada ao regime jurídico de modificação das decisões judiciais, por meio de um processo revisional próprio, igualmente revestido das garantias do contraditório e da ampla defesa, em consonância com os requisitos da ação rescisória disciplinada pelo art. 966 do CPC/2015.

Entretanto, mesmo sem um procedimento próprio, observa-se que esse dispositivo do CPC/2015 não faz referência específica ao instituto da coisa julgada, mas à "decisão de mérito transitada em julgado", passível, por conseguinte, de ser aplicada de forma subsidiária ao processo administrativo tributário. Nesse sentido, a decisão administrativa tributária definitiva favorável ao sujeito passivo poderia ser revista nas seguintes hipóteses, identificadas no art. 966 do CPC/2015:

> Art. 966 A decisão de mérito, transitada em julgado, pode ser rescindida quando:
>
> I – se verificar que foi proferida por força de prevaricação, concussão ou corrupção do juiz;
>
> II – for proferida por juiz impedido ou por juízo absolutamente incompetente;
>
> III – resultar de dolo ou coação da parte vencedora em detrimento da parte vencida ou, ainda, de simulação ou colusão entre as partes, a fim de fraudar a lei;
>
> IV – ofender a coisa julgada;
>
> V – violar manifestamente norma jurídica;
>
> VI – for fundada em prova cuja falsidade tenha sido apurada em processo criminal ou venha a ser demonstrada na própria ação rescisória;
>
> VII – obtiver o autor, posteriormente ao trânsito em julgado, prova nova cuja existência ignorava ou de que não pôde fazer uso, capaz, por si só, de lhe assegurar pronunciamento favorável;
>
> VIII – for fundada em erro de fato verificável do exame dos autos. (...)[550]

---

[550] BRASIL. Lei nº 13.105, de 16 de março de 2015. Código de Processo Civil. *Diário Oficial da União*, 17 mar. 2015. Disponível em: http://www.planalto.gov.br/ccivil_03/_ato2015-2018/2015/lei/l13105.htm. Acesso em: 6 dez. 2019.

Cumpre mencionar que, ainda que sem respaldo em disciplina específica do Decreto nº 70.235/1972, fazendo referência às nulidades das decisões do art. 59, II, deste diploma, o art. 80 do RICARF, na redação dada pela Portaria MF nº 169/2016, previu um procedimento específico de revisão de decisão administrativa tributária definitiva proferida naquele órgão, denominado de representação de nulidade. Sem fazer referência ao dispositivo acima transcrito do CPC/2015, o dispositivo do RICARF apenas admite a revisão da decisão administrativa quando comprovada a existência de vícios de competência em sua prolação, inclusive na atuação imparcial do julgador, em desconformidade com as orientações do regimento interno. Em aparente garantia do contraditório e da ampla defesa, o §7º do dispositivo assegura a manifestação das partes envolvidas no processo administrativo fiscal e do conselheiro ou ex-conselheiro, na hipótese de imputação de impedimento, bem como previsão de recurso administrativo para a CSRF em face da decisão proferida no §11º.

No entanto, além das hipóteses de nulidade da decisão, as próprias razões apresentadas na decisão administrativa tributária com estabilidade plena poderiam ser modificadas pela Administração Pública Tributária? Esse questionamento possui especial relevância para as relações jurídicas tributárias de trato continuado que, como visto, possuem uma disciplina específica no art. 505, do CPC/2015 (ação modificativa), exigindo uma alteração no estado de direito e no estado de fato.

Exatamente em razão da ausência de uma forma específica prevista em lei para a modificação da decisão administrativa, face a ausência de previsão no sentido de se pedir uma revisão do que foi indicado na decisão, como consta do art. 505, I, do CPC/2015, para as sentenças judiciais, não é possível afastar o fato de que alterações legislativas posteriores e decisões dotadas de generalidade de abstração seriam passíveis de alterar, automaticamente, desde sua publicação, os efeitos das decisões administrativas tributárias favoráveis aos sujeitos passivos.

Com efeito, a decisão de inconstitucionalidade proferida pelo STF ou os julgados em sede de recursos repetitivos irão refletir diretamente na decisão administrativa definitiva e nas questões estabilizadas.[551] Mesmo na seara judicial, reconhece-se a impossibilidade de

---

[551] Em sentido contrário, pela impossibilidade da coisa julgada sobre o pedido ser afetada pela decisão posterior do STF na seara judicial, ver: MARINONI, Luiz Guilherme. *Coisa julgada sobre questão*. São Paulo: Thomson Reuters, 2018. p. 279-281.

a estabilidade da coisa julgada sobre questão prejudicial ser mantida após pronunciamento vinculante do STF e do STJ. Isso, porque "a coisa julgada sobre questão tem eficácia temporal subordinada à declaração de inconstitucionalidade ou à alteração do sentido do direito".[552] Isso não anula a decisão definitiva, "mas somente paralisa sua eficácia, impedindo que a primitiva decisão sobre a questão, que então não mais se mostra de acordo com o direito, determine a resolução do caso sob julgamento".[553]

Nas relações jurídicas de trato continuado e sucessivo, essa será inclusive uma das hipóteses que configuram a alteração no estado de direito, o que, com efeito, implica a superação da decisão administrativa tributária definitiva. Ela ocorrerá em razão de atos dotados de generalidade e abstração que sejam proferidos em sentido diverso das razões trazidas na decisão administrativa tributária. Nessa hipótese, a modificação da decisão será automática, sendo aplicável para os fatos geradores ocorridos após a publicação desses instrumentos normativos, em respeito à irretroatividade assegurada pelo art. 146 do CTN e pelo art. 2º, XIII, da Lei nº 9.784/1999.[554]

Podem ser considerados como atos dotados de generalidade e abstração aqueles que a lei assim os determinar, inclusive as decisões proferidas em sede de recurso repetitivo pelo STJ e STF. Como já mencionado anteriormente, o §6º do art. 26-A do Decreto nº 70.235/1972 identifica algumas hipóteses de decisões que se enquadram no critério de "generalidade e abstração", quais sejam a decisão definitiva plenária do STF declarando a inconstitucionalidade de lei ou dispositivo, o ato de dispensa legal de constituição ou de ato declaratório do Procurador-Geral da Fazenda Nacional (arts. 18 e 19 da Lei nº 10.522/2002), a súmula da Advocacia-Geral da União (art. 43 da Lei Complementar nº 73/1993) ou os pareceres do Advogado-Geral da União aprovados pelo Presidente da República (art. 40 da Lei Complementar nº 73/1993). Essas hipóteses são reiteradas no art. 62 do RICARF, que acrescenta

---

[552] MARINONI, Luiz Guilherme. *Coisa julgada sobre questão*. São Paulo: Thomson Reuters, 2018. p. 283.

[553] MARINONI, Luiz Guilherme. *Coisa julgada sobre questão*. São Paulo: Thomson Reuters, 2018. p. 283.

[554] Nesse sentido, ver: ARAÚJO, Juliana Furtado Costa. Os efeitos da coisa julgada em matéria tributária sobre as relações jurídicas de trato sucessivo sob a ótica do CPC/15 em face de novo posicionamento fixado pelo Supremo Tribunal Federal. *In*: CONRADO, Paulo Cesar. ARAUJO, Juliana Furtado Costa (coord.). *Processo tributário analítico*. Volume IV: coisa julgada. São Paulo: Noeses. 2019. P. 24-25.

expressamente o dever dos Conselheiros de reproduzirem as "decisões definitivas de mérito, proferidas pelo Supremo Tribunal Federal e pelo Superior Tribunal de Justiça em matéria infraconstitucional", na sistemática dos recursos repetitivos (arts. 1.036 a 1.041 do CPC/2015 e arts. 543-B e 543-C do CPC/1972).[555] As súmulas editadas pelo CARF para as quais sejam atribuídos efeitos vinculantes para a Administração Fazendária por meio da Portaria do Ministro, na forma do art. 75 do RICARF, igualmente podem ser admitidas como atos dotados de generalidade e abstração.

Assim, caso a decisão administrativa definitiva contrarie esses posicionamentos gerais e abstratos, as razões ou os critérios jurídicos poderão ser modificados a partir da data da publicação desses atos, atingindo apenas os fatos geradores posteriores à sua introdução. Porém, para a lavratura de um novo ato administrativo tributário que seja contrário à decisão administrativa tributária definitiva com estabilidade ampla, é necessário que a modificação no estado de direito seja expressamente motivada. O agente fiscal da Administração Pública Tributária possuirá o ônus argumentativo de demonstrar a modificação no estado de direito na motivação do novo ato.

Por sua vez, em se tratando de outras decisões administrativas tributárias direcionadas a outros sujeitos passivos, proferidas em sentido diverso da decisão administrativa tributária definitiva favorável ao sujeito passivo, as questões jurídicas decididas não poderão ser modificadas pela Administração. Da mesma forma em relação às Súmulas do CARF não dotadas de efeitos vinculantes, cuja eficácia se circunscreve àquele Tribunal Administrativo, não atingindo automaticamente as decisões anteriores dotadas de estabilidade plena. Como dito, as decisões administrativas tributárias não são atos administrativos para os quais o regime jurídico, de alteração com fulcro em critérios de oportunidade ou conveniência, seria aplicável. Nem mesmo um novo argumento jurídico que não tenha integrado as razões de julgamento da decisão administrativa tributária poderia ser invocado pela Administração, uma vez atingida pela preclusão material.

Aqui cumpre mencionar que caso a decisão administrativa alcance um critério jurídico diferente daquele adotado pelo Fisco e distinto do pleiteado pelo sujeito passivo, esse critério será passível de orientar as condutas das partes para o futuro, mas não para o passado, com fulcro no art. 146, do CTN.

---

[555] Ver item 2.3.1 do Capítulo 2.

Com isso, somente por meio de atos dotados de generalidade e abstração, que atinjam diretamente as razões da decisão administrativa tributária, será cabível sua modificação pela Administração Pública Tributária, como alteração do estado de direito da decisão, vedada qualquer tentativa de alteração unilateral das razões.

A modificação no estado de fato implica, por sua vez, a não aplicação da decisão administrativa tributária definitiva. Contudo, imputa-se novamente o ônus argumentativo à Administração Pública Tributária por meio de lançamento de ofício posterior à decisão, de comprovar de que forma os elementos de fato (pressupostos de fato) foram alterados. Assim, sob pena de nulidade da motivação do ato de lançamento, exige-se a identificação das circunstâncias fáticas que foram alteradas em relação à decisão administrativa tributária definitiva com estabilidade plena, de forma expressa e justificada, para que ela seja afastada no caso concreto. Nesse ponto se aplicam as lições de José Ignácio Botelho de Mesquita, segundo o qual, após a conclusão da atividade jurisdicional, os efeitos das decisões "só se poderão extinguir ou modificar por ato jurídico das próprias partes e não mais por sentenças".[556]

---

[556] MESQUITA, José Ignácio Botelho de. *A coisa julgada*. Rio de Janeiro: Forense, 2004. p. 18.

CONCLUSÕES

Parte das conclusões alcançadas ao longo desta pesquisa foram sintetizadas ao final dos Capítulos 1 e 2, visando a identificar as premissas adotadas para o estudo da eficácia das decisões administrativas tributárias. Sem pretender reiterar todas aquelas considerações, mas identificar de forma sintética os pontos considerados essenciais, assinala-se:

a) Quando do exercício da função de julgamento, a autoridade administrativa tributária desempenha verdadeira função jurisdicional, de compor o conflito jurídico instaurado pelo sujeito por meio do processo, ao final do qual exara decisão administrativa na qual veicula a interpretação da lei admitida como correta para o caso concreto analisado;

b) A decisão administrativa tributária é um ato jurídico jurisdicional, que possui como conteúdo uma tutela jurisdicional a ser identificada a partir do pedido formulado na defesa administrativa apresentada pelo sujeito passivo e a motivação do ato administrativo tributário (causa de pedir);

c) Para sua edição, a decisão administrativa tributária deve necessariamente envolver o sujeito passivo, dando a ele a possibilidade de participação à luz dos princípios do devido processo legal, do contraditório e da ampla defesa. Eles exigem que a decisão administrativa não seja um ato unilateral, mas que enfrente, em sua fundamentação, os argumentos e provas apresentados pelas duas partes ao longo do processo. Uma vez que a decisão administrativa tributária não é exarada de forma unilateral, esse ato jurisdicional exige um regime jurídico de modificação distinto dos atos administrativos em geral, que são necessariamente unilaterais;

d) O relatório, os fundamentos e a conclusão são elementos essenciais da decisão administrativa. No relatório, são sintetizados os acontecimentos do processo e os argumentos das partes, com todas as questões de fato e de direito invocadas a serem enfrentadas no fundamento da decisão. Na motivação, a decisão administrativa tributária deve considerar os argumentos relevantes para a formação da convicção (*ratio decidendi*), resolvendo todas as questões necessárias ao julgamento do pedido, inclusive as questões prejudiciais (art. 31, do Decreto nº 70.235/1972). Na conclusão, é fornecida a resposta à tutela jurisdicional pleiteada, com a solução à questão principal trazida pelo sujeito passivo, podendo ser constitutiva ou condenatória. Quaisquer dessas tutelas envolvem, necessariamente, uma tutela declaratória que as antecede, relacionada ao direito pleiteado ou à relação jurídica tributária controversa.

Ao se reconhecer que a Administração Pública Tributária desempenha função jurisdicional quando da revisão dos atos administrativos tributários, os atos processuais administrativos e as decisões administrativas tributárias atraem o regime jurídico aplicável ao processo e aos atos jurisdicionais. Assim, com fulcro nessas premissas foi possível aplicar o gênero das estabilidades processuais ao processo tributário administrativo no Capítulo 3, sendo alcançadas as seguintes conclusões relevantes para confirmar a hipótese desta pesquisa trazida na introdução:

1. Partindo do gênero de estabilidades processuais, do qual a coisa julgada é apenas uma de suas espécies, identificam-se diferentes tipos de efeitos preclusivos no processo administrativo tributário, inclusive para as decisões administrativas tributárias, dotadas de características e efeitos próprios estabelecidos em lei. A própria doutrina tradicional reconhece diferentes efeitos preclusivos no curso do processo administrativo tributário, que foram sintetizados no livro. Contudo não são reconhecidos de forma clara os efeitos extraprocessuais materiais para as decisões administrativas tributárias, o grau de força da estabilidade dessas decisões e a necessidade de se manter o que foi decidido;

CONCLUSÕES | 221

2. O grau de estabilidade das decisões administrativas tributárias é identificado para os pronunciamentos já definitivos, assim entendidos como aqueles para os quais não cabe recurso (art. 42 do Decreto nº 70.235/1972). A própria lei do processo administrativo tributário (arts. 43 e 45 do Decreto nº 70.235/1972) identifica o primeiro critério de distinção entre as decisões administrativas tributárias definitivas: o critério subjetivo, diferenciando a "decisão definitiva contrária ao sujeito passivo" (ou, simplesmente, favorável ao fisco), da "decisão definitiva favorável ao sujeito passivo", que deu provimento à pretensão apresentada pelo sujeito passivo. O art. 173, II, do CTN, aponta um segundo critério relevante para distinguir o regime jurídico a ser aplicável para as decisões, qual seja, o critério material, relacionado à matéria enfrentada na decisão, distinguindo as decisões materiais ou declaratórias que enfrentam questões relacionadas aos elementos da regra matriz de incidência tributária e a relação jurídica tributária, inclusive com a interpretação da lei aplicável ao caso concreto, das decisões formais ou procedimentais, que se referem tão somente às questões meramente formais do ato administrativo tributário específico objeto de revisão. Somente para as decisões administrativas tributárias definitivas favoráveis aos sujeitos passivos em matéria formal há reabertura do prazo decadencial para a lavratura de novo auto de infração;

3. Em razão da possibilidade de revisão judicial das decisões administrativas tributárias definitivas materiais contrárias ao sujeito passivo, seu grau de estabilidade é relativo, inexistindo vinculação material perene para quaisquer das partes, inclusive para a Administração Pública. Pode a Administração espontaneamente rever seu posicionamento, caso seja no sentido de assegurar o direito do sujeito passivo da relação jurídica tributária, de forma a afastar qualquer lesão;

4. Por não serem suscetíveis de modificação pelo Poder Judiciário, as decisões administrativas tributárias definitivas materiais favoráveis ao sujeito passivo são dotadas de eficácia preclusiva extraprocessual material plena tanto para a relação processual (outros processos em curso com o mesmo objeto) como para a relação jurídica material controvertida. A Administração Pública Tributária apenas garante maior grau de estabilidade a seu posicionamento quando reconhece e homologa o direito do sujeito, no qual o Estado resolveu um conflito de interesses a ele apresentado, no exercício de função jurisdicional, concluindo pelo reconhecimento de direitos pleiteados pelo sujeito

passivo. Em cada caso, cabe avaliar a ocorrência da definitividade "em capítulos", de maneira semelhante ao raciocínio da coisa julgada em capítulos admitida no CPC/2015.

Portanto confirma-se a hipótese delimitada, singular, falseável, controversa e original desta pesquisa, trazida na Introdução, no sentido de que a decisão administrativa tributária definitiva favorável ao sujeito passivo é espécie de decisão administrativa dotada de estabilidade extraprocessual quanto às questões nela decididas, com eficácia material e futura para as partes envolvidas na lide administrativa (sujeito passivo e Fazenda). Enfrentando o problema quanto à extensão material ou objetiva da decisão administrativa tributária, para além das balizas do processo em que foi formada, identifica-se que somente as questões objeto das decisões administrativas tributárias definitivas materiais favoráveis ao sujeito passivo poderão ser dotadas de estabilidade plena, com "força de lei" para as partes do processo.

Com isso, foram respondidos todos os questionamentos formulados na Introdução quanto aos reflexos da decisão administrativa tributária definitiva material favorável ao sujeito passivo, abaixo objetivamente sintetizados:

(i) Efeitos da decisão administrativa tributária definitiva material favorável ao sujeito passivo na relação jurídica processual:

(i.1) As razões utilizadas como fundamento para resolver o litígio serão aplicáveis, igualmente, aos outros atos administrativos tributários fundados na mesma causa de pedir (motivação do ato administrativo tributário cancelado). As mesmas razões de julgamento adotadas para a resolução de um litígio devem ser aplicadas, de ofício, para outros processos com litígios idênticos entre as mesmas partes, em cumprimento de dever legal do art. 45 do Decreto nº 70.235/1972, não se tratando de mera faculdade. A aplicação de ofício da decisão será realizada pela autoridade fiscal de origem (autoridade preparadora), com fulcro na função de autotutela do art. 149, I, do CTN. Além dos julgadores administrativos não terem mais atividade jurisdicional a desempenhar, uma vez que a tutela jurisdicional já foi prestada pela decisão administrativa tributária definitiva, é o agente

CONCLUSÕES | 223

fiscal na unidade preparadora de origem quem terá conhecimento de quais foram os diferentes atos administrativos tributários lavrados com a mesma motivação;

(i.2) A lei não faz qualquer distinção quanto ao grau de definitividade da decisão a depender da instância em que o pronunciamento foi proferido. Assim, independentemente da instância em que tenha sido exarada (primeira ordinária, segunda ordinária ou especial), a decisão administrativa tributária definitiva favorável ao sujeito passivo terá os mesmos efeitos e o mesmo grau de estabilidade.

(ii) Efeitos da decisão administrativa tributária definitiva material favorável ao sujeito passivo na relação jurídica tributária material:

(ii.1) O conteúdo das decisões administrativas que será estabilizado deve se referir àquelas questões admitidas como essenciais para formar a convicção do julgador (*ratio decidendi*), identificando aqueles elementos de fato e de direito passíveis de orientar a conduta das partes na relação jurídica tributária. Como definido, a *ratio decidendi* se refere aos pontos, assim entendidos como os argumentos e elementos de fato que foram considerados essenciais para a formação da convicção do julgador, sem os quais ele não teria alcançado a conclusão no julgamento. Com isso, todas as questões, sejam elas preliminares, principais ou prejudiciais, que sejam enfrentadas expressamente nas razões de decidir da decisão, que tenham sido objeto de efetivo contencioso no processo e que se voltem à identificação dos elementos permanentes da relação jurídica material tributária, orientam as condutas das partes. Por sua vez, pontos fáticos que sejam resolvidos como questões prejudiciais (na análise da validade das provas, por exemplo) podem eventualmente confirmar condutas passadas praticadas pelas partes, impedindo a lavratura de atos administrativos tributários que atinjam a mesma circunstância fática (mesmo pressuposto de fato);

(ii.2) Com estabilidade plena e como força de lei, as razões da decisão administrativa passam a integrar a própria norma geral e abstrata que foi objeto de interpretação quando da atividade de aplicação, orientando as condutas das partes, sejam aquelas realizadas no passado como as condutas futuras. Nesse sentido, a decisão administrativa tributária definitiva favorável ao sujeito passivo produz efeitos sobre a relação jurídica material. Com isso, fatos geradores passados praticados pelo sujeito passivo (parte do processo) atingidos pela motivação da decisão administrativa tributária definitiva não poderão ser objeto de ato administrativo tributário de lançamento de ofício com fulcro naquela mesma motivação. O art. 31 do Decreto nº 70.235/1972 exige que a decisão enfrente, em sua fundamentação, todas as razões trazidas pelas partes no processo, por meio de um discurso argumentativo pelo qual são construídas normas jurídicas individuais relacionadas ao ato administrativo tributário revisado. Essas normas construídas e as razões relevantes para a convicção do julgador orientam as condutas das partes, passadas ou futuras. Novos argumentos que não tenham sido enfrentados na motivação da decisão poderão ensejar novo lançamento para os fatos geradores futuros (art. 146, CTN), sendo necessário evidenciar o novo argumento utilizado na motivação deste novo ato administrativo;

(ii.3) Especificamente nas relações jurídicas tributárias materiais de trato continuado e sucessivo, as condutas das partes são orientadas, inclusive, para o futuro, aplicável enquanto não houver modificação no estado de fato ou de direito na forma do art. 505 do CPC/2015:

(ii.3.1) A alteração de estado de direito implica a superação da decisão administrativa tributária definitiva. Ela ocorrerá em razão de atos dotados de generalidade e abstração que sejam proferidos em sentido diverso das razões trazidas na decisão administrativa tributária. Nessa hipótese, a modificação da decisão será automática, sendo aplicável para os fatos geradores ocorridos após a publicação desses instrumentos normativos, em respeito à irretroatividade (art. 146 do CTN e pelo art. 2º, XIII, da Lei nº 9.784/1999). Além das alterações legislativas, podem ser considerados como atos dotados de generalidade e abstração aqueles que a lei assim os determinar, inclusive as decisões proferidas em sede de recurso repetitivo pelo STJ e STF, as hipóteses identificadas no §6º do art. 26-A do Decreto nº 70.235/1972 e as súmulas editadas pelo CARF para as quais sejam atribuídos efeitos vinculantes para a Administração Fazendária por meio Portaria do Ministro (art. 75 do RICARF). Para a lavratura de um novo ato administrativo tributário que seja contrário à decisão administrativa tributária definitiva com estabilidade ampla, é necessário que a modificação no estado de direito seja expressamente motivada. O agente fiscal da Administração Pública Tributária possuirá o ônus argumentativo de demonstrar a modificação no estado de direito na motivação do novo ato;

(ii.3.2) A modificação no estado de fato implica a não aplicação da decisão administrativa tributária definitiva. Contudo, imputa-se novamente o ônus argumentativo à Administração Pública Tributária, por meio de lançamento de ofício posterior à decisão, de comprovar de que forma os elementos de fato (pressupostos de fato) foram alterados. Assim, sob pena de nulidade da motivação do ato de lançamento, exige-se a identificação das circunstâncias fáticas que foram alteradas em relação à decisão administrativa tributária definitiva com estabilidade plena, de forma expressa e justificada, para que ela seja afastada no caso concreto;

(ii.4) Inexiste, na legislação pátria, procedimento específico para a modificação das decisões administrativas tributárias dotadas de estabilidade plena. Como atos jurisdicionais administrativos, essas decisões não poderão atrair o regime jurídico de modificação dos atos administrativos, de forma unilateral, pela Administração. Assim, para as decisões administrativas, é descabido se falar na possibilidade de modificação de suas razões por motivos de oportunidade e conveniência. Por outro lado, diferentemente da coisa julgada material judicial, para a qual há um procedimento específico de modificação (ação rescisória), as decisões administrativas tributárias favoráveis ao sujeito passivo com conteúdo material não possuem uma disciplina em lei para sua modificação pela Administração Pública Tributária. É consistente a proposta doutrinária de um processo administrativo revisional, por almejar garantir o contraditório e a ampla defesa das partes que participaram da elaboração da decisão definitiva favorável ao sujeito passivo. A decisão administrativa tributária definitiva favorável ao sujeito passivo poderia ser revista nas hipóteses identificadas no art. 966 do CPC/2015.

REFERÊNCIAS

Doutrina (Livros, artigos e demais publicações)

ALCKMIN, Rodrigues. Tributo – Coisa julgada. *Revista de Direito Administrativo*, Rio de Janeiro, v. 134, p. 41-46, jan. 1978.

ALEXANDER, Larry. Constrained by precedent. *Southern california law review*, i. 63, p. 1-64, 1989.

ALEXY, Robert. *Teoria da argumentação jurídica*: a teoria do discurso racional como teoria da fundamentação jurídica. 3. ed. Rio de Janeiro: Forense, 2013.

ALLORIO, Enrico. *Sulla dottrina della giurisdizione e del giudicato e altri studi*. Milano: Giuffrè, 1957.

ALLORIO, Enrico. *Diritto processuale tributario*. Torino: Giuffrè, 1942.

ALMEIDA, Fernando Menezes de. *Formação da teoria do direito administrativo no Brasil*. São Paulo: Quartier Latin, 2015.

ALVIM, Thereza Celina Diniz de Arruda. Repensando a coisa julgada. *Revista Autônoma de Processo*, v. 2, p. 307-322, 2007.

ALVIM, Thereza Celina Diniz de Arruda. *As questões prévias e os limites objetivos da coisa julgada*. São Paulo: Revista dos Tribunais, 1977.

AMARO, Luciano. *Direito tributário brasileiro*. 15. ed. São Paulo: Saraiva, 2009.

ANDRADE, José Maria Arruda de; BRITO JR., Jorge Luiz. O processo tributário e o Código de Processo Civil/2015. *In*: MACHADO, Hugo de Brito (org.). *O processo tributário e o Código de Processo Civil/2015*. São Paulo: Malheiros, 2017. p. 21-42.

ARAÚJO, Florivaldo Dutra de. *Motivação e controle do ato administrativo*. 2. ed. Belo Horizonte: Del Rey, 2005.

ARAÚJO, Juliana Furtado Costa. Os efeitos da coisa julgada em matéria tributária sobre as relações jurídicas de trato sucessivo sob a ótica do CPC/15 em face de novo posicionamento fixado pelo Supremo Tribunal Federal. *In*: CONRADO, Paulo Cesar; ARAUJO, Juliana Furtado Costa (coord.). *Processo tributário analítico*. Volume IV: Coisa julgada. São Paulo: Noeses. 2019. p. 11-25.

ARAÚJO, Juliana Furtado Costa. O precedente no novo Código de Procesos Civil e suas implicações tributárias. *In*: ARAÚJO, Juliana Costa Furtado; CONRADO, Paulo César (org.). *O novo CPC e seu impacto no direito tributário*. São Paulo: Fiscosoft, 2015. p. 101-126.

ATALIBA, Geraldo. Princípios constitucionais do processo e procedimento em matéria tributária. *Revista de Direito Tributário*, São Paulo, n. 46, p. 118-132, out-dez. 1988.

ATTARDI, Aldo. In tema di questioni pregiudiziale e giudicato. In: *Studi in memoria di Eurico Guiccardi*. Padova: CEDAM, 1975. p. 185-212.

ÁVILA, Humberto. Teoria da prova: *standards* de prova e os critérios de solidez da inferência probatória. *Revista de Processo*, v. 282, p. 113-139, 2018.

ÁVILA, Humberto. *Teoria da segurança jurídica*. 4. ed. São Paulo: Malheiros, 2016.

ÁVILA, Humberto. Função da ciência do direito tributário: do formalismo epistemológico ao estruturalismo argumentativo. *Direito Tributário Atual*, v. 29, p. 181-204, jan. 2013.

ÁVILA, Humberto. A separação dos poderes e as leis interpretativas modificativas de jurisprudência consolidada. *In:* DERZI, Misabel de Abreu Machado (coord.). *Separação de poderes e efetividade do sistema tributário*. Belo Horizonte: Del Rey, 2010. p. 51-66.

ÁVILA, Humberto. O que é "devido processo legal"? *Revista de Processo*, v. 163, p. 50-59, 2008.

ÁVILA, Humberto. Moralidade, razoabilidade e eficiência na atividade administrativa. *Revista Brasileira de Direito Público*, Belo Horizonte, v. 1, n. 1; p. 105-134, 2003.

ÁVILA, Humberto. Repensando o princípio da supremacia do interesse público sobre o privado. *Revista Trimestral de Direito Público*, São Paulo, v. 24, p. 159-180, 1998.

BACELLAR FILHO, Romeu Felipe. Breves reflexões sobre a jurisdição administrativa: uma perspectiva de direito comparado. *Revista de Direito Administrativo*, Rio de Janeiro, v. 211, p. 65-77, jan. 1998.

BALEEIRO, Aliomar. *Direito tributário brasileiro*. Atualizada por Misabel de Abreu Machado Derzi. 12. ed. Rio de Janeiro: Forense, 2013.

BARACHO, José Alfredo de Oliveira. Processo e Constituição: o devido processo legal. *Revista da Faculdade de Direito da Universidade Federal de Minas Gerais* n. 23-25, 1982, p. 59-103.

BARBI, Celso Agrícola. Unidade de jurisdição e justiça administrativa no Brasil. *Revista da Faculdade de Direito da Universidade Federal de Minas Gerais*, Belo Horizonte, n. 13, p. 27-42, 1973.

BARRETO, Paulo Ayres. *Contribuições*: regime jurídico, destinação e controle. 2. ed. São Paulo: Noeses, 2011.

BATISTA JÚNIOR, Onofre Alves; COSTA, João Leonardo Silva. O princípio da moralidade no direito administrativo tributário. *Revista ABRADT Fórum de Direito Tributário*, Belo Horizonte, ano 1, n. 1. p. 79-102, jan./jun. 2017.

BECHO, Renato Lopes. Precedentes e direito tributário: nova perspectiva da legalidade tributária. *In:* CARVALHO, Paulo de Barros (org.). *Racionalização do sistema tributário*. São Paulo: Noeses, 2017. p. 1019-1034.

REFERÊNCIAS | 229

BECKER, Alfredo Augusto. *Teoria geral do direito tributário*. São Paulo: Saraiva, 1963.

BEDAQUE, José Roberto dos Santos. Breves notas sobre jurisdição e ação. *In:* ZUFELATO, Camilo; YARSHELL, Flávio Luiz (org.). *40 anos da teoria geral do processo no Brasil*: passado, presente e futuro. São Paulo: Malheiros, 2013. p. 537-555.

BEDAQUE, José Roberto dos Santos. Os elementos objetivos da demanda observados a luz do contraditório. *In:* BEDAQUE, José Roberto dos Santos; CAZETTA JÚNIOR, José Jesus; TUCCI, José Rogério Cruz e (org.). *Causa de pedir e pedido no processo civil*: questões polêmicas. São Paulo: Revista dos Tribunais, 2002. p. 13-52.

BERÇAITZ, Miguel Angel. Jurisdiccion contencioso-administrativa. *In: Enciclopedia Juridica OMEBA*. Tomo XVII. Buenos Aires, Libreros, 1963. p. 561-571.

BORGES, José Alfredo. Possibilidade de a Fazenda Pública questionar em juízo as decisões definitivas do conselho de contribuintes. *Revista Internacional de Direito Tributário*, Belo Horizonte, v. 8, p. 365-371, jul./dez. 2007.

BORGES, José Souto Maior. Sobre a preclusão da faculdade de rever resposta pró-contribuinte em consulta fiscal e descabimento de recurso pela Administração Fiscal. *Revista Dialética de Direito Tributário*, São Paulo, n. 154, p. 76-91, jul. 2008.

BORGES, José Souto Maior. *Lançamento tributário*: tratado de direito tributário. Rio de Janeiro: Forense, 1981. v. 4.

BOTTALLO, Eduardo Domingos. *Curso de processo administrativo tributário*. 2. ed. São Paulo: Malheiros, 2009.

BOTTALLO, Eduardo Domingos. Processo administrativo tributário. *In:* BARRETO, Aires F.; BOTTALLO, Eduardo Domingos (coord.). *Curso de iniciação em direito tributário*. São Paulo: Dialética, 2004. p. 239-248.

BUENO, Cassio Scarpinella. Coisa julgada em matéria tributária: reflexões sobre a súmula 239 do STF. *Revista Tributária das Américas*, São Paulo, RT, v. 5, n. 9, p. 75-102, jan./jun. 2014.

BULYGIN, Eugenio. *Essays in legal philosophy*. Oxford: Oxford University Press, 2015.

CABRAL, Antonio do Passo. *Coisa julgada e preclusões dinâmicas*: entre continuidade, mudança e transição de posições processuais estáveis. 3. ed. Salvador: JusPodivm, 2019.

CABRAL, Antonio do Passo. A coisa julgada formal faz sentido no sistema do CPC/2015? *In:* DIDIER JÚNIOR, Fredie; CABRAL, Antonio do Passo (coord.). *Coisa julgada e outras estabilidades processuais*. Salvador: JusPodivm, 2018. p. 141-164.

CABRAL, Antonio do Passo. As estabilidades processuais como categoria incorporada ao sistema do CPC. *In:* DIDIER JÚNIOR, Fredie; CABRAL, Antonio do Passo (coord.). *Coisa julgada e outras estabilidades processuais*. Salvador: JusPodivm, 2018. p. 25-60.

CAIS, Cleide Previtalli. *O processo tributário*. 2. ed. São Paulo: Revista dos Tribunais, 1996.

CANTO, Gilberto Ulhôa. *O processo tributário*: anteprojeto de lei orgânica, elaborado por Gilberto Ulhôa Canto. Rio de Janeiro: FGV, 1964.

CARDOSO, Alessandro Mendes; MELO, Anthéia Aquino. Princípio da verdade material e a produção de provas no processo administrativo tributário: atual entendimento do Conselho Administrativo de Recursos Fiscais – CARF. *In:* CARDOSO, Alessandro Mendes et al. (org.). *Processo administrativo tributário.* Belo Horizonte: D'Plácido, 2018. p. 545-572.

CARNELUTTI, Francesco. *Diritto e processo.* Napoli: Morano, 1958.

CARRAZZA, Roque Antônio. *Curso de direito constitucional tributário.* 26. ed. São Paulo: Malheiros, 2010.

CARVALHO, A. A. Contreiras de. *Processo administrativo tributário.* 2. ed. São Paulo: Resenha Tributária, 1978.

CARVALHO, Paulo de Barros. As decisões do Carf e a extinção do crédito tributário. *Revista Ddialética de Direito Tributário,* São Paulo, n. 212, p. 90-102, maio 2013.

CARVALHO, Paulo de Barros. *Curso de direito tributário.* 23. ed. São Paulo: Saraiva, 2011.

CARVALHO, Paulo de Barros. *Direito tributário, linguagem e método.* 3. ed. São Paulo: Noeses, 2009.

CASTARDO, Hamilton Fernando. *Processo tributário administrativo.* 4. ed. São Paulo: IOB, 2010.

CAUBET-HILLOUTOU, Jean Noël; BUTERI, Karine. Le rôle des diferentes acteurs du procès administratif dans l'instruction contradictoire. *In:* GOURDOU, Jean; LECUCQ, Olivier; MADEC, Jean-Yves (direc.). *Le principe du contradictoire dans le procès administratif.* Paris: L'Harmattan, 2010. p. 100-113.

CAZETTA JÚNIOR, José Jesus; TUCCI, José Rogério Cruz e (org.). *Causa de pedir e pedido no processo civil:* questões polêmicas. São Paulo: Revista dos Tribunais, 2002.

COÊLHO, Sacha Calmon Navarro. *Curso de direito tributário brasileiro.* 10. ed. Rio de Janeiro: Forense, 2009.

CONRADO, Paulo Cesar. *Processo tributário.* São Paulo: Quartier Latin, 2004.

CONRADO, Paulo César; PRIA, Rodrigo Dalla. A aplicação do Código de Processo Civil ao Processo Administrativo Tributário. *In:* CONRADO, Paulo César; ARAÚJO, Juliana Furtado Costa. *O novo CPC e seu impacto no direito tributário.* São Paulo: Fiscosoft, 2015. p. 249-255.

CORDOPATRI, Francesco. The ratio decidendi (an historical and comparative review). *In:* FAZZALARI, Elio (ed.). *Italian yearbook of civil procedure.* Milano: Giuffré, 1991. v. I. p. 71-83.

COSTA, Alcides Jorge. Algumas considerações a propósito do anteprojeto de lei sobre contencioso administrativo fiscal. Com comentários de Maria Teresa Martínez de Oliveira. *In:* OLIVEIRA, Ricardo Mariz de; COSTA, Sérgio de Freitas (coord.). *Diálogos póstumos com Alcides Jorge Costa.* São Paulo: IBDT, 2017. p. 380-394.

COSTA, Alcides Jorge. *Contribuição ao estudo da obrigação tributária.* São Paulo, IBDT, 2003.

REFERÊNCIAS | 231

CUNHA JÚNIOR, Dirley da. A separação das funções estatais ante uma nova dogmática constitucional: a necessidade de uma revisão da teoria clássica da separação de poderes. *In:* TAVARES, André Ramos et al. (org.). *Estado constitucional e organização do poder.* São Paulo: Saraiva, 2010. p. 265-290.

DAVID, René. *Os grandes sistemas do direito contemporâneo.* Trad. Hermírio A. Carvalho. São Paulo: Martins Fontes, 2002.

DE LUCCA, Rodrigo Ramina. *O dever de motivação das decisões judiciais:* estado de direito, segurança jurídica e teoria dos precedentes. 3. ed. Salvador: JusPodivm, 2019.

DE LUCCA, Rodrigo Ramina. O conceito de precedente judicial, *ratio decidendi* e a universalidade das razões jurídicas de uma decisão. *In:* NUNES, Dierle Nunes; MENDES, Aluisio; JAYME, Fernando Gonzaga (org.). *A nova aplicação da jurisprudência e precedentes no CPC/2015.* São Paulo: Revista dos Tribunais, 2017. p. 951-962.

DELFINO, Lúcio; NUNES, Dierle. Do dever judicial de análise de todos os argumentos (teses) suscitados no processo, a apreciação da prova e a *accountability. In:* LUCON, Paulo Henrique dos Santos *et al.* (org.). *Processo civil contemporâneo:* homenagem aos 80 anos do professor Humberto Theodoro Júnior. Rio de Janeiro: Forense, 2018. p. 64-83.

DELFINO, Lúcio; ROSSI, Fernando. Interpretação jurídica e ideologias: o escopo da jurisdição no Estado Democrático de Direito. *Revista Jurídica UNIJUS,* Uberaba, v. 11, n. 15, p. 67-90, nov. 2008.

DELIGNE, Maysa de Sá Pittondo. *Competência tributária residual e as contribuições destinadas à seguridade social.* Belo Horizonte: D´Plácido, 2015.

DELIGNE, Maysa de Sá Pittondo; LAURENTIIS, Thais De. Alteração de critério jurídico e a jurisprudência do CARF. *In:* MURICI, Gustavo Lanna et al. (org.). *Análise crítica da jurisprudência do CARF.* Belo Horizonte: D´Plácido, 2019. p. 367-385.

DERZI, Misabel de Abreu Machado. *Modificações da jurisprudência no direito tributário:* proteção da confiança, boa-fé objetiva e irretroatividade como limitações constitucionais no poder judicial de tributar. São Paulo: Noeses, 2009.

DI PIETRO, Maria Sylvia Zanella. *Discricionariedade administrativa na Constituição de 1988.* 3. ed. São Paulo: Atlas, 2012.

DI PIETRO, Maria Sylvia Zanella. *Direito administrativo.* 20. ed. São Paulo: Atlas, 2007.

DIDIER JÚNIOR, Fredie. Algumas novidades sobre a disciplina normativa da coisa julgada no Código de Processo Civil brasileiro de 2015. *In:* DIDIER JÚNIOR, Fredie; CABRAL, Antonio do Passo (coord.). *Coisa julgada e outras estabilidades processuais.* Salvador: JusPodivm, 2018. p. 85-104.

DINAMARCO, Cândido Rangel; LOPES, Bruno Vasconcelos Carrilho. *Teoria geral do novo processo civil.* 4. ed. São Paulo: Malheiros, 2019.

DÓRIA, Sampaio. *O direito constitucional.* São Paulo: Max Limonad, 1962.

FAERMANN, Flávia. Vinculação aos precedentes pelo ordenamento jurídico brasileiro: reflexo de um fenômeno pautado pela busca da segurança jurídica. *Revista Brasileira de Advocacia Pública* – RBAP, Belo Horizonte, ano 2, n. 3, p. 223-243, jul./dez. 2016.

FALCÃO, Amílcar de Araújo. *Introdução ao direito administrativo*. São Paulo: Resenha Tributária, 1977.

FALCÃO, Amílcar de Araújo. *Fato gerador da obrigação tributária*. São Paulo: Financeiras, 1964.

FERRAZ JÚNIOR, Tércio Sampaio. Coisa julgada em matéria fiscal (identidade de objeto). *Revista de Direito Tributário*, São Paulo, Revista dos Tribunais, v. 42, n. 12, p. 73-82, 1988.

FERRAZ, Diego. A impossibilidade jurídica do questionamento judicial, pela PGFN, das decisões do Conselho de Contribuintes. *Revista Fórum de Direito Tributário*, Belo Horizonte, n. 24, p. 149-162, nov./dez. 2004.

FERRAZ, Sérgio; DALLARI, Adilson Abreu. *Processo administrativo*. 3. ed. São Paulo: Malheiros, 2012.

FERREIRA FILHO, Manuel Gonçalves. *Curso de direito constitucional*. 40. ed. São Paulo: Saraiva, 2015.

FICARI, Valerio. I poteri del giudice tributario e l'oggetto del processo tributario. In: DELLA VALLE, Eugenio; FICARI, Valerio; MARINI, Giuseppe (a cura di). *Il processo tributario*. Milani: CEDAM, 2008. p. 161-171.

FIGUEIREDO, Lucia Valle. *Curso de direito administrativo*. 9. ed. São Paulo: Malheiros, 2008.

FIGUEIREDO, Lucia Valle. Processo administrativo tributário e controle de constitucionalidade pelos tribunais administrativos. *Revista de Direito Tributário*, São Paulo, n. 75, p. 158-161, 1998.

FLÁVIO NETO, Luís. Segurança jurídica, proteção da confiança, boa-fé e proibição de comportamentos contraditórios no direito tributário: *nemo potest venire contra factum proprium*. *Revista Direito Tributário Atual*, Instituto Brasileiro de Direito Tributário, São Paulo, n. 36, p. 222-239, 2016.

FOLLONI, André Parmo. *Teoria do ato administrativo*. Curitiba: Juruá, 2009.

FREITAS, Juarez. As políticas públicas e o direito fundamental à boa administração pública. *Revista do Programa de Pós-Graduação em Direito da UFC*, v. 35, p. 195-217, jan./jun. 2015.

GARCÍA VIZCAINO, Catalina. *El procedimiento ante el Tribunal Fiscal de la Nación y sus instancias inferiores y superiores*. 2. ed. Buenos Aires: Abeledo-Perrot, 2011.

GARCÍA VIZCAINO, Catalina. El Tribunal Fiscal de la Nación y la reforma tributaria de 2017. *Revista de Derecho Tributario*, número especial (Reforma Tributaria), IJ-XDI-518, 8 fev. 2018. Disponível em: https://ar.ijeditores.com/pop.php?option=articulo&Hash=5 a3eef5103bc6a8d2d8839a03a1df2cf. Acesso em: 16 out. 2019.

REFERÊNCIAS | 233

GAUDEMET, Yves. *Droit administratif*. 18. ed. Paris: LGDJ, 2005.

GLENDI, Cesare. *L'oggetto del processo tributario*. Padova: CEDAM, 1984.

GODOI, Marciano Seabra de. Sobre a possibilidade de a Fazenda Pública reverter, em juízo, decisões definitivas dos conselhos de contribuintes. *In:* ROCHA, Valdir de Oliveira (coord.). *Grandes questões aduais de direito tributário:* 9º volume. São Paulo: Dialética, 2005. p. 396-410.

GODOI, Marciano Seabra de; COSTA, Ana Cecília Battesini Pereira. Alteração de critério jurídico do lançamento: artigos 146 e 149 do Código Tributário Nacional. *In:* CARDOSO, Alessandro Mendes et al. (org.). *Processo administrativo tributário*. Belo Horizonte: D'Plácido, 2018. p. 67-87.

GRAU, Eros. *O direito posto e o direito pressuposto*. 6. ed. São Paulo: Malheiros, 2005.

GRINOVER, Ada Pellegrini. *Ensaio sobre processualidade*: fundamentos para uma nova teoria geral do processo. Brasília: Gazeta Jurídica, 2016.

GRUPENMACHER, Betina Treiger. Controle da constitucionalidade pelo Poder Executivo. *In:* DERZI, Misabel de Abreu Machado (coord.). *Separação de poderes e efetividade do sistema tributário*. Belo Horizonte: Del Rey, 2010. p. 211-234.

GUASTINI, Riccardo. *Filosofia del diritto positivo*. Torino: Giappichelli, 2017.

GUILLERMET, Camille-Julia. *La motivation des decisions de justice*: la vertu pédagogique de la justice. Paris: L'Harmattan, 2006.

GUIMARÃES, Carlos da Rocha. O processo fiscal. *In:* GUIMARÃES, Carlos da Rocha. *Problemas de direito tributário*. Rio de Janeiro: Edições Financeiras, 1962. p. 99-154.

HORVARTH, Estevão. *Lançamento tributário e "autolançamento"*. São Paulo: Quartier Latin, 2010.

ICHIHARA, Yoshiaki. Processo administrativo tributário. *In:* MARTINS, Ives Gandra da Silva (coord.). *Processo administrativo tributário*. São Paulo: Revista dos Tribunais, 2002. p. 358-359.

JACKISCH, Aline. *A análise da inconstitucionalidade das normas no processo administrativo tributário*. 2015. Dissertação (Mestrado em Direito) – Universidade Federal do Rio Grande do Sul, Porto Alegre, 2015.

JUSTEN FILHO, Marçal. *Curso de direito administrativo*. 10. ed. São Paulo: Revista dos Tribunais, 2014.

KELSEN, Hans. *Teoria geral das normas*. Porto Alegre: Sérgio Antônio Fabris, 1986.

LAMY, Marcelo. As funções jurisdicionais e a criação de direitos. *Revista Brasileira de Direito Constitucional – RBDC*, n. 15, p. 211-244, jan./jun. 2010.

LEAL, Victor Nunes. Junta de Ajustes e Lucros – natureza de suas decisões – caráter normativo – delegação de poderes – conceito de lei. *Revista de Direito Administrativo*, Rio de Janeiro, v. 13, p. 319-326, jul. 1948.

LEÃO, Martha Toribio. *O direito fundamental de economizar tributos*: entre legalidade, liberdade e solidariedade. São Paulo: Malheiros, 2018.

LEITÃO, Maria Beatriz Mello. A possibilidade de revisão pelo Poder Judiciário das decisões do Conselho de Contribuintes contrárias à Fazenda Pública. *In:* ROCHA, Sérgio André (coord.). *Processo administrativo tributário*: estudos em homenagem ao Professor Aurélio Pitanga Seixas Filho. São Paulo: Quartier Latin, 2007. p. 499-520.

LIEBMAN, Enrico Tullio. Limites da coisa julgada em matéria de imposto. *In:* LIEBMAN, Enrico Tullio. *Estudos sobre o processo civil brasileiro*. São Paulo: Saraiva, 1947. p. 171-177.

LOPES, Bruno Vasconcelos Carrilho. *Limites objetivos e eficácia preclusiva da coisa julgada*. 2010. 158 f. Tese (Doutorado em Direito) – Universidade de São Paulo, São Paulo, 2010.

LOPES, José Reinaldo de Lima. Filosofia analítica e hermenêutica: preliminares para uma teoria do direito como prática. *Revista de Informação Legislativa*, v. 53, p. 203-226, 2016.

LUCON, Paulo Henrique dos Santos. Garantia da motivação das decisões no Novo Código de Processo Civil brasileiro: miradas para um novo processo civil. *Revista Brasileira de Direito Processual – RBDPro*, Belo Horizonte, ano 23, n. 90, p. 419-436, abr./jun. 2015.

LUVIZOTTO, Juliana Cristina. *Precedentes administrativos e a vinculação da atividade administrativa*. Curitiba: Juruá, 2017.

MACCORMICK, Neil. *Rhetoric and the rule of law*: a theory of legal reasoning. Oxford: Oxford University Press, 2005.

MACCORMICK, Neil; SUMMERS, Robert (org.). *Interpreting precedents*: a comparative study. Aldershot: Ashgate, 1997.

MACHADO SEGUNDO, Hugo de Brito. *Processo tributário*. 6. ed. São Paulo: Atlas, 2012.

MACHADO, Hugo de Brito. Motivação dos atos administrativos e o interesse público. *Interesse Público*, São Paulo, ano 1, n. 3, p. 9-25, jul./set. 1999.

MACHADO, Hugo de Brito. *Os direitos fundamentais do contribuinte e a efetividade da jurisdição*. 2009. Tese (Doutorado em Direito) – Programa de Pós-Graduação em Direito, Centro de Ciências Jurídicas/FDR, Universidade Federal de Pernambuco, Recife, 2009.

MARINONI, Luiz Guilherme. *Coisa julgada sobre questão*. São Paulo: Thomson Reuters, 2018.

MARINONI, Luiz Guilherme. Uma nova realidade diante do Projeto de CPC: a *ratio decidendi* ou os fundamentos determinantes da decisão. *Interesse público – IP*, Belo Horizonte, ano 15, n. 77, p. 23-85, jan./fev. 2012.

MARINS, James. *Direito processual tributário brasileiro*: administrativo e judicial. 10. ed. São Paulo: Revista dos Tribunais, 2017.

MARQUES NETO, Floriano Peixoto de Azevedo. A bipolaridade do direito administrativo e sua superação. *In:* ARAGÃO, Alexandre Santos de; MARQUES NETO, Floriano de Azevedo (coord.). *Direito administrativo e seus novos paradigmas*. 2. ed. Belo Horizonte: Fórum, 2016. p. 87-127.

REFERÊNCIAS | 235

MARTINS, Ricardo Marcondes. O conceito científico de processo administrativo. *Revista de Direito Administrativo*, Rio de Janeiro, v. 235, p. 321-381, jan. 2004.

MEDAUAR, Odete. *O direito administrativo em evolução*. 3. ed. Brasília: Gazeta Jurídica, 2017.

MEDAUAR, Odete. Meios consensuais de solução de litígios relativos à administração pública. *In*: SCHIRATO, Vitor Rhein (coord.). *Estudos atuais sobre ato e processo administrativo*. Rio de Janeiro: Lumen Juris, 2017. p. 5-9.

MEDAUAR, Odete. Administração pública: do ato ao processo. *In*: ARAGÃO, Alexandre Santos de; MARQUES NETO, Floriano de Azevedo (coord.). *Direito administrativo e seus novos paradigmas*. 2. ed. Belo Horizonte: Fórum, 2016. p. 381-395.

MEDAUAR, Odete. Processualização e publicidade dos atos do processo administrativo fiscal. *In*: ROCHA, Valdir de Oliveira (coord.). *Processo administrativo fiscal*. São Paulo: Dialética, 1995. p. 121-126.

MEIRELLES, Hely Lopes. *Direito administrativo brasileiro*. 43. ed. São Paulo: Malheiros, 2018.

MELO, José Eduardo Soares de. *Curso de direito tributário*. 3. ed. São Paulo: Dialética, 2002.

MELLO, Celso Antônio Bandeira de. *Curso de direito administrativo*. 34. ed. São Paulo: Malheiros, 2019.

MELLO, Celso Antônio Bandeira de. A motivação dos atos da administração pública como princípio fundamental do estado de direito. *Revista de Direito Tributário*, São Paulo: Malheiros, v. 87. p. 11-21, XVI Congresso Brasileiro de Direito Tributário. s.d.

MESQUITA, José Ignácio Botelho de *et al*. Questões de ordem pública: revisíveis *ad infinitum*? *In*: ASSIS, Araken de et al. (coord.). *Direito civil e processo*: estudos em homenagem ao professor Arruda Alvim. São Paulo: Revista dos Tribunais, 2007. p. 1522-1532.

MESQUITA, José Ignácio Botelho de. *Teses, estudos e pareceres de processo civil*. São Paulo: Revista dos Tribunais, 2005. v. 1.

MESQUITA, José Ignácio Botelho de. *A coisa julgada*. Rio de Janeiro: Forense, 2004.

MILESSI, Jimena C.; TEIXEIRA, Raquel Biasotto. Tribunales administrativos especializados en materia aduanera y tributaria en Argentina y en Brasil: Tribunal Fiscal de la Nación Argentina (TFN) y Consejo Administrativo de Recursos Fiscales de Brasil (CARF). *Ius gentium*, Curitiba, ano 7, n. 14, p. 207-229, jul./dez. 2013.

MINATEL, José Antonio. Procedimento e processo administrativo tributário: dupla função administrativa, com diferentes regimes jurídicos. *In*: ROCHA, Sérgio André (coord.). *Processo administrativo tributário*: estudos em homenagem ao Professor Aurélio Pitanga Seixas Filho. São Paulo: Quartier Latin, 2007. p. 321-344.

MIRANDA, Jorge. A tutela jurisdicional dos direitos fundamentais em Portugal. *In*: GRAU, Eros Roberto; GUERRA FILHO, Willis Santiago (org.). *Direito constitucional*: estudos em homenagem a Paulo Bonavides. São Paulo: Malheiros, 2001. p. 284-304.

MOREIRA, José Carlos Barbosa. Ainda e sempre a coisa julgada. *Doutrinas Essenciais de Processo Civil*, v. 6, p. 679, out. 2011.

MOREIRA, José Carlos Barbosa. Considerações sobre a chamada 'relativização' da coisa julgada material. *In: Temas de direito processual*. Nona Série. São Paulo: Saraiva, 2007. p. 235-266.

MOREIRA, José Carlos Barbosa. A eficácia preclusiva da coisa julgada material no sistema do processo civil brasileiro. *In: Temas de direito processual*. Primeira Série. São Paulo: Saraiva, 1977. p. 97-109.

MOREIRA, José Carlos Barbosa. Questões preliminares e questões prejudiciais. *In:* MOREIRA, José Carlos Barbosa. *Direito processual civil (ensaios e pareceres)*. Rio de Janeiro: Borsoi, 1971. p. 73-93.

MOREIRA, José Carlos Barbosa. *Questões prejudiciais e coisa julgada*. 1967. Tese (Livre Docência) – Faculdade de Direito, Universidade Federal do Rio de Janeiro, Rio de Janeiro, 1967.

MOUSSALLEM, Tárek Moysés. Classificação dos tributos (uma visão analítica). *In:* DE SANTI, Eurico Marcos Diniz (coord.). *Congresso nacional de estudos tributários*. São Paulo: Noeses. 2007. v. 4. p. 601-637.

NEDER, Marcos Vinicius; LÓPEZ, Maria Teresa Martínez. *Processo administrativo fiscal federal comentado*. São Paulo: Dialética, 2002.

NEVES, Celso. Coisa julgada no direito tributário. *Revista de Direito* Público, ano VII, n. 29, p. 237-244, 1974.

NERY JUNIOR, Nelson. *Princípios do processo na Constituição Federal*. 13. ed. São Paulo: Revista dos Tribunais, 2017.

NOGUEIRA, Rui Barbosa. A coisa julgada em direito tributário. *Revista da Faculdade de Direito da Universidade de São Paulo*, São Paulo, v. 68, n. 1, p. 91-113, 1º jan. 1973.

NOHARA, Irene Patricia. *O motivo no ato administrativo*. São Paulo: Atlas, 2004.

OLIVEIRA, Fernanda Alvim Ribeiro de. Competência. *In:* THEODORO JÚNIOR, Humberto; OLIVEIRA, Fernanda Alvim Ribeiro de; REZENDE, Ester Camila Gomes Norato (coord.). *Primeiras lições sobre o novo direito processual civil brasileiro (de acordo com o Novo Código de Processo Civil Lei 13.105, de 16 de março de 2015)*. Rio de Janeiro: Forense, 2015. p. 64-81.

OLIVEIRA, Ricardo Mariz de. Prefácio. *In:* NEDER, Marcos Vinicius; LÓPEZ, Maria Teresa Martínez. *Processo administrativo fiscal federal comentado*. São Paulo: Dialética, 2002. p. 7-12.

PAULSEN, Leandro. *Direito tributário:* Constituição e Código Tributário à luz da doutrina e da jurisprudência. 14. ed. Porto Alegre: Livraria do Advogado; ESMAFE, 2012.

PECZENIK, Aleksander. *On law and reason*. Berlim: Springer, 2008.

PICARDI, Nicola. *Jurisdição e processo*. Organizador e revisor técnico da tradução: Carlos Alberto Alvaro de Oliveira. Rio de Janeiro: Forense, 2008.

REFERÊNCIAS | 237

PINTO, Bilac. Separação de poderes. *Revista de Direito Administrativo*, Rio de Janeiro, v. 6, p. 243-275, out. 1946.

PIZOLIO, Reinaldo. Decisão administrativa favorável ao contribuinte e a impossibilidade de ingresso da Fazenda Pública em juízo. *In:* PIZOLO, Reinaldo (coord.). *Processo administrativo tributário.* São Paulo: Quartier Latin, 2007. p. 271-282.

PORTER, David B. Where can you litigate your federal tax case? *Tax notes*, v. 98, p. 558-560, Jan. 2003.

PORTO, Éderson Garin. *A colaboração no direito tributário*: por um novo perfil de relação obrigacional tributária. Porto Alegre: Livraria do Advogado, 2016.

PRIA, Rodrigo Dalla. *Direito processual tributário.* São Paulo: Noeses, 2020.

RAMOS, Elival da Silva. A valorização do processo administrativo. O poder regulamentar e a invalidação dos atos administrativos. *In:* SUNDFELD, Carlos Ari; MUÑOZ, Guillermo Andrés (org.). *As leis de processo administrativo* (Lei Federal 9.784/99 e Lei Paulista 10.177/98). São Paulo: Malheiros, 2000. p. 75-93.

REALE, Miguel. *Revogação e anulamento do ato administrativo.* 2. ed. Rio de Janeiro, Forense, 1980.

RHEINSTEIN, Max. Common law and civil law: an elementary comparison. *Revista Jurídica de la Universidad de Puerto Rico*, p. 90-107, 1952. Disponível em http://chicagounbound. uchicago.edu/journal_articles. Acesso em: 04 mai. 2018.

RIBAS, Lídia Maria Lopes Rodrigues. *Processo administrativo tributário.* 3. ed. São Paulo: Malheiros, 2008.

RIBEIRO, Diego Diniz. Precedentes em matéria tributária e o novo CPC. *In:* CONRADO, Paulo César (org.). *Processo tributário analítico.* São Paulo: Noeses, 2016. v. 3. p. 111-140.

RICCI, Gian Franco. *Principi di diritto processuale generale.* 6. ed. Torino: Giappichelli, 2015.

ROCHA, Sérgio André. *Processo administrativo fiscal*: controle administrativo do lançamento tributário. São Paulo: Almedina, 2018.

RODRIGUES, Walter Piva. *Coisa julgada tributária.* São Paulo: Quartier Latin, 2008.

RUSSO, Pasquale. *Manuale di diritto tributario*: il processo tributario. 2. ed. Milano: Giuffrè, 2013.

RUSSOMANO, Rosah. Controle jurisdicional dos atos administrativos e a Constituição vigente. *Revista da Faculdade de Direito da Universidade Federal de Minas Gerais*, n. 22, p. 115-132, 1979.

SANTI, Eurico Marcos Diniz de; ZUGMAN, Daniel Leib. Decisões administrativas definitivas não podem ser rediscutidas no poder judiciário. *In: X Congresso Nacional de Estudos Tributários*: sistema tributário brasileiro e as relações internacionais. São Paulo: Noeses, 2013. p. 287-328.

SARAIVA FILHO, Oswaldo Othon Pontes. Efeitos das decisões no processo administrativo fiscal e o acesso ao poder judiciário. *In*: ROCHA, Sérgio André (coord.). *Processo administrativo tributário*: estudos em homenagem ao Professor Aurélio Pitanga Seixas Filho. São Paulo: Quartier Latin, 2007. p. 521-542.

SCAFF, Fernando Facury. Efeitos da coisa julgada em matéria tributária e livre concorrência. *In*: ROCHA, Valdir de Oliveira (coord.). *Grandes questões atuais do direito tributário*. São Paulo: Dialética, 2005. p. 110-135.

SCHAUER, Frederick. Giving Reasons. *Stanford Law Review*, v. 47, n. 4, p. 633-659, abr. 1995.

SCHAUER, Frederick. Formalism. *The yale Law Journal*, v. 97, n. 4, p. 509-548, mar. 1988.

SCHAUER, Frederick. Precedent. *Stanford Law Review*, v. 39, n. 3, p. 571-605, fev. 1987.

SCHIRATO, Vitor Rhein. Revisitando os poderes do administrador público. *In*: WALD, Aroldo *et al.* (org.). *O direito administrativo na atualidade*: estudos em homenagem ao centenário de Hely Lopes Meirelles. São Paulo: Malheiros, 2017. p. 1189-1207.

SCHOUERI, Luís Eduardo. *Direito Tributário*. 8. ed. São Paulo: Saraiva, 2018.

SCHOUERI, Luís Eduardo. Algumas reflexões sobre a consulta em matéria fiscal. *Revista Direito Tributário Atual*. São Paulo: Resenha Tributária/IBDT, v. 14, p. 1-34, 1995.

SCHOUERI, Luís Eduardo; SOUZA, Gustavo Emílio Contrucci A. de. Verdade material no "processo" administrativo tributário. *In*: ROCHA, Valdir de Oliveira (coord.). *Processo administrativo fiscal*. São Paulo: Dialética, 1998. v. 3. p. 141-159.

SEIXAS FILHO, Aurélio Pitanga. Revisão da legalidade do lançamento tributário e a coisa julgada administrativa em matéria fiscal. *In*: ROCHA, Valdir de Oliveira (coord.). *Grandes questões atuais do direito tributário*. São Paulo: Dialética, 2005. p. 28-47.

SEIXAS FILHO, Aurélio Pitanga. *Estudos de procedimento administrativo fiscal*. Rio de Janeiro: Freitas Bastos, 2000.

SENRA, Alexandre. *A coisa julgada no Código de Processo Civil de 2015*: premissas, conceitos, momento de formação, suportes fáticos. Salvador: JusPodivm, 2017.

SHERWIN, Emily. A defense of analogical reasoning in law. *The university of Chicago law review*, v. 66, n. 4, p. 1179-1197, Automn 1999.

SICA, Heitor Vitor Mendonça. *Preclusão processual civil*. 2. ed. São Paulo: Atlas, 2008.

SILVA, José Afonso da. *Curso de direito constitucional positivo*. 26. ed. São Paulo: Malheiros, 2006.

SILVA, Virgílio Afonso da. *Direitos fundamentais*: conteúdo essencial, restrições e eficácia. 2. ed. São Paulo: Malheiros, 2010.

SILVA, Virgílio Afonso da. *A constitucionalização do direito*: os direitos fundamentais nas relações entre particulares. São Paulo: Malheiros, 2005.

REFERÊNCIAS | 239

SOUSA, Rosalina Freitas Martins de. *A função jurisdicional adequada e a releitura do princípio da inafastabilidade do controle jurisdicional (CRFB/88, Art. 5º, XXXV)*. 2017. Tese (Doutorado em Direito) – Universidade Federal de Pernambuco, Recife, 2017.

SOUSA, Rubens Gomes de. *Compêndio de legislação tributária*. São Paulo: Resenha Tributária, 1975.

SOUSA, Rubens Gomes de. Idéias gerais para uma concepção unitária e orgânica do processo fiscal. *Revista de Direito Administrativo*, Rio de Janeiro, v. 34, p. 14-33, out. 1953.

SOUSA, Rubens Gomes de. A coisa julgada no direito tributário. *Revista de Direito Administrativo*, Rio de Janeiro, v. 5, p. 48-76, jul. 1946.

SOUSA, Rubens Gomes de. *A distribuição da justiça em matéria fiscal*. São Paulo: Livraria Martins, 1943.

SOUSA, Rubens Gomes de. Coisa julgada (Dir. Fiscal). *In*: SANTOS, J. M. de Carvalho (org.). *Repertório enciclopédico do direito brasileiro*. Rio de Janeiro: Borsoi, s/d. v. IX. p. 290-301.

SOUZA, Fernanda Donnabella Camano de. *Os limites objetivos e "temporais" da coisa julgada em ação declaratória no direito tributário*. São Paulo: Quartier Latin, 2006.

SOUZA, Henrique Coutinho de. *A ação rescisória em matéria tributária*: considerações sobre o direito de lançar à luz do princípio da segurança jurídica. 2018. Dissertação (Mestrado em Direito) – Universidade de São Paulo, São Paulo, 2018.

STEINER, Eva. Judicial rulings with prospective effect-from comparison to systematisation. *In:* STEINER, Eva. *Comparing the prospective effect of judicial rulings across jurisdictions*. Cham: Springer International Publishing Switzerland, 2015. p. 2-5.

STUMPF, Silvia Roberta. *Coisa julgada tributária e controle de constitucionalidade*. 2012. Dissertação (Mestrado em Direito) – Universidade Federal do Rio Grande do Sul, Porto Alegre, 2012.

SUNDFELD, Carlos Ari. A importância do procedimento administrativo. *Revista de Direito Público*, São Paulo, n. 84, p. 64-74, out./dez. 1987.

TARUFFO, Michele. La fisionomia della sentenza in Italia. *In*: Facoltà di Giurisprudenza Università Degli Studi di Milano. *Studi in onori di Enrico Allorio*. Milano: Giuffrè, 1989. p. 1069-1105.

TESAURO, Francesco. *Manuale del processo tributario*. 2. ed. Torino: Giappichelli, 2013.

THEODORO JÚNIOR, Humberto. *Curso de direito processual civil*. 60. ed. Rio de Janeiro: Forense, 2019.

THEODORO JÚNIOR, Humberto. Limites objetivos da coisa julgada no novo Código de Processo Civil. *In*: DIDIER JÚNIOR, Fredie; CABRAL, Antonio do Passo (coord.). *Coisa julgada e outras estabilidades processuais*. Salvador: JusPodivm, 2018. p. 165-188.

THEODORO JÚNIOR, Humberto. Coisa julgada. *In:* THEODORO JÚNIOR, Humberto; OLIVEIRA, Fernanda Alvim Ribeiro de; REZENDE, Ester Camila Gomes Norato (coord.). *Primeiras lições sobre o novo direito processual civil brasileiro* (de acordo com o Novo Código de Processo Civil Lei 13.105, de 16 de março de 2015). Rio de Janeiro: Forense, 2015. p. 343-365.

THEODORO JÚNIOR, Humberto. Normas fundamentais do Processo Civil. *In:* THEODORO JÚNIOR, Humberto; OLIVEIRA, Fernanda Alvim Ribeiro de; REZENDE, Ester Camila Gomes Norato (coord.). *Primeiras lições sobre o novo direito processual civil brasileiro* (de acordo com o Novo Código de Processo Civil Lei 13.105, de 16 de março de 2015). Rio de Janeiro: Forense, 2015. p. 3-25.

THEODORO JÚNIOR, Humberto. Jurisdição e competência. *Revista da Faculdade de Direito da Universidade Federal de Minas Gerais*, Belo Horizonte, n. 38, p. 145-182, 2000.

TORRES, Heleno Taveira. Coisa julgada administrativa como precedente e segurança jurídica. *Conjur*, 21 ago. 2019. Disponível em: https://www.conjur.com.br/2019-ago-21/consultor-tributario-coisa-julgada-administrativa-precedente-seguranca-juridica. Acesso em: 21 ago. 2019.

TORRES, Ricardo Lobo. *Curso de direito financeiro e tributário*. 8. ed. Rio de Janeiro, Renovar, 2001.

TROIANELLI, Gabriel Lacerda. Interpretação da lei tributária: lei interpretativa, observância de normas complementares e mudança de critério jurídico. *Revista Dialética de Direito Tributário*, São Paulo, n. 176, p. 76-83, maio 2010.

TSVASMAN, Rimma. No more excuses: a case for the irs's full compliance with the administrative procedure act. *Brooklyn law review*, v. 76, p. 840-843, 2010. Disponível em: https://brooklynworks.brooklaw.edu/blr/vol76/iss2/9. Acesso em: 25 ago. 2019.

TUCCI, José Rogério Cruz e. O regime do precedente judicial no novo CPC. *In:* DIDIER JÚNIOR, Fredie *et al.* (coord.). *Precedentes.* Salvador: JusPodivm, 2015. p. 445-457.

TUCCI, José Rogério Cruz e. *Precedente judicial como fonte do direito*. São Paulo: Revista dos Tribunais, 2004.

VALVERDE, Gustavo Sampaio. *Coisa julgada em matéria tributária*. São Paulo: Quartier Latin, 2004.

VELLOSO, Andrei Pitten. Modificação de critério jurídico nos lançamentos tributário. *In:* GOMES, Marcus Lívio; OLIVEIRA, Francisco Marconi de (coord.). *Estudos tributários e aduaneiros do III seminário CARF*. Brasília: Ministério da Fazenda, 2018. p. 13-38.

VIGORITI, Vincenzo. La giustizia tributaria in Italia e in Usa. Organizzazione e struttura. *Rivista di Diritto Tributario*, 1994, I, n. 2, fev. 1994, p. 165-179.

WAMBIER, Teresa Arruda Alvim. O que é abrangido pela coisa julgada no direito processual civil brasileiro: a norma vigente e as perspectivas de mudança. *Revista de Processo*, v. 39, n. 230, p. 75-89, abr./2014.

WAMBIER, Teresa Arruda Alvim. Anotações sobre a coisa julgada em matéria tributária. *Revista da Academia Paranaense de Letras Jurídicas*, Curitiba: Juruá, v. 1, p. 173-180, 2001.

REFERÊNCIAS | 241

WAMBIER, Teresa Arruda Alvim; MEDIDA, José Miguel Garcia. *O dogma da coisa julgada, hipóteses de relativização.* São Paulo: Revista dos Tribunais, 2003.

WYKROTA, Leonardo Martins. Procedimentos especiais – jurisdição voluntária. *In:* THEODORO JÚNIOR, Humberto *et al.* (org.). *Primeiras lições sobre o novo direito processual civil brasileiro.* Rio de Janeiro: Forense, 2015. p. 536-554.

XAVIER, Alberto. *Do lançamento no direito tributário brasileiro.* 3. ed. Rio de Janeiro: Forense, 2005.

XAVIER, Alberto. *Do lançamento:* teoria geral do ato, do procedimento e do processo tributário. Rio de Janeiro: Forense, 1997.

YARSHELL, Flávio Luiz. Breves notas sobre a disciplina da ação rescisória no CPC 2015. *In:* GRINOVER, Ada Pellegrini (org.). *O novo código de processo civil:* questões controvertidas. São Paulo: Atlas, 2015. p. 155-169.

YARSHELL, Flávio Luiz. *Tutela jurisdicional.* 2. ed. São Paulo: DPJ, 2006.

ZAVASCKI, Teori Albino. *Eficácia das sentenças na jurisdição constitucional.* 3. ed. São Paulo: Revista dos Tribunais, 2014.

ZAVASCKI, Teori Albino. Coisa julgada em matéria constitucional: eficácia das sentenças nas relações jurídicas de trato continuado. *In:* ZAVASCKI, Teori Albino. *Eficácia das sentenças na jurisdição constitucional.* São Paulo: RT, 2001. Disponível em: http://www.abdpc.org.br/abdpc/artigos/Teori%20Zavascki%20-%20formatado.pdf. Acesso em: 1º out. 2018.

Normas e julgados

ARGENTINA. *Ley 11683, sobre procedimiento fiscal – regimen legal.* Aplicación y percepción de impuestos. Capitulo XIV crea la cuenta especial de jerarquizacion. Publicada em el Boletín Oficial del 12 ene. 1933, n. 11586. Disponível em: http://servicios.infoleg.gob.ar/infolegInternet/verNorma.do?id=18771. Acesso em: 16 out. 2019.

BRASIL. [Constituição (1824)]. Constituição Politica do Império do Brasil (de 25 de março de 1824). *Coleção de Leis do Império do Brasil,* 1824, p. 7, v. 1. Disponível em: http://www.planalto.gov.br/ccivil_03/constituicao/constituicao24.htm. Acesso em: 6 dez. 2019.

BRASIL. [Constituição (1891)]. Constituição da República dos Estados Unidos do Brasil (de 24 de fevereiro de 1891). *Diário Oficial da União,* 24 fev. 1981. Disponível em: http://www.planalto.gov.br/ccivil_03/constituicao/constituicao91.htm. Acesso em: 6 dez. 2019.

BRASIL. [Constituição (1934)]. Constituição da República dos Estados Unidos do Brasil (de 16 de julho de 1934). *Diário Oficial da União,* 16 jul. 1934. Disponível em: http://www.planalto.gov.br/ccivil_03/constituicao/constituicao34.htm. Acesso em: 6 dez. 2019.

BRASIL. [Constituição (1967)]. Emenda Constitucional nº 7, de 13 de abril de 1977. Incorpora ao texto da Constituição Federal disposições relativas ao Poder Judiciário. *Diário Oficial da União,* 13 abr. 1977. Disponível em: http://www.planalto.gov.br/ccivil_03/constituicao/Emendas/Emc_anterior1988/emc07-77.htm. Acesso em: 6 dez. 2019.

BRASIL. [Constituição (1988)]. Constituição da República Federativa do Brasil de 1988. *Diário Oficial da União*, 5 out. 1988. Disponível em: http://www.planalto.gov.br/ccivil_03/constituicao/constituicao.htm. Acesso em: 6 dez. 2019.

BRASIL. Câmara dos Deputados. *Projeto de Lei Complementar nº 381/2014*. Estabelece normas gerais sobre o processo administrativo fiscal no âmbito das administrações tributárias da União, dos Estados, do Distrito Federal e dos Municípios. Autor: Senado Federal – Vital do Rêgo (PMDB/PB), 4 abr. 2014. Disponível em: https://www.camara.leg.br/proposicoesWeb/fichadetramitacao?idProposicao=611441. Acesso em: 17 out. 2019.

BRASIL. Decreto nº 2.343, de 29 de janeiro de 1859. Faz diversas alterações nos Decretos nsº 736 de 20 de Novembro de 1850 e 870 de 22 de Novembro de 1851. *Coleção de Leis do Império do Brasil* - 1859, Página 20 Vol. 1 pt II (Publicação Original). Disponível em: https://www2.camara.leg.br/legin/fed/decret/1824-1899/decreto-2343-29-janeiro-1859-557253-publicacaooriginal-77596-pe.html. Acesso em: 6 dez. 2019.

BRASIL. Decreto nº 24.036, de 26 de março de 1934. Reorganiza os serviços da administração geral da Fazenda Nacional e dá outras providências. *Diário Oficial da União*, 28 mar. 1934. Disponível em: http://www.planalto.gov.br/ccivil_03/decreto/1930-1949/D24036.htm. Acesso em: 3 dez. 2019.

BRASIL. Decreto nº 15.188, de 29 de Março de 1944. Aprova o Regime da Junta de Ajuste de Lucros Extraordinários (J.A.L.E.). *Coleção de Leis do Brasil* de 31/12/1944 - vol. 002] (p. 619, col. 1). Disponível em: http://legis.senado.leg.br/norma/428655/publicacao/156 15429. Acesso em: 6 dez. 2019.

BRASIL. Decreto nº 16.581, de 4 de Setembro de 1924. Approva o regulamento do imposto sobre a renda. *Coleção de Leis do Brasil* - 1924, Página 119 Vol. 3 (Publicação Original). Disponível em: https://www2.camara.leg.br/legin/fed/decret/1920-1929/decreto-16581-4-setembro-1924-512544-publicacaooriginal-1-pe.html. Acesso em: 6 dez. 2019.

BRASIL. Decreto nº 20.848, de 23 de dezembro de 1931. Limita o número de pedidos de reconsideração nas instâncias administrativas. *Diário Oficial da União* - Seção 1 - 4/1/1932, Página 98 (Publicação Original). Disponível em: https://www2.camara.leg.br/legin/fed/decret/1930-1939/decreto-20848-23-dezembro-1931-515931-norma-pe.html. Acesso em: 12 jan. 2019.

BRASIL. Decreto nº 70.235, de 6 de março de 1972. Dispõe sobre o processo administrativo fiscal e dá outras providências. *Diário Oficial da União*, 7 mar. 1972. Disponível em: http://www.planalto.gov.br/ccivil_03/decreto/D70235cons.htm. Acesso em: 6 dez. 2019.

BRASIL. Decreto nº 848, de 11 de outubro de 1890. Organiza a Justiça Federal. *Coleção de Leis do Brasil* – 1890. Disponível em: http://www.planalto.gov.br/ccivil_03/decreto/1851-1899/D848.htm. Acesso em: 7 dez. 2019.

BRASIL. Lei nº 13.988, de 14 de abril de 2020. Dispõe sobre a transação nas hipóteses que especifica. *Diário Oficial da União*, 14 abr. 2020. Disponível em: http://www.planalto.gov.br/ccivil_03/_ato2019-2022/2020/lei/l13988.htm. Acesso em: 22 abr. 2020.

BRASIL. Lei nº 13.105, de 16 de março de 2015. Código de Processo Civil. *Diário Oficial da União*, 17 mar. 2015. Disponível em: http://www.planalto.gov.br/ccivil_03/_ato2015-2018/2015/lei/l13105.htm. Acesso em: 6 dez. 2019.

REFERÊNCIAS | **243**

BRASIL. Lei nº 5.172, de 25 de outubro de 1966. Dispõe sobre o Sistema Tributário Nacional e institui normas gerais de direito tributário aplicáveis à União, Estados e Municípios. *Diário Oficial da União*, 27 out. 1966. Disponível em: http://www.planalto. gov.br/ccivil_03/leis/l5172.htm. Acesso em: 6 dez. 2019.

BRASIL. Lei nº 5.869, de 11 de janeiro de 1973. Institui o Código de Processo Civil. *Diário Oficial da União*, 17 jan. 1973. Disponível em: http://www.planalto.gov.br/ccivil_03/LEIS/L5869impressao.htm. Acesso em: 6 dez. 2019.

BRASIL. Lei nº 6.830, de 22 de setembro de 1980. Dispõe sobre a cobrança judicial da Dívida Ativa da Fazenda Pública e dá outras providências. *Diário Oficial da União*, 24 set. 1980. Disponível em: http://www.planalto.gov.br/ccivil_03/leis/l6830.htm. Acesso em: 8 dez. 2019.

BRASIL. Lei nº 8.212, de 24 de julho de 1991. Dispõe sobre a organização da Seguridade Social, institui Plano de Custeio, e dá outras providências. *Diário Oficial da União*, 25 jul. 1991. Disponível em: http://www.planalto.gov.br/ccivil_03/leis/l8212cons.htm. Acesso em: 5 dez. 2019.

BRASIL. Lei nº 9.430, de 27 de dezembro de 1996. Dispõe sobre a legislação tributária federal, as contribuições para a seguridade social, o processo administrativo de consulta e dá outras providências. *Diário Oficial da União*, 30 dez. 1996. Disponível em: http://www. planalto.gov.br/ccivil_03/LEIS/L9430.htm. Acesso em: 5 dez. 2019.

BRASIL. Lei nº 9.784, de 29 de janeiro de 1999. Regula o processo administrativo no âmbito da Administração Pública Federal. *Diário Oficial da União*, 1º fev. 1999. Disponível em: http://www.planalto.gov.br/ccivil_03/leis/l9784.htm. Acesso em: 6 dez. 2019.

BRASIL. Ministério da Economia. Conselho Administrativo de Recursos Fiscais (CARF). *Acórdão nº 9303-01.402*, de 04/04/2011. Relator Conselheiro Gilson Macedo Rosenburg Filho. Redatora designada Conselheira Maria Teresa Martínez López.

BRASIL. Ministério da Economia. Conselho Administrativo de Recursos Fiscais (CARF). *Processo nº 10855.002338/1998-40*. Publicação: 15/03/2005 Relator Antônio Carlos Bueno Ribeiro. Acórdão nº 202-16210.

BRASIL. Ministério da Economia. Conselho Administrativo de Recursos Fiscais (CARF). *Processo nº 10111.000229/2005-63*. Data da Sessão 25/09/2018. Relatora Maria Aparecida Martins de Paula. Acórdão nº 3402-005.586.

BRASIL. Ministério da Economia. Conselho Administrativo de Recursos Fiscais (CARF). *Processo nº 10280.005071/2001-42*. Data da Sessão 07/12/2015. Relator Rafael Vidal De Araujo. Acórdão nº 9101-002.146.

BRASIL. Ministério da Economia. Conselho Administrativo de Recursos Fiscais (CARF). *Processo nº 10940.900089/2006-43*. Data da Sessão 18/03/2015. Relatora Irene Souza da Trindade Torres Oliveira. Acórdão nº 3202-001.608.

BRASIL. Ministério da Economia. Conselho Administrativo de Recursos Fiscais (CARF). *Processo nº 16327.002874/1999-71*. Data da Sessão 05/12/2006. Relator Tarásio Campelo Borges. Acórdão nº 303-33.805.

BRASIL. Ministério da Economia. Conselho Administrativo de Recursos Fiscais (CARF). *Processo nº 11080.729500/2013-23.* Data da Sessão 18/04/2018. Relator Diego Diniz Ribeiro. Acórdão nº 3402-005.145.

BRASIL. Ministério da Economia. Conselho Administrativo de Recursos Fiscais (CARF). *Processo nº 11634.720457/2011-65.* Data da Sessão 14/04/2016. Relator Arlindo da Costa e Silva. Acórdão nº 2401-004.298.

BRASIL. Ministério da Economia. Conselho Administrativo de Recursos Fiscais (CARF). *Processo nº 12448.735359/2011-92.* Data da Sessão 08/02/2017. Relator Carlos Henrique de Oliveira. Acórdão nº 2201-003.425.

BRASIL. Ministério da Economia. Conselho Administrativo de Recursos Fiscais (CARF). *Processo nº 13889.000149/2004-24.* Data da Sessão 22/08/2019. Relatora Maysa de Sá Pittondo Deligne. Acórdão nº 3402-006.834.

BRASIL. Ministério da Economia. Conselho Administrativo de Recursos Fiscais (CARF). *Processo nº 15956.720067/2012-94.* Data da Sessão 02/12/2014 Relator Arlindo da Costa e Silva. Acórdão nº 2302-003.516.

BRASIL. Ministério da Economia. Conselho Administrativo de Recursos Fiscais (CARF). *Processo nº 15983.000814/2009-41.* Data da Sessão 23/07/2019. Redator Designado Mário Pereira de Pinho Filho. Acórdão nº 9202-008.027.

BRASIL. Ministério da Economia. Conselho Administrativo de Recursos Fiscais (CARF). *Processo nº 13769.720304/2013-80.* Data da Sessão 16/03/2017. Relator Marcelo Milton da Silva Risso. Acórdão nº 2201-003.538.

BRASIL. Ministério da Economia. Conselho Administrativo de Recursos Fiscais (CARF). *Processo nº 10980.902100/2010-10.* Sessão 24/09/2019. Relatora Maysa de Sá Pittondo Deligne. Acórdão nº 3402-006.859.

BRASIL. Ministério da Economia. Conselho Administrativo de Recursos Fiscais (CARF). *Processo nº 11516.721501/2014-43.* Sessão 23/02/2016. Relator Rosaldo Trevisan. Acórdão nº 3401-003.096.

BRASIL. Ministério da Economia. Conselho Administrativo de Recursos Fiscais (CARF). *Processo nº 13433.720026/2005-42.* Sessão 19/06/2019. Relatora Maysa de Sá Pittondo Deligne. Acórdão nº 3402-006.719.

BRASIL. Ministério da Economia. Conselho Administrativo de Recursos Fiscais (CARF). *Processo nº 19515.000528/2008-72.* Sessão 28/09/2016. Relator Diego Diniz Ribeiro. Acórdão nº 3402-003.306.

BRASIL. Ministério da Economia. Conselho Administrativo de Recursos Fiscais (CARF). *Súmula CARF nº 2.* Ementa: O CARF não é competente para se pronunciar sobre a inconstitucionalidade de lei tributária. Acórdãos Precedentes: Acórdão nº 101-94876, de 25/02/2005; Acórdão nº 103-21568, de 18/03/2004; Acórdão nº 105-14586, de 11/08/2004; Acórdão nº 108-06035, de 14/03/2000; Acórdão nº 102-46146, de 15/10/2003; Acórdão nº 203-09298, de 05/11/2003; Acórdão nº 201-77691, de 16/06/2004; Acórdão nº 202-15674, de 06/07/2004; Acórdão nº 201-78180, de 27/01/2005; Acórdão nº 204-00115, de 17/05/2005.

REFERÊNCIAS | 245

BRASIL. Ministério da Economia. Conselho Administrativo de Recursos Fiscais (CARF). *Institucional/Histórico dos Conselhos*. Disponível em: http://carf.fazenda.gov.br/sincon/public/pages/ConsultarInstitucional/Historico/HistoricoPopup.jsf. Acesso: em 15 jul. 2019.

BRASIL. Ministério da Fazenda. Parecer Normativo COSIT nº 2, de 23 de agosto de 2016. Assunto. Normas gerais de direito tributário. *Diário Oficial da União*, 24 ago. 2016. Disponível em: http://normas.receita.fazenda.gov.br/sijut2consulta/link.action?visao=a notado&idAto=26859. Acesso em: 7 dez. 2019.

BRASIL. Ministério da Fazenda. Portaria MF nº 341, de 12 de julho de 2011. Disciplina a constituição das Turmas e o funcionamento das Delegacias da Receita Federal do Brasil de Julgamento (DRJ). *Diário Oficial da União*, 14 jul. 2011. Disponível em: http://normas. receita.fazenda.gov.br/sijut2consulta/link.action?visao=anotado&idAto=26859. Acesso em: 7 dez. 2019.

BRASIL. Ministério da Fazenda. Portaria MF nº 343, de 9 de junho de 2015. Aprova o Regimento Interno do Conselho Administrativo de Recursos Fiscais (CARF) e dá outras providências. *Diário Oficial da União*, 10 jun. 2015. Disponível em: http://normas.receita. fazenda.gov.br/sijut2consulta/link.action?visao=anotado&idAto=65007. Acesso em: 7 dez. 2019.

BRASIL. Ministério da Fazenda. *Trabalhos da comissão especial do código tributário nacional*. Rio de Janeiro, 1954.

BRASIL. Procuradoria-Geral da Fazenda Nacional (PGFN). Portaria nº 820 de 25 de outubro de 2004. *Diário Oficial da União*, 29 out. 2004. Disponível em: https://www. migalhas.com.br/dePeso/16,MI8528,81042-Portaria+n+820+da+PGFN. Acesso em: 7 dez. 2019.

BRASIL. Receita Federal. Instrução Normativa RFB nº 1717, de 17 de julho de 2017. Estabelece normas sobre restituição, compensação, ressarcimento e reembolso, no âmbito da Secretaria da Receita Federal do Brasil. *Diário Oficial da União*, 18 jul. 2017. Disponível em: http://normas.receita.fazenda.gov.br/sijut2consulta/link.action?visao=anotado&idA to=84503. Acesso em: 5 dez. 2019.

BRASIL. Receita Federal. Portaria PGFN nº 742, de 21 de dezembro de 2018. Disciplina, nos termos do art. 190 da Lei nº 13.105, de 16 de março de 2015, e art. 19, §13, da Lei nº 10.522, de 19 de julho de 2002, a celebração de negócio jurídico processual – NJP em sede de execução fiscal, para fins de equacionamento de débitos inscritos em dívida ativa da União e do FGTS, e dá outras providências. *Diário Oficial da União*, 28 dez. 2018. Disponível em: http://normas.receita.fazenda.gov.br/sijut2consulta/link.action?visao=anotad o&idAto=97757. Acesso em: 20 set. 2019.

BRASIL. Superior Tribunal de Justiça (STJ). *AgRg no REsp 1442087/MG*, Relator Ministro Humberto Martins, Segunda Turma, julgado em 23/06/2015, DJe 30/06/2015.

BRASIL. Superior Tribunal de Justiça (STJ). *EREsp 609266/RS*, 1ª Seção, Relator Ministro Teori Albino Zavascki, julgado em 23/08/06, DJ 11/09/06.

BRASIL. Superior Tribunal de Justiça (STJ). *MS 009-DF*. 1ª Seção, Relator Ministro Pedro Acioli, DJ 18.12.89.

BRASIL. Superior Tribunal de Justiça (STJ). *MS 223-DF*. 1ª Seção, Relator Ministro Garcia Vieira, DJU 16.04.90.

BRASIL. Superior Tribunal de Justiça (STJ). *MS 8.810*/DF, Relator Ministro Humberto Gomes de Barros, Primeira Seção, julgado em 13/08/2003, DJ 06/10/2003.

BRASIL. Superior Tribunal de Justiça (STJ). *REsp 1130545*/RJ, Relator Ministro Luiz Fux, Julgado em 09/08/2010, DJe 22/02/2011.

BRASIL. Superior Tribunal de Justiça (STJ). *REsp 1240691*/RS, Relator Ministro Herman Benjamin, Segunda Turma, julgado em 20/04/2017, DJe 04/08/2017.

BRASIL. Superior Tribunal de Justiça (STJ). *REsp 759190*/MT, Rel. Ministro Luiz Fux, Primeira Turma, julgado em 11/03/2008, DJe 23/04/2008.

BRASIL. Superior Tribunal de Justiça (STJ). *Súmula 633*: "A Lei 9.784/1999, especialmente no que diz respeito ao prazo decadencial para a revisão de atos administrativos no âmbito da Administração Pública federal, *pode* ser aplicada, de forma *subsidiária*, aos estados e municípios, *se inexistente norma local e específica que regule a matéria*."

BRASIL. Supremo Tribunal Federal (STF). *ADI 1539*, Relator Ministro Maurício Corrêa, Tribunal Pleno, julgado 24/04/2003, DJ 14/05/2003.

BRASIL. Supremo Tribunal Federal (STF). *AI 11227* Embargos, Relator Ministro Castro Nunes, Tribunal Pleno, julgado 05/06/1944, DJ 10/02/1945. p. 816.

BRASIL. Supremo Tribunal Federal (STF). *AI 791071* AgR-ED, Relator Ministro Dias Toffoli, Primeira Turma, julgado 18/02/2014, DJE 18/03/2014.

BRASIL. Supremo Tribunal Federal (STF). *ARE 704846* ED, Relator Ministro Dias Toffoli, Primeira Turma, julgado 28/05/2013, DJE 08/08/2013.

BRASIL. Supremo Tribunal Federal (STF). *ARE 86.473*, Relator Ministro Roberto Barroso, dec. monocrática, julgado em 9/02/2015, DJE 25/02/2015.

BRASIL. Supremo Tribunal Federal (STF). *MS 24268*, Relatora Ministra Ellen Gracie, Relator para o Acórdão Min. Gilmar Mendes, Tribunal Pleno, julgado em 05/02/2004, DJ 17/09/2004.

BRASIL. Supremo Tribunal Federal (STF). *RE 388359*, Relator Ministro Marco Aurélio, Tribunal Pleno, julgado em 28/03/2007, DJe-042 publicado em 22/06/2007.

BRASIL. Supremo Tribunal Federal (STF). *RE 594296*, indicada no relatório apresentado pelo Ministro Dias Toffoli. Íntegra disponível em: http://redir.stf.jus.br/paginadorpub/paginador.jsp?docTP=TP&docID=1729772. Acesso em: 2 set. 2019.

BRASIL. Supremo Tribunal Federal (STF). *RE 594296*, Relator Ministro Dias Toffoli, Tribunal Pleno, julgado em 21/09/2011, Repercussão Geral. DJe-030 Divulgado em 10/02/2012. Publicado em 13/02/2012.

BRASIL. Supremo Tribunal Federal (STF). *RE 636941*, Relator Ministro Luiz Fux, Tribunal Pleno, julgado em 13/02/2014, Acórdão Eletrônico Repercussão Geral – Mérito Publicado 04/04/2014.

REFERÊNCIAS | **247**

BRASIL. Supremo Tribunal Federal (STF). *RE 949297* RG, Relator Ministro Edson Fachin, julgado em 24/03/2016, DJe-097 13/05/2016). Pendente de julgamento conforme extrato de andamentos. Disponível em: http://www.stf.jus.br/portal/jurisprudenciaRepercussao/verAndamentoProcesso.asp?incidente=4930112&numeroProcesso=949297&classeProcesso=RE&numeroTema=881. Acesso em: 20 out. 2019.

BRASIL. Supremo Tribunal Federal (STF). *Súmula nº 239*. Decisão que declara indevida a cobrança do imposto em determinado exercício não faz coisa julgada em relação aos posteriores. Brasília, DF: Supremo Tribunal Federal, [1963].

BRASIL. Supremo Tribunal Federal (STF). *Súmula nº 346*. A Administração Pública pode declarar a nulidade dos seus próprios atos. Brasília, DF: Supremo Tribunal Federal, [1963].

BRASIL. Supremo Tribunal Federal (STF). *Súmula nº 473*. A administração pode anular seus próprios atos, quando eivados de vícios que os tornam ilegais, porque deles não se originam direitos; ou revogá-los, por motivo de conveniência ou oportunidade, respeitados os direitos adquiridos, e ressalvada, em todos os casos, a apreciação judicial. Brasília, DF: Supremo Tribunal Federal, [1969].

BRASIL. Tribunal Federal de Recursos (TFR). *MAS 72812/SP*, 1ª Turma, DJ 14.11.74, Rel. Min. Moacir Catunda.

BRASIL. Tribunal Federal de Recursos (TFR). *Súmula 227*: Tributário. Revisão do lançamento. Inadmissibilidade. Mudança no critério jurídico. "A mudança de critério jurídico adotado pelo fisco não autoriza a revisão de lançamento".

BRASIL. Tribunal Regional Federal da 4ª Região (TRF4). *AC/MS 96041590-4/PR*, 1ª Turma, DJ 16.06.1999, Rel. Fernando Quadros da Silva.

ESTADOS UNIDOS DA AMÉRICA. *Administrative Procedure Act* – APA. Disponível em: https://www.justice.gov/sites/default/files/jmd/legacy/2014/05/01/act-pl79-404.pdf. Acesso em: 25 ago. 2019.

FRANÇA. Conseil d'État. *Les origines du Conseil d'État*. Disponível em: https://www.conseil-etat.fr/le-conseil-d-etat/histoire-patrimoine/les-origines-du-conseil-d-etat. Acesso em: 13 jun. 2019.

MINAS GERAIS. Decreto-Lei nº 1.618, de 8 de janeiro de 1946. Dispõe sobre o julgamento administrativo das questões fiscais e dá outras providências. *Diário Oficial*, 8 jan. 1946. Disponível em: http://www.fazenda.mg.gov.br/secretaria/conselho_contribuintes/amparo_legal/decreto_lei_%201618.pdf. Acesso em: 6 dez. 2019.

SÃO PAULO (Estado). Decreto nº 7.184, de 5 de junho de 1935. Cria o Tribunal de Impostos e Taxas e dá outras providências. *Diário Oficial*, 6 jun. 1935. Disponível em: https://www.al.sp.gov.br/repositorio/legislacao/decreto/1935/decreto-7184-05.06.1935.html. Acesso em: 6 dez. 2019.

Esta obra foi composta em fonte Palatino Linotype, corpo 10
e impressa em papel Pólen Bold 70g (miolo) e Supremo 250g (capa)
pela Gráfica Formato, em Belo Horizonte/MG.